GUIDE TO BRI
CROSS-BORDER INVESTMENT

"一带一路"跨境投资导读

中国投资有限责任公司研究院　编写

人民出版社

丛书编委会

主　　编：彭　纯

副 主 编：居伟民　杨国中　屠光绍　刘　珺　沈如军
　　　　　郭向军　祁　斌　潘岳汉

执行主编：祁　斌

写作小组组长：陈　超　盛伟华
写作小组成员（按姓氏拼音排序）：
　　　　　贾　非　刘　烜　李　佳　刘少伟　聂　汝
　　　　　全文磊　邵亚楼　盛伟华　田勤政　唐昇儒
　　　　　王尔康　王　锦　王中阳　危结根　吴撼地
　　　　　许　真　张　栩　赵墨盈　邹　琳
校　　审（按姓氏拼音排序）：
　　　　　鲍建敏　陈　佳　田　园　王　艳　张　硕

本书执笔：邹　琳

总　序

改革开放以来,我国经济发展取得了举世瞩目的成就,经济总量跃居全球第二,7亿多农村人口摆脱贫困,创造了史无前例的奇迹。但新时代我国仍然面临新的挑战。从经济发展阶段来看,尚未脱离所谓的"中等收入陷阱"。从金融发展水平来看,间接融资仍占绝对主导地位,不利于创新经济的发展,也孕育着潜在的系统性风险。从国际环境来看,经济全球化遭遇暗流,发达国家保护主义上升,文明冲突与地缘政治因素错综交织,而中美贸易摩擦更是提醒我们在中华民族的伟大复兴的道路上不会一帆风顺。

面对百年未有之变局,党的十九大提出以推进供给侧结构性改革为主线应对我国经济社会发展的内部挑战;积极促进"一带一路"国际合作,坚持"引进来"和"走出去"并重,推动形成全面开放新格局来应对国际挑战。

作为中国对外投资的旗舰平台,中投公司成立12年来搭建了专业化的投资团队，树立了专业、负责的良好国际形象，成长为全球第二大主权财富基金，境外投资年化收益率达6%以上，并在帮助中国企业"走出去"方面积累了较多宝贵经验。在对外投资环境日趋严峻的新形势下，中投公司要在更高的水平上再出发，服务国家全方位、多层次、多领域的对外开放格局，围绕创新对外投资方式、加强国际产能合作，开展"中国视角"投资，积极参与"一带一路"建设。"中国视角"是中投公司的独特优势，中投公司通过在跨境投资中结合"中国视角"，对内助力我国产业升级、推动供给侧结构性改革，对外帮助国外企业扩大中国市场，实现互利共赢，为中国企业"走出去"和海外资本"引进来"提供平台支持和服务，以促进"走出去"和"引进来"良性互动。

为深入了解中国需求以落实中国价值创造，同时寻找多方互利共赢的跨境投资机会，中投公司研究院编写"跨境投资导读"系列丛书。丛书聚焦"四大行业"（TMT、医疗、制造、消费）和"四大区域"（美国、欧洲、日本、"一带一路"沿线）。"四大行业"是当前跨境投资最活跃的领域，也是我国加快结构调整和产业升级的重要着力点。"四大区域"是按照主要国家和地区产业发展水平的阶梯差别选取的，是当前全球经济最活跃的地区。行业丛书从"中国视角"出发，系统地梳理和研究了不同行业的跨境投资情况和需求。

中投研究院在丛书编写过程中，对境内外产业界和投资界进行了广泛的资料搜集和调研访谈，力求客观全面，希望能够为企业海外投资实践有所启发和帮助。欢迎各界读者联系我们交流讨论。

目　录

前　言

　　本书围绕两个基本问题展开:"一带一路"倡议的现实意义是什么? 如何切实推进"一带一路"建设? 关于第一个问题,"一带一路"倡议的初衷是"旨在同沿线各国分享中国发展机遇,实现共同繁荣"①。从而为中国改革开放和持续发展提供新动力,为各国经济合作发展和全球治理变革提供中国方案。② 以史为鉴,对比中西方两次伟大的航行——郑和下西洋和哥伦布发现"新大陆",两者对世界有着截然不同的影响。郑和自 1405 年先后七次率领庞大船队远航,访问了西太平洋和印度洋的众多国家和地区。据估计,船队的规模不小于 3800 艘③,

---

　　① 《习近平谈"一带一路"》,2017 年 4 月 12 日,见 http://politics.people.com.cn/n1/2017/0412/c1001-29203823.html。

　　② 范祚军、万少文:《推进一带一路建设　构建人类命运共同体》,《人民日报》2018 年 1 月 29 日。

　　③ Chi Lo, *Understanding China's Growth*: *Forces that Drive China's Economic Future*, London: Palgrave Macmillan, 2007, p. 179.

从规模到实力都是无可比拟的,然而船队并没有占领远海土地、夺取他国财富。对比晚了87年的哥伦布发现新大陆的第一次航行,总共87人分乘3艘船,但是哥伦布发现新大陆之后,开启了西欧殖民时代。正如保罗·肯尼迪(Paul Kennedy)在《大国的兴衰》一书中指出,"中国人从不曾抢劫和杀戮,这与葡萄牙人、荷兰人和其他入侵印度洋的欧洲人不同"。① 郑和下西洋不以侵略远海国土、掠夺财富为目的,反映了中国两千年来奉行的儒家思想中"以和为贵"的主张。

随着中国国力崛起,欧洲文明优势的减弱,21世纪的主题似乎注定是东西方之间的冲突。西方对"一带一路"倡议心存疑惑,存在误解。美国杰出哲学家和历史学家威尔·杜兰特的著作《世界文明史》共15卷,开篇第一卷之所以由东方文明写起,并不是因为亚洲是人类所知最古老文明之地,而是因为亚洲文明是形成希腊与罗马文化的背景和基石,并非19世纪英国法律史学家梅因(Sir Henry Maine)误以为希腊与罗马文化乃是现代文明之源。本书尝试在全球视角分析"一带一路"倡议,用西方可以理解的语言解释"一带一路"倡议的美好愿景与和平意愿,研究中国倡导"一带一路"的现实考量。

本书尝试研究的第二个问题,是如何落实"一带一路"建设,提高建设的可持续性?我们认为在对外投资启动期,政府在推进国家间投资制度的建立过程中的作用不可或缺。但市场化的运作不可忽视,具体实施方面,我们认为充分利用资本带路引导"一带一路"建设或是较佳选择,有经济效益的投资才能创造长期可持续性发展。

---

① Paul Kennedy, *The Rise and Fall of the Great Powers*, Random House, 1987.

　　本书分四章,第一章分析了"一带一路"建设现实意义和沿线区域面临的机遇与挑战,并且回顾了中国及全球对"一带一路"沿线国家和地区的投资情况。第二章从中国与"一带一路"沿线国家和地区的比较优势出发,挑选了六个重点互补产业进行分析。第三章由深耕"一带一路"沿线国家和地区多年的私募基金尚高资本①提供专业评估,筛选出 18 个"一带一路"沿线国家和地区进行宏观和重点产业分析。第四章介绍了"一带一路"沿线国家和地区成功和失败的典型案例,供读者参考。

　　2018 年是"一带一路"倡议提出五周年,习近平指出,过去几年,共建"一带一路"完成了总体布局,绘就了一幅"大写意",今后还要聚焦重点、精雕细琢,共同绘制好精谨细腻的"工笔画"。② 中投公司作为中国唯一的主权财富基金,肩负着外汇资金多元化投资的使命,截至 2017 年年底,累计上缴利税超过 1 万亿元人民币,为壮大国家财政实力、支持经济社会发展做出了重要贡献。为继续落实"研究驱动投资"的理念,将有限的资金配置到最有潜力的国家和产业中去,本书对"一

---

　　①　美国尚高资本是一家私募股权投资公司,在全球范围内管理着约 130 亿美元资产。公司于 1991 年成立,在普惠银行(Paine Webber) 私有股权部的基础上建立,1995 年正式独立,公司创立人为乔治·西古勒(George Siguler)和德鲁·古夫(Drew Guff)先生。公司的投资者和客户包括国家主权基金、捐赠基金、政府机构、大型金融机构等。尚高资本的新兴市场团队聚焦成长型细分行业以及行业的潜在龙头企业。在深入研究宏观经济的基础上,善于捕捉市场机会。例如,在新兴市场首创了全球金砖四国机遇基金;在俄罗斯市场设立了第一个外资私募股权基金;在美国市场,发起了首个困境资产母基金和首个中小型企业收购母基金;并合作创建了全球范围内首个创投债权融资基金。

　　②　黄玥、张敏彦:《共建"一带一路",习近平提出从"大写意"到"工笔画"》,2018 年 8 月 28 日,见 http://www.xinhuanet.com//2018-08/28/c_1123341344.htm。

带一路"沿线新兴国家的投资机会进行了深入研究和分析,并探讨如何在宏观、商业环境复杂而蕴含巨大潜力的沿线国家,进行可持续性投资。

本着为企业到"一带一路"沿线国家和地区开展投资提供信息,增强中投公司的市场影响力的理念,本书特将中投研究院历时一年、精心打磨的研究成果公开发布,欢迎读者朋友联系我们进行交流研讨。

第 一 章

"一带一路"建设的现实意义和宏观背景

习近平于 2013 年首次提出的"一带一路"倡议,是在保护主义、内顾倾向抬头,多边贸易体制受到冲击的背景下,捍卫经济全球化的伟大举措,将开启和引领经济全球化的新征程。"一带一路"倡议,唤起了沿线国家和地区的历史记忆。古代丝绸之路是一条贸易之路,更是一条友谊之路。在新的历史条件下,我们提出"一带一路"倡议,继承和发扬古代丝绸之路精神,把我国发展同"一带一路"沿线国家和地区发展结合起来,把中国梦同"一带一路"沿线各国人民的梦想结合起来,赋予古代丝绸之路以全新的时代内涵。①

其核心是从经济出发,发挥和交换中国与"一带一路"沿线国家和地区各自的比较优势,实现共赢。同时,带动中国文化的传播,促进全球文化的融合,建设更加和平与共融的世界。

---

① 《推进"一带一路"建设,努力拓展改革发展新空间》,2018 年 1 月 4 日,见 http://theory.people.com.cn/n1/2018/0104/c416126-29746006.html。

"一带一路"倡议包含"丝绸之路经济带"和"21世纪海上丝绸之路",是开放性倡议,不限定参与国家名单。就当前情况来看,"一带一路"沿线涵盖了亚洲、中东欧、北非等众多区域的60多个国家①,沿线国家(包括中国)国内生产总值(GDP)占全球GDP超过50%,人口占世界总人口约70%。② 虽然国家众多,但大型经济体除中国外经济体量最大的5个国家占"一带一路"沿线所有国家和地区GDP总和约50%,经济体量最大的10个国家占比达到近70%。③

本章详细分析了中国在地理位置、资源禀赋和体制机制等方面与西方主要国家的不同之处,得出结论,"一带一路"倡议是营造和平发展外部环境的必然选择,也是突破能源瓶颈的必要举措,还是应对国内产能过剩的解决之道。"一带一路"建设既是中国促进经济可持续发展的重大选择,也是全球升级基础设施千载难逢的机会。

在具体实施方面,我们认为由资本带路引导"一带一路"建设或是较佳选择。在对外投资启动期,政府推进国家间投资制度的建立不可或缺。但市场化的运作不容忽视,有经济效益的投资才有创造长期可持续性发展的可能。同时,投资应该对具体国家和行业进行科学化、系统化筛选,更应关注与中国需求相关的投资领域。

---

① 同中国签订共建"一带一路"合作文件的国家的数目,截至2017年5月14日第一届"一带一路"国际合作高峰论坛。

② Baker McKenzie,"Belt & Road: Opportunity & Risk", Silk Road Associates, 2017, p. 2.

③ World Bank Open Data, 见 https://data.worldbank.org。

第一节　"一带一路"建设的现实意义

"一带一路"倡议的初衷是希望"一带一路"建设为中国改革开放和持续发展提供新动力,为各国经济合作发展和全球治理变革提供中国方案。① 然而在西方人眼中,"一带一路"倡议雄心勃勃,美国彼得森国际经济研究所(PIIE)预测该倡议将总共带动高达 4 万亿美元的投资,远超第二次世界大战后美国马歇尔计划 1300 亿美元的投入规模。他们不理解"一带一路"倡议背后中国政府的经济和政治逻辑,怀疑中国不求回报的慷慨背后是意图谋求全球霸权。

为了更好地向世界传达"一带一路"倡议的善意,我们通过阅读海外智库报告充分了解西方对倡议的疑问和不解,通过参阅我国政府官方文件、走访相关企业,逐渐厘清思路。中国的地理位置、资源禀赋和体制机制不同于西方主要国家,其独特性决定了现实条件的约束。"一带一路"倡议是营造和平发展外部环境的必然选择,也是突破能源瓶颈的必要举措,还是应对国内产能过剩的解决之道。"一带一路"建设是中国促进经济可持续发展的重大选择,也是全球升级基础设施千载难逢的机会。

---

① 范祚军、万少文:《推进一带一路建设 构建人类命运共同体(深入学习贯彻习近平新时代中国特色社会主义思想)——深入学习〈习近平谈治国理政〉第二卷关于一带一路建设的重要论述》,《人民日报》2018 年 1 月 29 日。

一、营造和平发展外部环境的必然选择

中国的地缘政治环境与英国、美国等传统发达国家相比要复杂得多：中国的陆上邻国数目多达 14 个①，而美国只有 2 个，英国只有 1 个；中国边境线约 2.28 万公里，几乎是美国边境线长度的 2 倍；除俄罗斯外，中国的陆上邻国全部是发展中国家，经济水平相对落后，政治冲突时有发生。一个国家的内政外交与其地缘环境和自然禀赋密不可分，由于地缘政治环境远比英美复杂，中国关注并帮助周边邻国发展存在现实意义。

回顾英国、美国国力崛起时奉行的外交政策，都是以"孤立主义"为主。美国首任总统华盛顿任满后发表的《告别词》②中指出："美国独处一方、远离他国，这允许并促使美国采取独特的外交战略……建立商业联系但避免政治结盟……使其他国家始终尊重美国、使好战国家不能从美国获得好处。"在此后的百年当中，美国历届领导人一直忠实地执行"孤立主义"的外交政策，不主动牵涉他国事务并专注于国内经济建设，奉行独善其身并快速发展。英国在工业革命后成为世界霸主，孤悬欧亚大陆之外，只有爱尔兰一个陆上邻国，不必迫于国家安全直接参与陆上争霸与结盟，因此可以一直奉行"光荣孤立"和"大国均势"的

---

① 阿富汗、不丹、缅甸、印度、哈萨克斯坦、朝鲜、吉尔吉斯斯坦、老挝、蒙古、尼泊尔、巴基斯坦、俄罗斯、塔吉克斯坦和越南。

② Washington，"Washington's Farewell Address 1796"，见 http://avalon.law.yale.edu/18th_century/washing.asp。

外交战略,整体上对欧洲大陆事务置身事外。

"一带一路"建设聚焦的基础设施和投资项目,有助沿线国家突破经济发展的瓶颈、增强其与中国经济的联系,有利于减少双边摩擦和边境冲突,建立中国周边的地缘缓冲带。因此,关注"一带一路"沿线的发展中国家,提议构建人类命运共同体不是中国谋求霸主地位,而是中国争取和平稳定外部环境的必然选择。

二、突破能源瓶颈的必要举措

能源是经济增长要素和必要条件。中国处于经济快速增长期,随着工业化、城镇化和汽车工业的发展,中国的能源需求不断攀升,中国目前已成为世界第二大能源消费国。然而,自身能源结构"富煤、贫油、少气"的特性,导致能源供给对进口依赖度高,2008 年全球金融危机后能源贸易赤字平均占到 GDP 的 3%[①]。其中石油的对外依存度达59%(2013 年),天然气达 30%(2013 年),铁矿石达 78.5%(2014 年),铜矿石达 81%(2013 年)。另外,能源来源较单一,供给运输存在脆弱性。中国超过 70%的进口原油来自中东地区和非洲,地域集中度较高,如图 1-1 所示。依据美国国防部 2014 年的数据,进口石油中,约有41%的经过霍尔木兹海峡,84%经过马六甲海峡。一旦马六甲海峡这条能源生命线被切断,中国的生产和国防将受到较大冲击。

为了解决能源供给的脆弱性问题,中国亟须改善能源结构、实现能

---

① S&P Global, "China's Belt and Road Initiative: is this the World's Largest Venture Capital Project?", 2018.

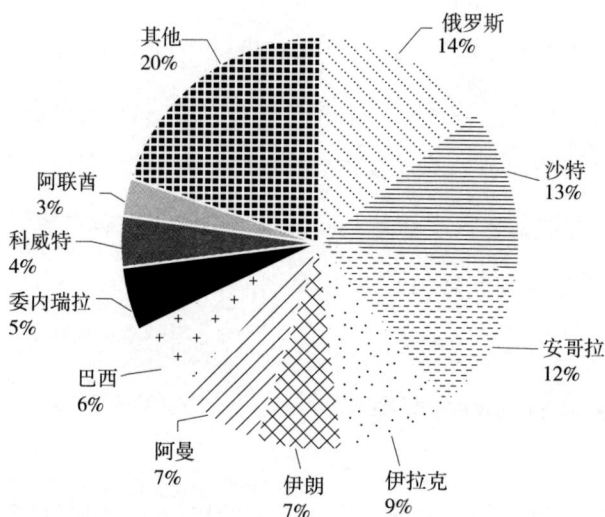

图 1-1　中国原油进口来源地分布（2017 年）

数据来源:中华人民共和国海关总署

源来源地和运输通道的多元化,"一带一路"倡议下的六大经济走廊建设将为解决这一问题提供可能性。首先,中巴经济走廊直接联系起阿拉伯海沿岸的瓜达尔港与中国的西南部地区,建成后将缩短中东和非洲地区石油到中国的运输距离,降低对马六甲海峡的运输依赖;其次,"一带一路"重点项目中缅油气管道建成后将成为中国的又一大规模能源进口通道,可以使原油运输从西南方向直接输送到中国,起到运输通道多元化的作用;最后,中亚天然气管道建成后将能够把哈萨克斯坦丰富的天然气资源输送到中国,改善中国的能源结构,降低对原油的依赖。①

---

　　①　S&P Global, " China's Belt and Road Initiative: is this the World's Venture Capital Project?", 2018.

三、应对产能过剩的解决之道

"一带一路"倡议提出的时点,恰逢国际市场低迷、国内需求增速趋缓,中国传统制造业产能普遍过剩,特别是钢铁、水泥、电解铝等高消耗、高排放行业尤为突出。2012 年年底,中国钢铁、水泥、电解铝、平板玻璃、船舶产能利用率普遍低于 75%,明显低于国际通常水平。钢铁、电解铝、船舶等行业利润大幅下滑,企业普遍经营困难。2013 年至今,产能严重过剩一直是中国经济运行中的突出矛盾和诸多问题的根源,化解产能过剩是保持中国经济持续健康发展迫在眉睫的问题。[1]

美国在 20 世纪七八十年代也面临着产能过剩的问题,它的解决方法包括,一是通过大量破产、兼并、重组,保留优质资产、淘汰落后产能。以炼油业为例,从 1982 年到 1985 年,美国的炼油企业从 301 家锐减至 223 家,降幅达到 26%。[2] 在这个过程中,美国炼油产业集约化发展特点非常明显,前十大炼油企业加工能力占全美国总炼油能力的 67%。[3] 二是不断寻找和开拓新市场。美国的钢铁业在全国铁路客运网络建成和石油运输改用管道之后,出现了严重的产能过剩,于是企业开始积极

---

[1] 《国务院关于化解产能严重过剩矛盾的指导意见》,2013 年 10 月 6 日,见 http://www.gov.cn/zwgk/2013-10/15/content_2507143.htm。

[2] Total Number of Operable Refineries Database,见 https://www.eia.gov/dnav/pet/hist/LeafHandler.ashx? n=PET&s=8_NA_8O0_NUS_C&f=A。

[3] 王方玉:《大炼化时代的产能过剩有解吗?看看美国怎么做!》,2017 年 10 月 17 日,见 http://www.sohu.com/a/198418892_157504。

地将钢铁产品用于建筑行业。

为化解过剩产能,中国提出供给侧结构性改革,将提高供给质量作为主攻方向。其思路和方式与美国有相似之处,2017年以来,中国传统周期性行业的集中度升高,盈利能力也不断增强。中国的不同是,由于长期刺激政策下基础建设步伐过快,国内商品房市场爆发式增长时代已过等原因,产能过剩行业在中国国内寻找新市场的余地较小。另外,由于周期性行业中存在大量国有企业,考虑到促进就业和国有资本保值增值等因素,短期内这些企业难以退出。

中国化解过剩产能自然而然转向海外市场开拓,尤其是"一带一路"沿线基础设施欠缺的发展中国家。因此"一带一路"倡议提供了中国突破国内产能过剩的解决方案,也是全球升级基础设施千载难逢的机会。中国不仅可以提供资金,关键是拥有愿意前往欠发达国家工作的工程师等基础建设人才实施项目。2000年至今,中国企业在国内运营的建筑项目面积几乎相当于整个西欧地区的面积,而且几乎没有外国企业从旁协助。然而,中国在"一带一路"沿线国家和地区已投的9000多亿美元项目中,西方跨国企业从中获利颇丰,包括向中国公司销售数十亿美元的设备、技术和服务。① 西方企业在"一带一路"建设中不但可以提供技术,还可分享对当地的全面了解。从这个角度来看,"一带一路"倡议将使中国、沿线发展中国家、发达国家共同受益。

---

① 《"一带一路",谁在搭便车?》,《经济学人》2017年8月18日。

第二节 "一带一路"建设的机会与挑战

建设"一带一路"首先需要认清其中的机遇和挑战。从机遇方面看,"一带一路"沿线涵盖了主要的新兴经济体,蕴含着巨大的潜在发展机遇。随着以美国为首的一些发达国家"民粹主义"思潮升温和"贸易保护主义"抬头,其政策更加注重本土企业发展,再加上发达市场饱和度较高,"一带一路"沿线国家和地区出口导向型发展模式遭遇瓶颈期。在这一背景下,我们应当关注"一带一路"沿线国家和地区跨境投资的可能性。一方面,海外投资和并购可以通过购买先进技术加速产业升级,利用并购同业企业拓展海外市场,助力中国结构调整;另一方面,中国巨大的经济规模和国内市场能够为其他国家提供广阔的商业空间。

从挑战方面来看,"一带一路"沿线多为发展中国家,营商环境较发达国家更差,投资风险较成熟市场更高,其中最值得关注的是相关国家的政治风险和汇率波动。另外,我们还需要关注投资方向是否能够与中国诉求对接,重点考虑与产业升级、消费升级和产能输出有关的投资项目。

一、"一带一路"沿线国家和地区增长优势与发展模式的挑战

"一带一路"沿线国家和地区涵盖主要新兴经济体,按 2017 年 GDP 总量排名前十的国家为:印度、俄罗斯、印度尼西亚、土耳其、沙

特、伊朗、泰国、埃及、波兰、巴基斯坦,均为新兴经济体。据 IMF 估算,新兴经济体对 2018 年全球经济增长贡献率将达到 78%,是全球增长贡献最大的经济主体,如图 1-2 所示。若拉长时间维度,我们观察到自 1980 年起,全球经济十年平均增速稳定在 3% 左右,在前 40 年间新兴和发达经济体 GDP 增长差别不大,普遍处于 3%—4% 之间;自 2001 年中国加入 WTO、融入全球产业链之后,新兴与发达经济体的经济增速差距迅速扩大,在 2003—2013 年间这一差距持续保持在 3% 以上,甚至在 2008 年全球金融危机中达到了 6.2%。新兴经济体成为全球增长的主要动力,如图 1-3 所示。

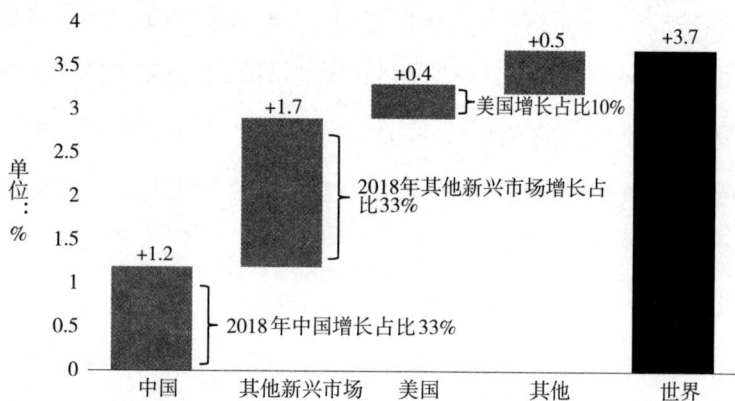

图 1-2 2018 年全球实际 GDP 增长率分解

数据来源:IMF、中投研究院

"一带一路"沿线蕴藏着巨大潜在发展机会,然而需要看到的是,随着"民粹主义"和"贸易保护主义"崛起,反全球化情绪高涨,"一带一路"沿线国家和地区多为出口导向型经济体,其依赖发达市场需求的模式受到挑战。

回顾过去几十年,全球化持续加速,多数国家接受了开放的全球贸

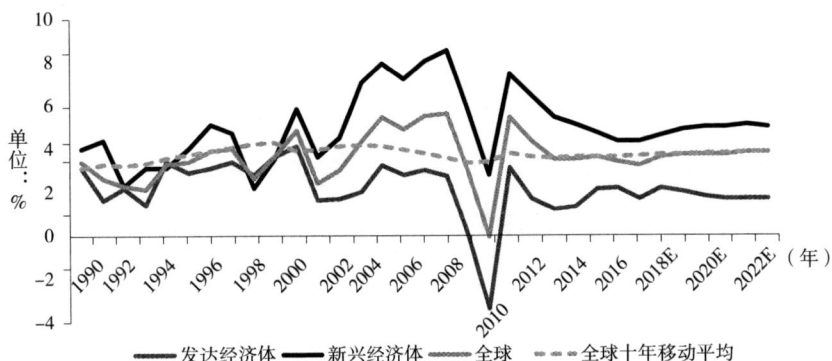

图 1-3 发达和新兴经济体实际 GDP 增长率

数据来源：世界银行、中投研究院

易体系,允许商品和服务的交换,以及资本、劳动力和科技的流动。全球化的益处显而易见,民众的生活水平有了极大改善,尤其是帮助发展中国家数以亿计的人口脱贫。然而,全球化的副产品——制造业工作机会向人力成本更低的发展中国家转移和收入不平等加剧,扭转了西方公众对全球化的态度。

作为 WTO 的受益者,中国是全球化坚定的捍卫者。2017 年 1 月,习近平在达沃斯世界经济论坛的致辞中,重申了中国致力于全球化的决心。在此宏观背景下,"一带一路"倡议或将打开贸易新格局,加强新兴内部紧密合作,共同创造新的发展机会。

二、跨境投资助力"一带一路"建设

随着一些国家"民粹主义"思潮升温和"贸易保护主义"抬头,其政策更加注重本土企业发展。再加上发达国家市场饱和度较高,"一带一路"沿线国家和地区出口导向型发展模式遭遇瓶颈期。在外需不振的大背景下,如何寻找新的增长点成为"一带一路"沿线国家和地区发展的首要课题。跨境投资不失为有助难题解决的方案之一。首先,从中国自身情况出发,一方面是民众对高质量生活的追求,另一方面是企业产能过剩的困境,新需求碰撞旧有发展模式,结构不平衡问题突出。最直接的解困出路为产能升级提高生产力,以及扩大和开拓市场。海外投资和并购可以通过购买先进技术加速产业升级,利用并购同业企业拓展海外市场,助力中国结构调整。我国早期海外投资的重点集中于欧美发达国家,然而随着中国的崛起,发达国家对我国投资高科技领域的举动日益敏感。投资"一带一路"沿线新兴市场的优势突出,一是意识形态冲突较小,二是拥有巨大的市场开发潜力。"一带一路"沿线新兴经济体拥有较大的人口红利,相较规模或已见顶的新兴经济体与发达经济体之间贸易,新兴经济体内部的贸易刚刚起步,增长迅速。三是"一带一路"沿线国家和地区基础设施欠缺,而中国目前的基础建设水平已与 OECD 高收入国家相若,在工业发展方面与"一带一路"沿线国家和地区的比较优势显著,利于我国优势富裕产能向"一带一路"沿线国家和地区的转移与消化,如图 1-4 所示。

其次,中国消费市场拥有巨大潜力,可为"一带一路"沿线国家和地区经济发展提供足够大的市场,以容纳其他国家的出口产品。据IMF 按照购买力平价计算,中国的经济规模在 2014 年已经超过美国;据彭博社按照市场汇率计算,中国的经济规模在 2020 年至 2030 年之间会超过美国。从商品零售总额角度,日本瑞穗银行 2018 年 1 月发布的报告称,中国 2018 年的零售销售额有望突破 5.8 万亿美元,预计 2018 年即可赶上或超过美国。"一带一路"沿线国家和地区的企业可以通过跨境投资了解和嫁接于中国市场。

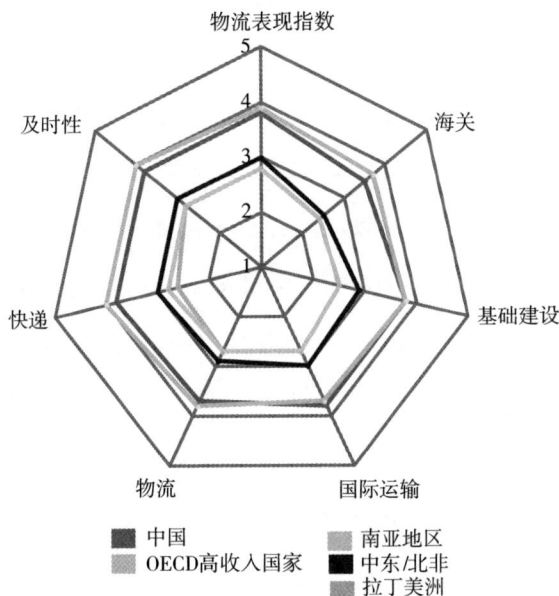

图 1-4 2017 年新兴分区域基建物流水平与发达地区比较

数据来源:世界银行 LPI 数据

"一带一路"沿线国家和地区潜藏着巨大商机,但新兴经济体的国别风险问题较突出,研究如何系统化、有章可循地选择投资标的,是海外投资进军沿线市场必修的功课。建议投资企业严格考量目标国家政治和汇率的因素,寻找契合中国需求的行业。国家战略层面,应立足于互惠互利原则,选择双方比较优势可互补、双边贸易有望保持平衡的国家进行合作。并为企业进行双边投资提供制度保证,若出现对方违约等风险事件,政府应尽力协助我方应对,包括为企业提供法律支持。还应推进人民币国际化(专栏一),尝试以人民币投资计价,进一步降低中国企业投资的汇率风险。

专栏一　人民币国际化面临历史机遇

　　"一带一路"建设被视为加快人民币国际化进程的重要机遇。未来中国与"一带一路"沿线国家和地区的经贸投资、科技文化交流将愈加频繁,使用人民币结算可以规避大宗商品美元价格波动引起的汇兑损益。人民币在"一带一路"沿线国家和地区的使用比例仍低于中国跨境收付的平均水平。2016年中国对"一带一路"沿线国家和地区跨境贸易人民币实际收付金额只占跨境贸易额的14%,远低于整体25.2%的水平;从国别来看,占比超过10%的为7个国家,在5%—10%之间的只有2个国家,其余55个国家的比例均在5%以下,如图1-5所示。人民币目前在"一带一路"建设的应用有限,未来沿线国家和地区将为人民币国际化提供广阔的发展空间。另外,如图1-6所示,中国自2013年起取代美国成为全球最大的石油进口国,如果中国能够成功地使得沿线石油生产国接受人民币结算,中国在国际金融领域中的地位将大大提升。石油美元是美元国际地位倚仗的一大支撑,人民币若能作为全球石油结算货币带来的益处将不胜枚举。

　　中国借助"一带一路"建设推动人民币国际化的思路并非首创,而是借鉴了国际社会经验和有益实践。日本从1979年开始向中国提供官方开发援助(ODA),截至2016年2月1日共向中国提供了约3.3万亿日元的低息贷款、1572亿日元的无偿援助和1817亿日元的技术合

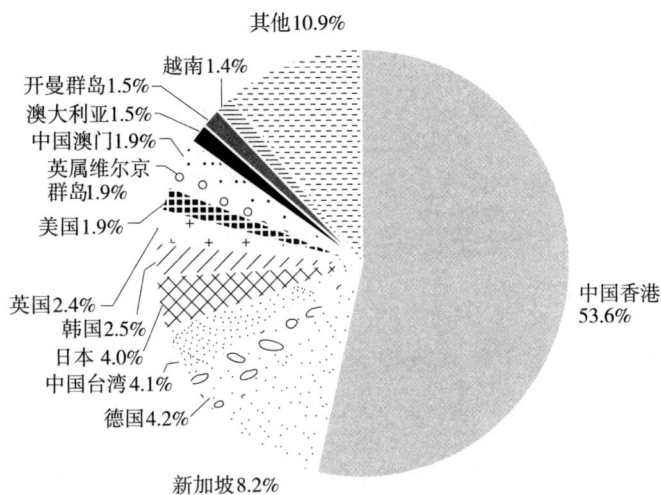

图 1-5 2017 年人民币跨境收付金额分布图

数据来源:中国人民银行:《2017 年人民币国际化报告》,2017 年,第 9 页

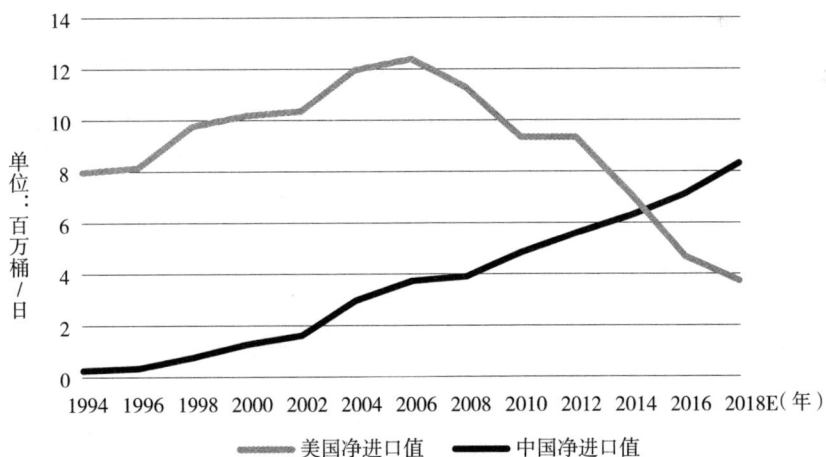

图 1-6 中美两国石油净进口量比较

数据来源:EIA、CSIS

作款,低息贷款在还款时以日元计算,汇率风险由中国承担。① 这些款项主要用于在中国投资建设公路、机场、发电站和环保、医疗等基础设施项目,一方面促进了中国的经济发展和现代化建设,维持了中国政治和外交局势的稳定,另一方面增加了中国原材料对日本出口,帮助日本大型厂商拓宽了中国市场,促进了日元的国际使用。在日本开始对外提供官方发展援助后短短十年间,国际债券以美元结算的比重就从1980年的42.7%下降到1991年的28.5%,以日元结算的比重由1980年的4.8%上升到1991年的12.9%;商业银行国际贷款以美元借贷的比重从1980年的66.3%下降到1991年的49.6%,以日元借贷的比重由1980年的2.2%上升到1991年的11.6%。②

人民币国际化的道路不可能一蹴而就,需要遵循历史的经验和教训。迄今为止只有17、18世纪的荷兰盾,第二次世界大战结束前的英镑和第二次世界大战结束后的美元,真正成为过在国际金融体系中占主导地位的国际货币。而货币主导地位的转移非常缓慢,过程漫长,新旧主导货币在数十年甚至上百年的时间里竞争、并存。而在这漫长的更替期内只有增长更加迅速、市场更加开放、外贸更加繁荣、军事更加强大的国家发行的币值更加稳定、结算更加频繁、储备更加庞大的货币才能最终胜出。

"一带一路"沿线新兴国家和地区政治、宗教复杂,语言、文化多

---

① 常思纯:《日本对华官方开发援助40年回顾与展望》,《东北亚学刊》2018年第4期。

② Hiroo Taguchi,"On the Internationlization of the Japanese Yen",见 www.nber.org/chaprers/c8538.pdf。

样,其透明程度不及发达国家。涉及此类地区的海外投资,国家选择显得尤为重要,我们认为需要慎重考虑三方面的重要因素,流程如图1-7所示。

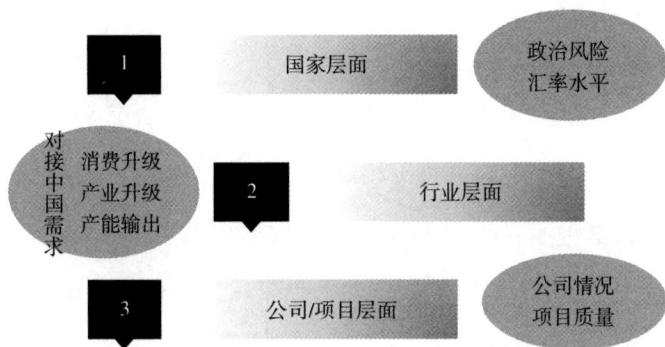

图 1-7 投资新兴市场流程图

数据来源:中投研究院

一是目标国家的政治风险。新兴国家和地区普遍存在体制不稳、政府信用较弱等缺陷,对于在历史上诚信较差的国家和政府,应当尽量避免项目投资。为促进改善投资环境,可借助我国外交和经济方面的软实力,为投资新兴国家和地区的中国企业,提供必要的保驾护航。例如,当对方出现信用违约或政治风险时,可协助企业调停磋商。

二是被投资国家的货币走势。新兴国家和地区货币普遍波动较大,货币价值判断是择时决策绕不过的问题。例如,在2014年乌克兰危机期间,俄罗斯汇率单日跌幅超过10%,叠加油价下跌因素,2014年汇率腰斩。即使2017年油价开始反转,当前俄罗斯汇率也仅为2014年初价值的一半。如果投资前对汇率没有研判,"一夜回到解放前"的情况难免发生。"一带一路"沿线涵盖众多国家,个体差异较大,按照出口产品大体可以分为两类，一类是制造业产品出口国，以中国为首的大部分新兴亚洲国家属于此类；另一类是大宗商品出口国，以俄罗斯、中东欧等国家和地区为代表的能源型国家属于此类。制造业产品出口国通常国际收支条件较好；大宗商品出口国随商品周期的演变经历了痛苦的调整，经常账户得到极大修复。目前，大部分新兴国家和地区的真实汇率低于或处于长期均值，货币处于历史低位或均值。如图 1-8 所示分区域来看，新兴亚洲货币相对拉丁美洲和新兴欧洲高估，即从中国的角度看，其他新兴区域货币相对价值较便宜，可作为中长期投资进入的时点。① 汇率趋势往往较难判断，如果具体投资项目确定性高，可以通过对冲货币的方式减小汇率风险。②

三是投资方向是否能够与中国诉求对接。只有兼顾了中国经济现阶段外在或内在需求，投资才更具战略性，财务回报才更加有保障。建议策略层面"先着眼行业，再寻找优质企业"，即先看准行业，着重选择能受益中国发展的行业，然后挑选标的企业。中国需求的特点可分为三个方面：一是产业升级，二是消费升级，三是产能输出。由于中国在工业生产上具有比较优势，与"一带一路"沿线国家和地区市场的对接主要聚焦后两个需求，产业升级在特定产业和国家也可涉及。

在消费升级方面，伴随着中国居民收入的改善，大众对消费品量和质的要求不断提高，但国内供给在短时间内难以到位，进口替代不可避免。大众消费品涵盖众多初级产品，许多"一带一路"资源类国家供给

① 须警惕新兴经济体汇率面临两大风险：美国联邦储备系统过快加息，以及美国贸易保护政策。

② 对冲新兴经济体汇率风险成本较高。

实际有效汇率REER (平均加权, 2005年1月=100)

图 1-8　新兴市场货币实际有效汇率

数据来源：世界银行、中投研究院

充足可从中受益。以农业产品肉类为例,随着我国居民生活水平提高,饮食结构更加偏向肉类,带动了肉类进口的同时,也刺激了牲畜饲料进口。再加上农牧出口产品以美元计价,规避了当地汇率波动的风险,不失为海外投资的好选择。第二章第一节介绍了三个典型行业,可以通过跨境投资"一带一路"沿线国家和地区助力我国消费升级。

在产能输出方面,投资策略的核心为中国企业"走出去"。首先,需从我国产能过剩行业出发,把握行业全球趋势。若行业长期前景不佳,扩大海外投资及产能仅能缓解短期压力。其次,基于自身在国际市场的竞争力,积极寻找匹配对我国过剩产品有较强需求的"一带一路"沿线国家和地区。国家选择不但应该考虑国别风险,还应重点分析项目未来盈利前景,通盘考虑项目本身经济效益,以及周边配套产业情况。我国产能过剩主要集中于基础建设行业,而众多"一带一路"国家政府财政入不敷出。基础建设产能的输出,往往依赖中国政府融资支持。需要慎重选择有能力的合作国家,过重的债务不但加重对方的财政负担,也不利于全球再平衡。

中国对外投资是全球化背景下世界经济增长的积极力量。中国与"一带一路"沿线国家和地区跨境投资合作将助力"一带一路"建设,合作空间广阔。总体而言,"一带一路"沿线经济体目前处于经济周期底部,货币价值相对合理,中长期直接投资时点适当。在对外投资启动期,政府推进国家间投资制度的建立,将是企业海外投资"一带一路"沿线国家和地区成败的关键。同时,投资应该对具体国家和行业进行科学化、系统化筛选,更应关注与中国需求相关的投资领域。

第三节　全球及中国对"一带一路"沿线
国家和地区直接投资回顾

特朗普 2018 年税收改革推动资本回流美国,而全球外商直接投资存量一半在美国或由美国跨国企业拥有,这对非美国家跨境资本流入形成一次性重大冲击。在全球资本对"一带一路"沿线国家和地区投资数量和金额双降的背景下,中国对"一带一路"沿线国家和地区的跨境并购逐年增加,为沿线国家和地区发展雪中送炭。近年来,中国向"一带一路"沿线国家和地区投资占中国对外总投资的比重持续上升,显示了"一带一路"沿线国家和地区在中国海外直接投资中的重要地位。

在投资数量研究的基础上,本节对"一带一路"沿线国家和地区跨境投资的回报率进行研究,意图用私募股权投资回报率情况管窥全体项目。

一、"一带一路"沿线国家和地区直接投资情况概述

跨境资本流动的形式主要分为外商直接投资(FDI)、投资组合(股权和债务投资)、银行放贷、汇款等。对于发展中国家来说,外商直接投资(FDI)是最为重要和稳定的方式,对经济和金融危机的敏感度较低。从总量上看,全球外商直接投资(FDI)2017年遇冷,同比下降23%,对发达国家的跨境投资下滑显著,而对发展中国家的跨境投资几乎没有增长,如图1-9所示。其中重要因素有特朗普税收改革推动资

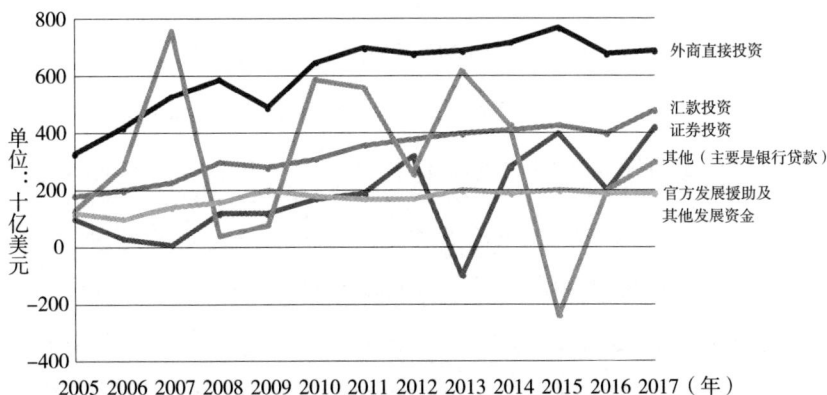

图1-9 资本流入变化统计图(2005—2017年)

数据来源:联合国:《世界投资报告2018》,2018年

本回流美国,而全球 FDI 存量一半在美国或由美国跨国企业拥有,对非美国家跨境资本流入形成一次性重大冲击。长期来看,跨境资本投资疲弱与全球范围内的投资回报率逐年下降相关性高,如表 1-1 所示。

表 1-1 外商直接投资回报率(2012—2017 年) (单位:%)

区域＼年份	2012	2013	2014	2015	2016	2017
世界	8.1	7.8	7.9	6.8	7.0	6.7
发达经济体	6.7	6.3	6.6	5.7	6.2	5.7
发展中经济体	10.0	9.8	9.5	8.5	8.1	8.0
非洲	12.3	12.4	10.6	7.1	5.4	6.3
亚洲	10.5	10.8	10.6	9.9	9.5	9.1
东亚和东南亚地区	11.5	11.8	11.7	11.0	10.3	10.1
南亚地区	7.2	6.7	6.1	5.5	6.4	5.7
西亚地区	5.5	5.4	4.9	4.6	4.6	3.4
拉丁美洲和加勒比海地区	6.9	6.7	6.6	5.2	5.3	5.6
转型经济体	14.4	13.9	14.6	10.2	11.1	11.8

资料来源:IMF 国际收支数据库

外商直接投资(FDI)可以大致分为跨境并购(M&A)和绿地投资(greenfield)两类,从体量上看,跨境并购作为外商直接投资方式,比重不断升高。其中,全球跨境并购占比不断增加,2015 年、2016 年其占外商直接投资金额比重与绿地投资追平,如图 1-10 所示。中国的趋势更加明显,跨境并购和绿地投资前期都呈现快速增长态势,2015 年之后跨境并购额增长更加迅速,同期绿地投资首次大幅下降,跨境并购金额超过绿地投资,如图 1-11 所示。聚焦"一带一路"沿线国家和地区跨境并购投资,全球对"一带一路"国家和地区的投资额从 2013 年至2018 年基本保持稳定,但 2017 年、2018 年间出现了小幅下降。在全球资本对"一带一路"沿线国家和地区投资数量和金额双降的背景下,中国对"一带一路"沿线国家和地区的跨境并购逐年加码,为"一带一路"沿线国家和地区发展雪中送炭①,如图1-12所示。自2013年"一带一路"倡议提出以来,"一带一路"沿线国家和地区一直是中国对外直接投资的重点地区。中国对"一带一路"沿线国家和地区承包工程新签合同额和完成营业额占总额比重在2015年至2017年连续三年保持在40%以上,且这一比重目前仍然呈现上升趋势,如图1-13所示。虽然2017年总投资额与2015年、2016年相比绝对数额有所回落,但是中国向"一带一路"沿线国家和地区投资占本国对外总投资的比重仍在上升,2013年以来这一比重始终均保持在10%及以上,显示了"一带一路"沿线国家和地区在中国海外直接投资中的重要地位。

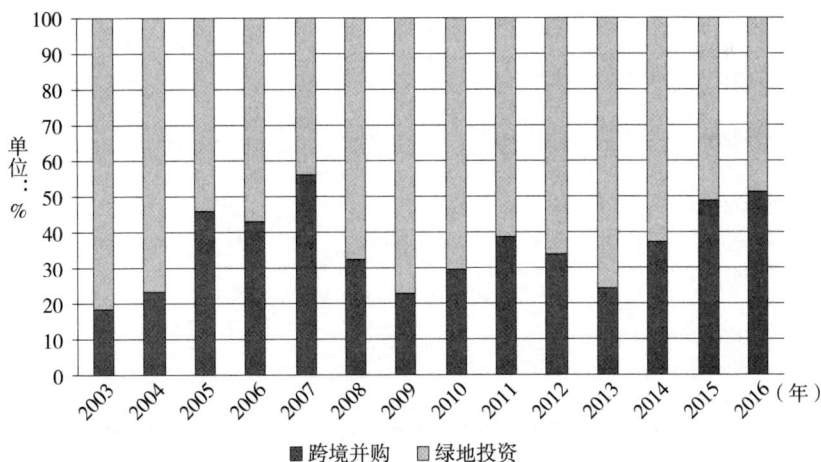

图1-10 全球直接投资状况(2003—2016年)

数据来源:联合国:《世界投资报告》(2004—2017年)

---

① 数据来源:Capital IQ,覆盖大部分跨境并购信息。

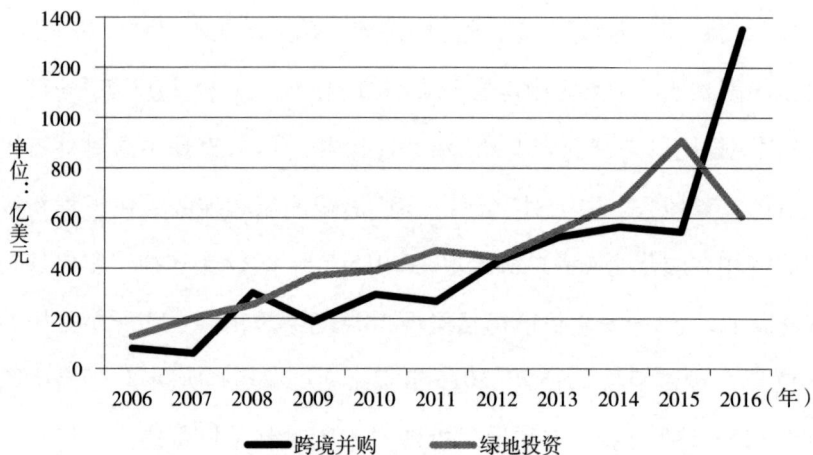

图 1-11　中国直接投资状况(2006—2016 年)

数据来源:商务部、国家统计局、国家外汇管理局:《2016 年度中国对外直接投资统计公报》,中
　　　　国统计出版社 2017 年版;中投研究室

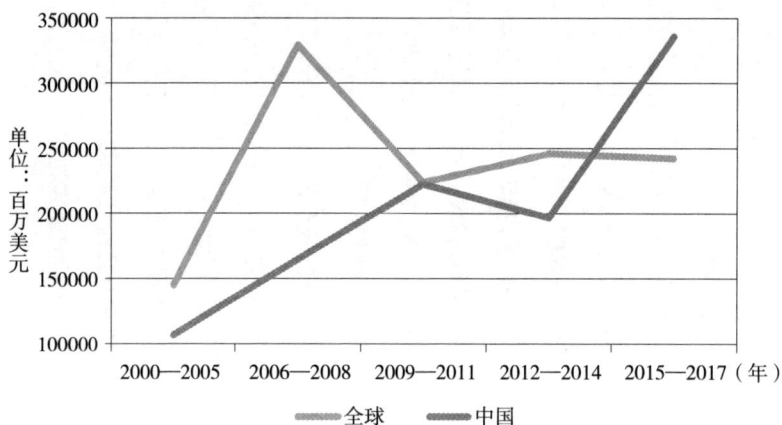

图 1-12　全球和中国对"一带一路"沿线国家和地区跨境并购金额

数据来源:Capital IQ、中投研究院

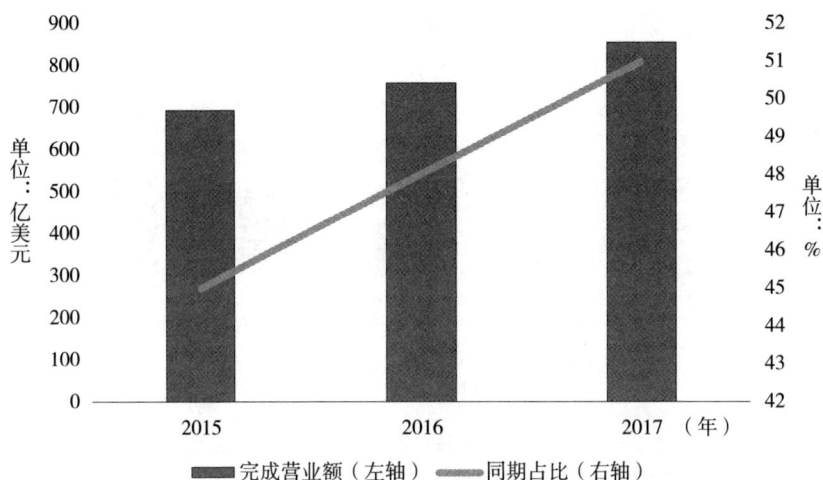

图 1-13 中国对"一带一路"沿线国家和地区承包
工程完成营业额及其占总额比重

数据来源：商务部"一带一路"统计数据，见 http://www.mof.com.gov.cn/aklicle/tongjiziliao

　　从行业分布来看，中国对"一带一路"沿线国家和地区跨境并购的行业结构也在迅速发生变化。首先，在并购数量上，工业行业项目前期占比较大，但 2016 年、2017 年项目数量大幅压缩。行业分布更加多样化，尤其是信息科技和消费行业项目异军突起，2015—2017 年信息科技行业的平均项目数量已经接近 1/4，消费行业平均项目数量达到了 15%，如图1-14 所示。行业的种类和分布与全球在此地区的投资更加趋同，如图1-15 所示。其次，在并购金额上，能源行业是传统投资的重点产业，然而2015—2017 年能源行业并购完成金额由过去的接近 100% 被挤压至36%。主要增量来自信息科技行业平均完成金额超过 1/4，以及金融业并购完成金额也大幅攀升至 14%，如图 1-16 所示。行业分布向全球规律靠拢，但消费行业金额占比仍低于全球比重，如图 1-17 所示。

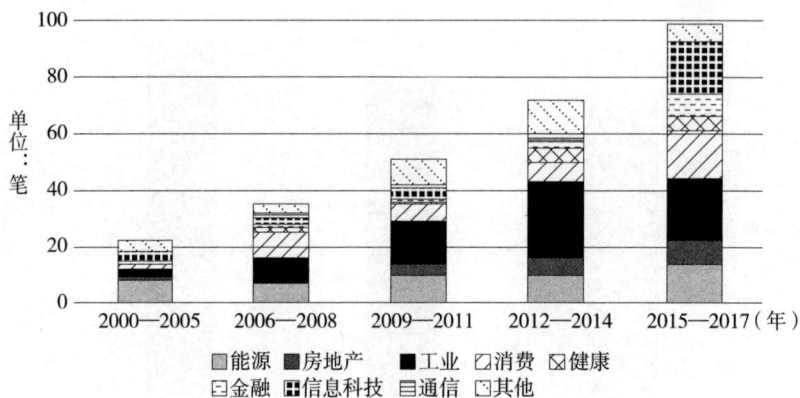

图 1-14　中国对"一带一路"沿线国家和地区跨境
并购数量变化（2000—2017 年）

数据来源：Capital IQ、中投研究院

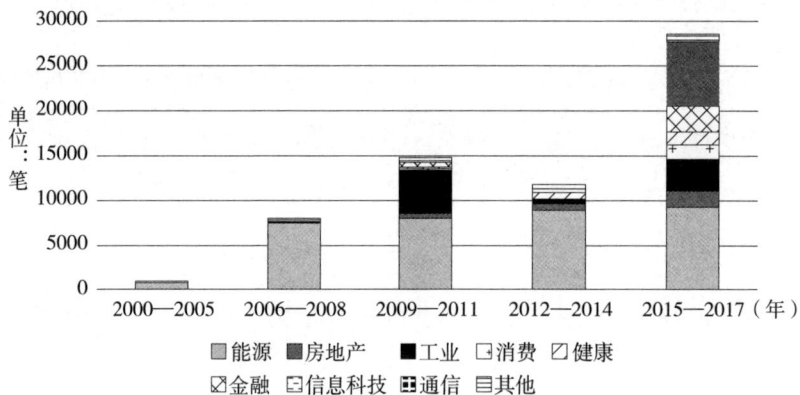

图 1-15　全球对"一带一路"沿线国家和地区跨境
并购数量变化（2000—2017 年）

数据来源：Capital IQ、中投研究院

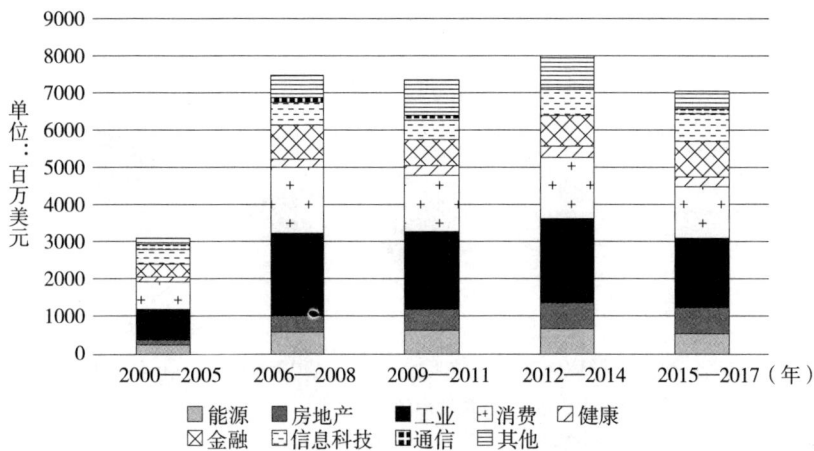

图 1-16 中国对"一带一路"沿线国家和地区跨境
并购完成金额变化(2000—2017 年)

数据来源:Capital IQ、中投研究院

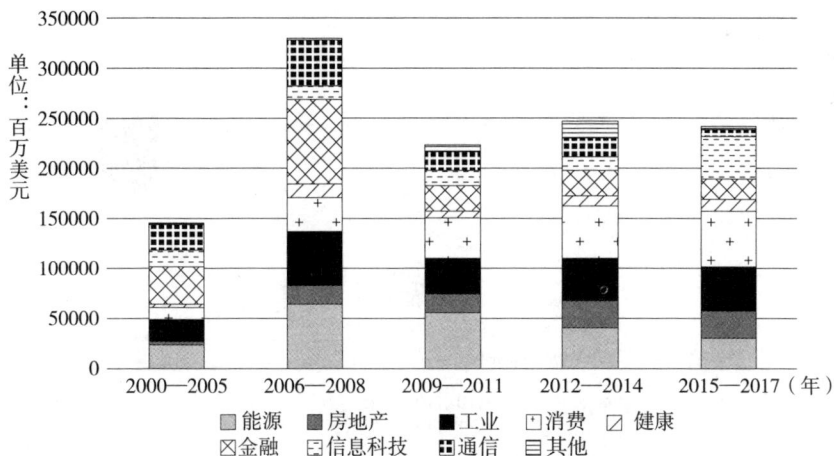

图 1-17 全球对"一带一路"沿线国家和地区跨境
并购完成金额变化(2000—2017 年)

数据来源:Capital IQ、中投研究院

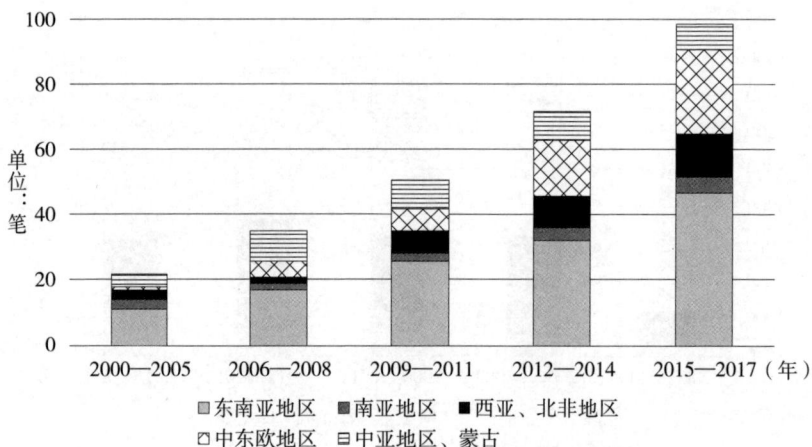

图 1-18　中国对"一带一路"沿线国家和地区跨境
并购数量地区分布（2000—2017 年）

数据来源：Capital IQ、中投研究院

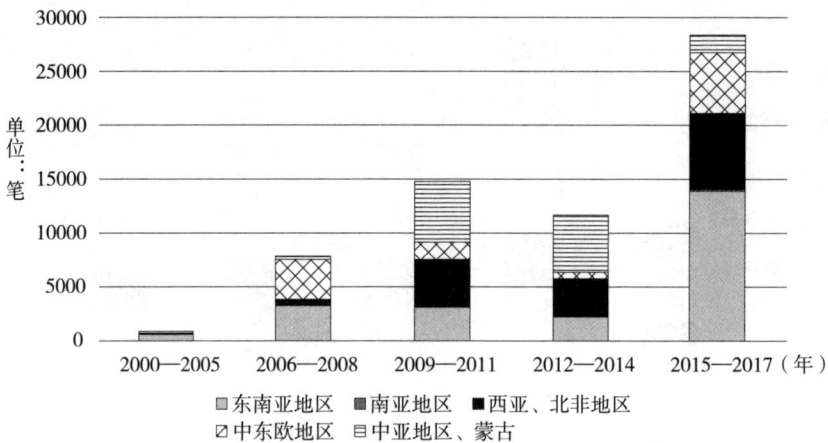

图 1-19　全球对"一带一路"沿线国家和地区跨境
并购数量地区分布（2000—2017 年）

数据来源：Capital IQ、中投研究院

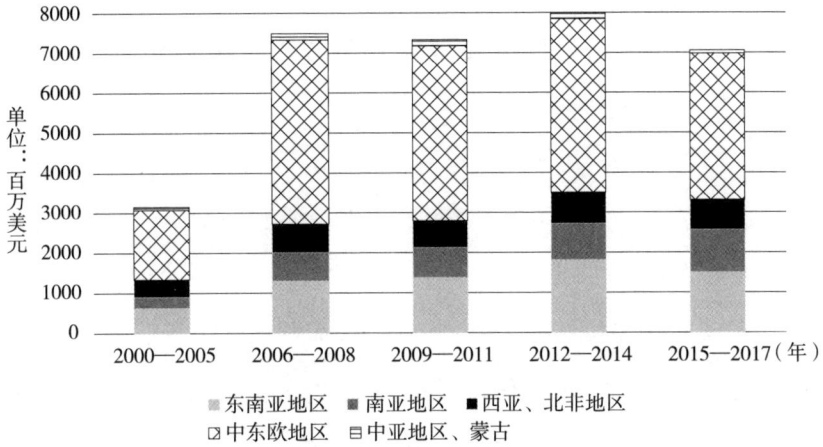

图 1-20 中国对"一带一路"沿线国家和地区跨境并购
完成金额地区分布（2000—2017 年）

数据来源：Capital IQ、中投研究院

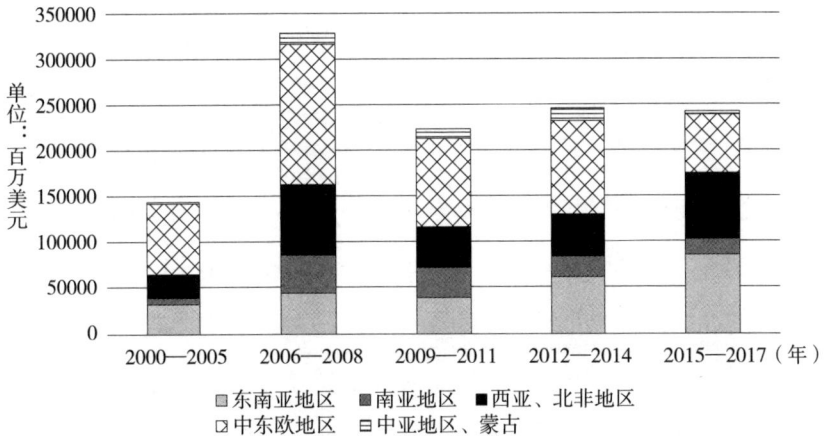

图 1-21 全球对"一带一路"沿线国家和地区跨境并购
完成金额地区分布（2000—2017 年）

数据来源：Capital IQ、中投研究院

二、"一带一路"沿线国家和地区分区域跨境并购概况

"一带一路"沿线国家地区吸引外资的能力近年来出现分化,这种分化以其各自的资源禀赋和发展趋势为基础:东南亚地区拥有丰富的自然资源和人口红利,是承接资本输出和产能转移的重点地区,也是中国"一带一路"跨境投资最为密集的地区;南亚地区地域辽阔、资源丰富、人口密集,在过去 20 年保持了 6% 的平均增长率,因此大部分国家外商直接投资明显增加;西亚、北非地区能源资源丰富,但政治局势相对比较动荡,投资额波动较大;中东欧地区是"一带一路"倡议融入欧洲经济圈的重要接口,该地区各国之间的经济发展不平衡,近年来的全球金融危机和欧债危机更是诱发外国资本大量抽逃;中亚地区、蒙古受经济增速持续走低影响,外国直接投资大幅减少,由资金流入国转为流出国。

全球对"一带一路"沿线国家和地区的跨境并购的地区分布,仍主要集中在中东欧地区,不过数量和金额下滑都十分显著,东南亚和西亚、北非地区次之,南亚、中亚地区、蒙古占比最低,如图 1-19、图 1-21 所示。而中国近年来的对外直接投资弥补了并购匮乏地区的资金缺口,中国对西亚、北非地区和中东欧地区的跨境并购数量和完成金额在 2015—2017 年迅猛增长,如图 1-18、图 1-20 所示。

东南亚地区是亚太重要区域,也是"一带一路"倡议中"21 世纪海上丝绸之路"的核心区域。在自然资源方面,东南亚地区面积约 448 万平方千米,石油、天然气、煤、锡、铝等矿产资源丰富,盛产稻米、橡胶

和金鸡纳树等多种热带作物。在人口资源方面,东南亚地区多为发展中国家,人口近 5 亿,劳动力数量众多且成本普遍较低。东南亚地区拥有丰富的自然资源和人口红利,也因此蕴含了大量的投资机会,目前全球对东南亚地区的跨境并购数量基本保持稳定,而中国对东南亚地区的跨境并购数量和完成金额在 21 世纪均迅猛增长,2015—2017 年占中国对"一带一路"沿线国家和地区全部跨境并购的比重已经超过 50%,如图 1-22、图 1-23 所示。

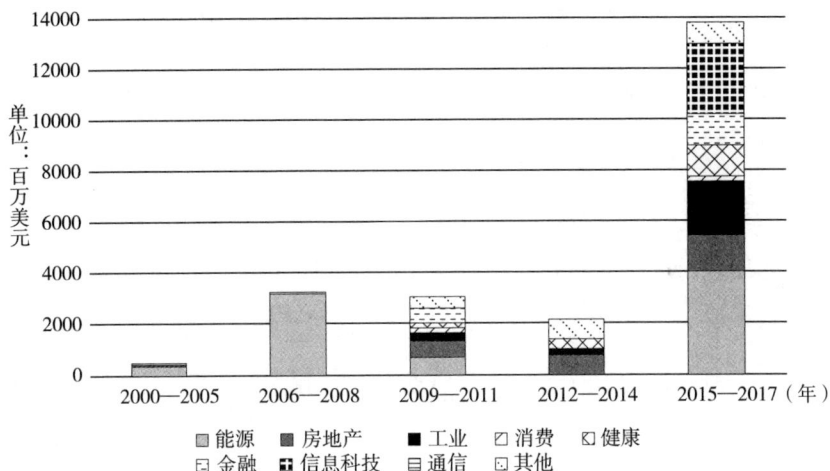

图 1-22 中国对东南亚地区并购金额行业分布变化(2000—2017 年)

数据来源:Capital IQ、中投研究院

经过近 20 年的发展,目前中国和全球跨境并购在东南亚地区各行业之间的分布比较均匀。中国的跨境并购打破了过去集中于能源领域的限制,2015—2017 年来在信息科技、工业制造、金融、健康行业的并购数额迅速增长,但在消费行业的并购投资占比仍然大幅落后于全球水平,未来在消费行业的投资空间较大。

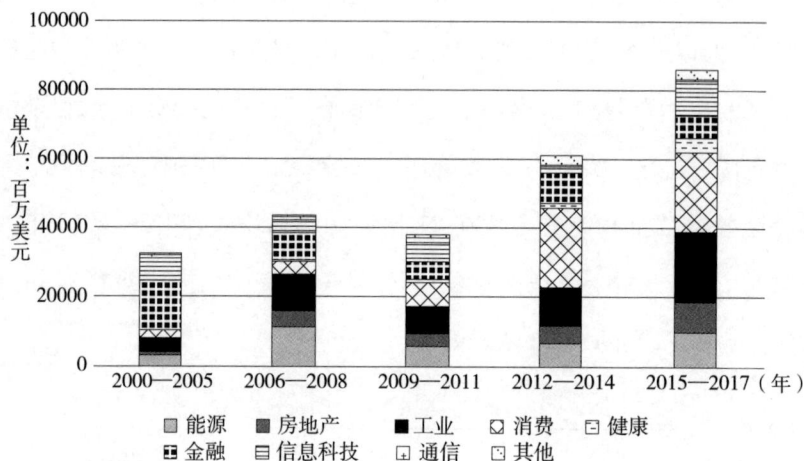

图 1-23　全球对东南亚地区并购金额行业分布变化(2000—2017 年)

数据来源:Capital IQ、中投研究院

南亚地区是"一带一路"倡议和中国"中巴经济走廊""孟中印缅经济走廊"战略构想的交集地,这一地区在过去 20 年中迅速脱贫,印度、孟加拉国和斯里兰卡三国经济均呈现持续快速增长态势。南亚地区拥有世界上最多的工作人口,中产消费阶级占比达到 1/4。由于经济增长迅速、人口多而密集,南亚地区市场前景广阔、消费需求旺盛,有机会成长为世界瞩目的新兴市场和经济发展潜力区域。

然而,全球对南亚地区的并购完成金额在迅速降低,且行业分布并不稳定,制造业、金融业和信息科技行业占比略大。其中工业和通信行业占比也迅速下降,不利于当地基础设施的发展。目前中国在南亚地区的跨境并购非常有限,项目数量少,完成金额小。2015—2017 年并购投资主体集中于健康、信息科技和消费行业,制造业投资较过去显著降低,如图 1-24、图 1-25 所示。

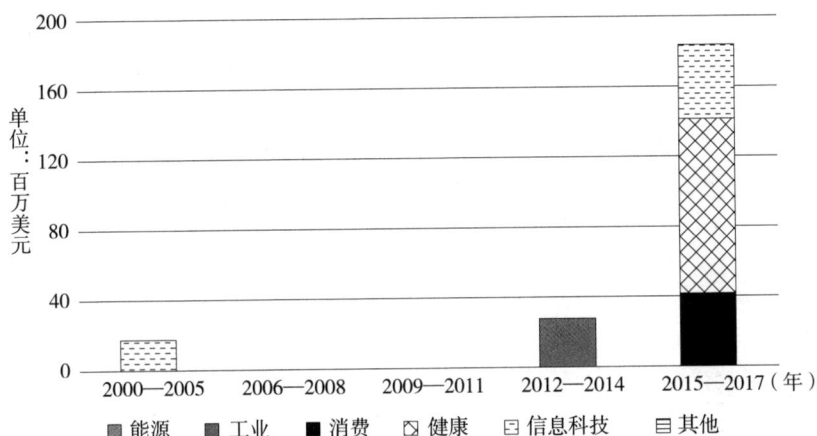

图 1-24 中国对南亚地区并购金额行业分布变化（2000—2017 年）

数据来源：Capital IQ、中投研究院

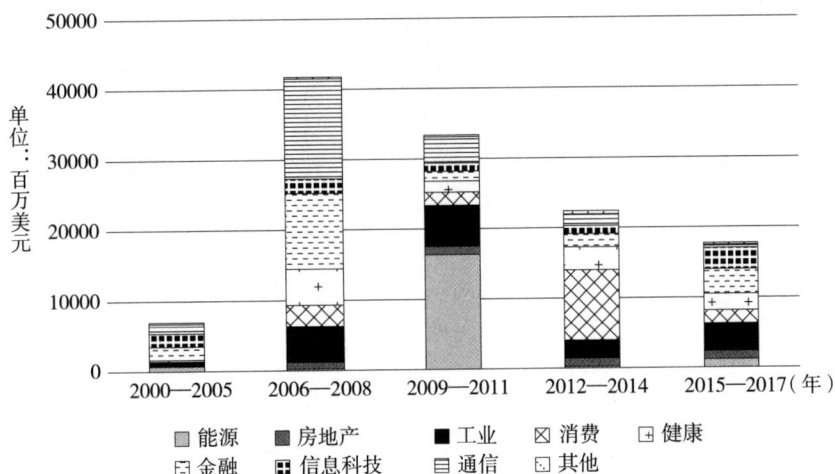

图 1-25 全球对南亚地区并购金额行业分布变化（2000—2017 年）

数据来源：Capital IQ、中投研究院

西亚、北非地区位于两大洲、三大洋的交界处，区位条件复杂，但自然资源尤其是能源和矿产资源非常丰富。近 20 年来，全球在这一区域

的跨境并购增长缓慢甚至有所下滑,2010 年之后中国对西亚、北非地区的并购投资迅速增长带动了全球并购完成金额的显著上升。在 2015 年之前,中国对西亚、北非地区的投资主要集中于能源领域,2015—2017 年来这一投资结构发生了显著变化,目前信息科技行业的跨境并购占比已经超过一半,消费和金融行业并购额显著提升,工业制造行业的并购额也有所回升,为全球在西亚、北非地区的高科技、消费、金融和制造业领域并购贡献了巨大增量,如图 1-26、图 1-27 所示。

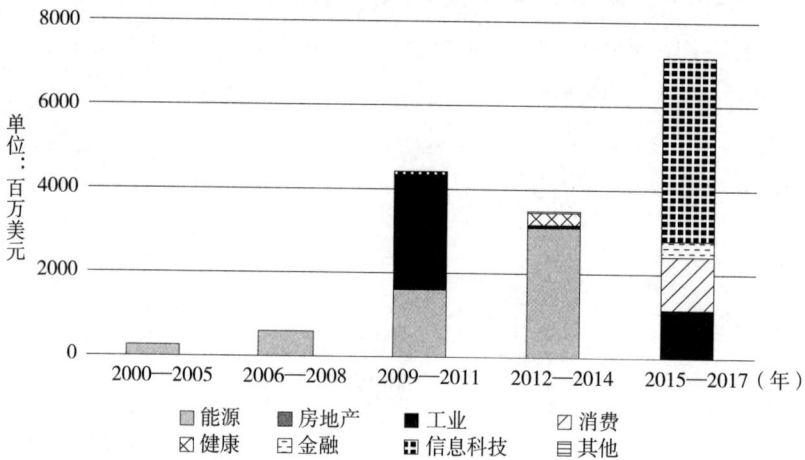

图 1-26　中国对西亚、北非地区并购金额行业分布变化(2000—2017 年)

数据来源:Capital IQ、中投研究院

中东欧地区 16 国位于"丝绸之路经济带"沿线,是"一带一路"倡议融入欧洲经济圈的重要接口。这一地区各国之间的经济发展极不平衡,近年来的全球金融危机和欧债危机更是诱发外国资本大量抽逃,对中东欧地区经济造成了严重影响,全球对中东欧地区的跨境并购数额迅速减少并仍呈现下降趋势,因此中东欧地区产生了"向东看"的情况。

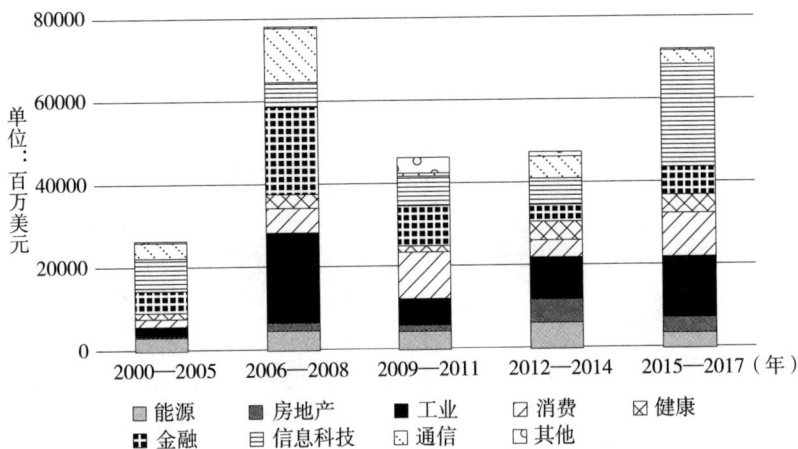

图 1-27 全球对西亚、北非地区并购金额行业分布变化(2000—2017 年)

数据来源:Capital IQ、中投研究院

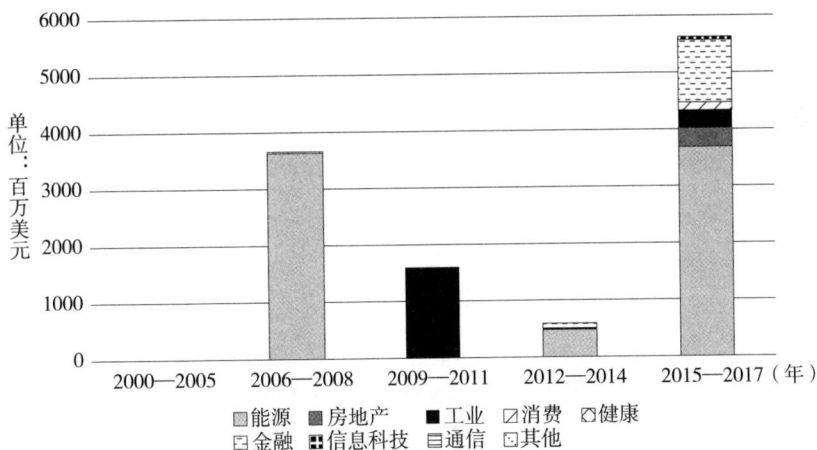

图 1-28 中国对中东欧地区并购金额行业分布变化(2000—2017 年)

数据来源:Capital IQ、中投研究院

　　与全球资本大量抽逃中东欧地区的趋势相反,2015 年至 2017 年中国对中东欧地区的跨境并购完成金额迅速增长,且过去在这一区域

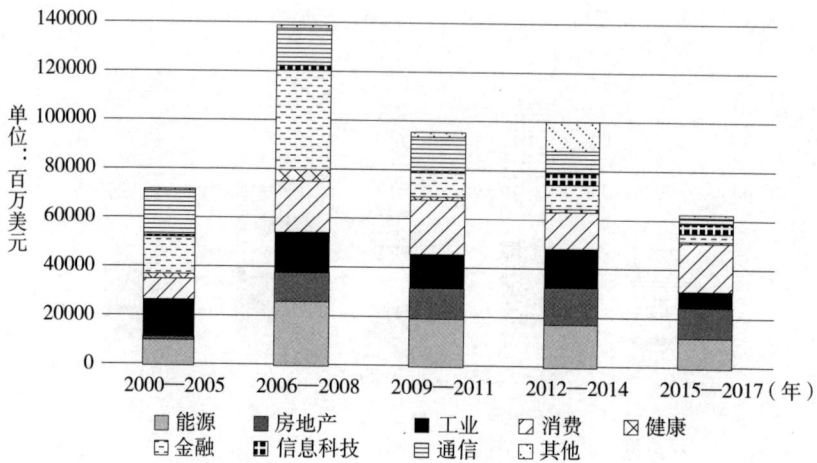

图1-29 全球对中东欧地区并购金额行业分布变化(2000—2017年)

数据来源:Capital IQ、中投研究院

的并购过于集中于能源行业的状况得到了一定改善,如图1-28、图1-29所示。目前,虽然能源领域的并购仍然占中国总并购资金的大部分,但金融业和房地产业的投资已经有了显著增长。

中亚五国和蒙古资源禀赋充足,能源储量丰富。其中哈萨克斯坦是全球油气储量最多的国家之一,土库曼斯坦天然气远景储量占全球的11.7%,塔吉克斯坦人均水利资源拥有量居世界第一位,蒙古的煤炭、铜、黄金储量均居世界前列。基于这一独特的地区发展优势,全球在中亚地区及蒙古的并购投资主要集中于能源行业,中国在该地区的能源并购更是占到并购总额的95%左右。中亚地区及蒙古受经济增速持续走低影响,外国直接投资大幅减少,全球包括中国在该地区的投资近年下降非常显著,如图1-30、图1-31所示。

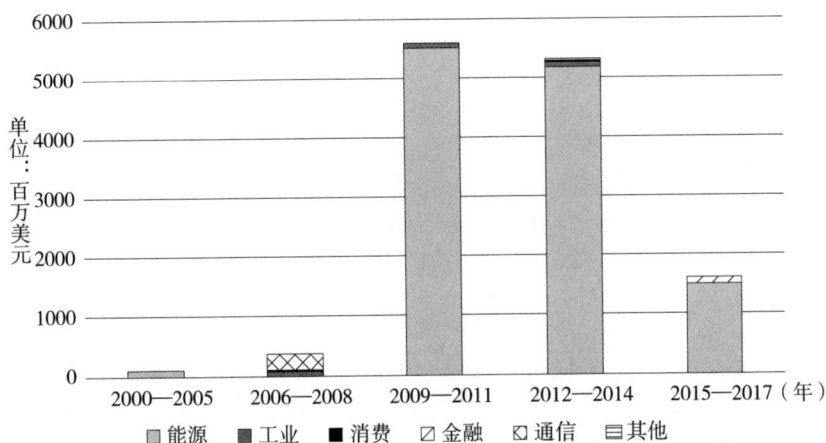

图 1-30 中国对中亚地区及蒙古并购金额行业分布变化（2000—2017 年）

数据来源：Capital IQ、中投研究院

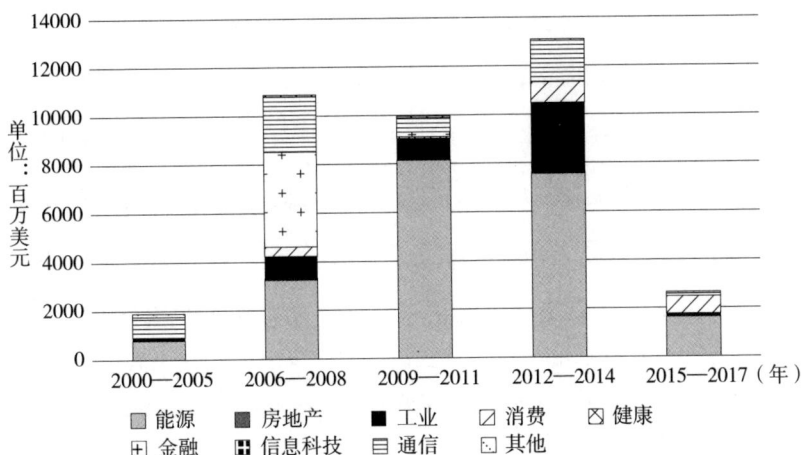

图 1-31 全球对中亚地区及蒙古并购金额行业分布变化（2000—2017 年）

数据来源：Capital IQ、中投研究院

三、"一带一路"沿线国家和地区私募股权投资回报分析

全球和中国对"一带一路"沿线国家和地区的投资中,非上市公司投资占重要组成部分,这为研究"一带一路"沿线国家和地区投资回报率带来一定估算难度,另外由于数据的缺失和统计口径的不足,也限制了全谱线的调查展开。我们以私募股权①基金的投资回报数据为替代,并用涵盖了大部分"一带一路"国家和地区的新兴市场②作为替代范畴,以期探究"一带一路"沿线国家和地区的投资回报。

(一)新兴市场私募股权基金投资总量概述

新兴市场私募股权基金的募资情况在金融危机后出现了趋势性变化。伦敦咨询机构 Preqin 的数据显示,在 2011 年之前,新兴市场私募股权基金数量占全球私募股权基金数量和占全球募集资金总额的比重逐年上升,在巅峰期 2011 年这两个数据一度分别达到 51% 和 40%。然而 2011 年之后,新兴市场在私募股权基金投资中的占比急转直下,到 2017 年新兴市场募集资金额占总额度的比重从 2011 年 40% 锐减至 23%,占全球私募股权基金总数量的比重从 2011 年 55% 降至 2017 年 32%,如图 1-32 所示。

---

① 私募投资包括私有化、VC、增长型、turnaround、balanced、共投、共投多管理人、FOF。其不包括私募债、房地产、基础建设、自然资源。

② "新兴市场"这一概念包括非洲全部国家和地区、中东欧全部国家和地区、除以色列以外的中东国家和地区以及除中国香港、日本、新加坡之外全部亚洲的国家和地区。

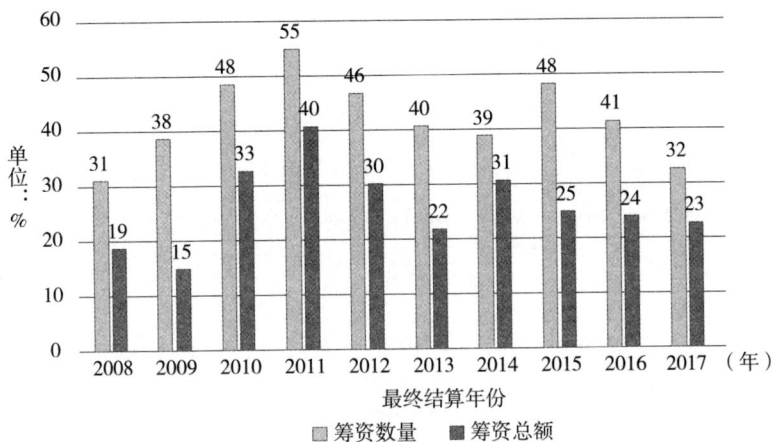

图 1-32 新兴市场融资占所有私募股权融资的比例（2008—2017 年）

数据来源：Preqin

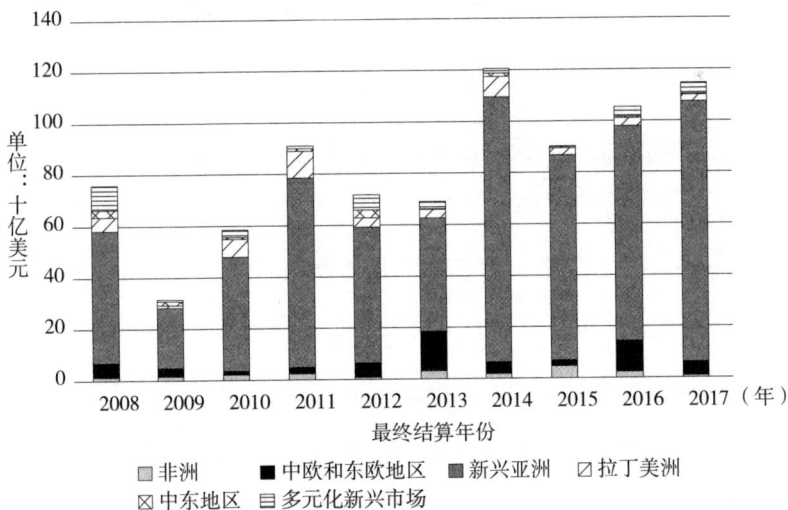

图 1-33 新兴募资金额各区域分布情况（2008—2017 年）

数据来源：Preqin

在关注新兴市场的私募股权投资基金中,亚洲表现最为突出,吸收了 2008—2017 年新兴市场私募股权基金募资总额的 77%,年募资总额占全球新兴市场私募资金总额之比也从 2013 年的 73% 增加到 2017 年的 85%,中国市场在当中发挥着举足轻重的作用。分区域来看,除了新兴亚洲募资金额从 2016 年的 840 亿美元上升至 2017 年的 1010 亿美元,其他新兴地区表现欠佳。非洲地区在 2016 年吸收了 22 亿美元的私募投资,然而 2017 年募资金额下降至 7 亿美元;中东欧和中东地区也表现不佳,私募基金募资总额分别从 2016 年的 121 亿美元和 6 亿美元下降至 2017 年的 53 亿美元和 1 亿美元①,如图 1-33 所示。

(二)新兴市场私募股权基金投资回报率分析

在全球私募基金募资总额自 2015 年一路上扬、新兴市场基金在 2017 年募资总额处于金融危机后高位的背景下,新兴市场私募股权募资占全球募资总额比例持续下降,一方面与最重要的新兴市场中国经济增长放慢有关,另一方面也反映在投资回报率上。

与欧美发达市场进行横向比较,在三个区域中,新兴市场私募投资风险最高,而收益最低,其投资回报率的中位数较北美地区低 2 个百分点,较欧洲地区低 1 个百分点,如图 1-34 所示。目前北美地区和欧洲的私募股权投资市值,远高于新兴市场也是顺理成章的。但这并不意味着新兴市场私募没有投资机会。表现前 1/4 分位和后 1/4 分位的基

---

① "Private Equity in Emerging Markets", in *Preqin Special Report 2018*.

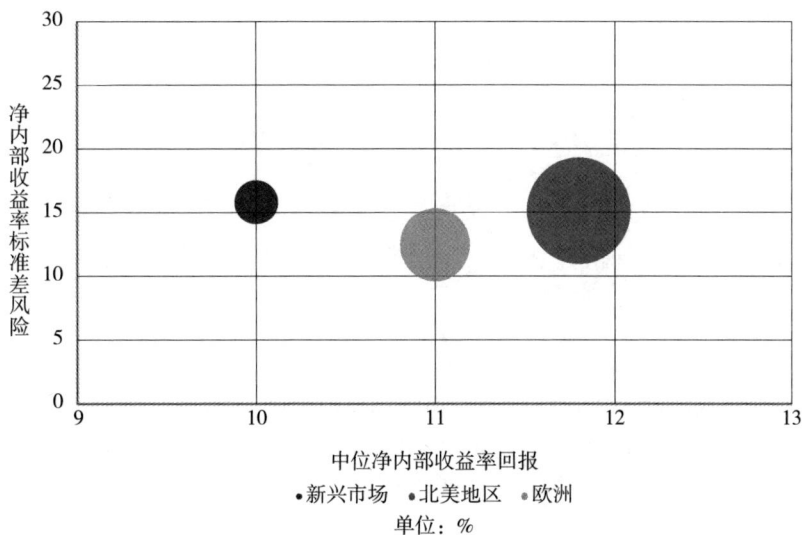

新兴市场 · 北美地区 · 欧洲
单位：%

图 1-34　新兴市场与欧美市场私募股权投资风险-
收益比较（2005 年为起始投资年）

数据来源：Preqin

金回报率差距非常大,近年的回报率差距达到 20%,侧面反映了新兴市场投资的复杂性,对基金的投资能力要求更高。表现前 1/4 分位基金的投资回报率平均高达 25%,表明新兴市场优质项目和增长机会有较大潜力。这是一个积极的信号,说明私募股权投资未来在新兴市场仍有相当大的增长潜力,如图 1-35 所示。

虽然新兴市场可以作为"一带一路"沿线国家和地区的相似替代,但"一带一路"沿线国家和地区多为新兴发展中国家。我们根据 Cambridge Associates 的数据,以发达和发展中为标准（非洲主要为发展中国家）,比较新兴市场内部回报率差异,尝试更加接近"一带一路"沿线国家和地区私募基金回报率。在 2006—2015 年十年中,中

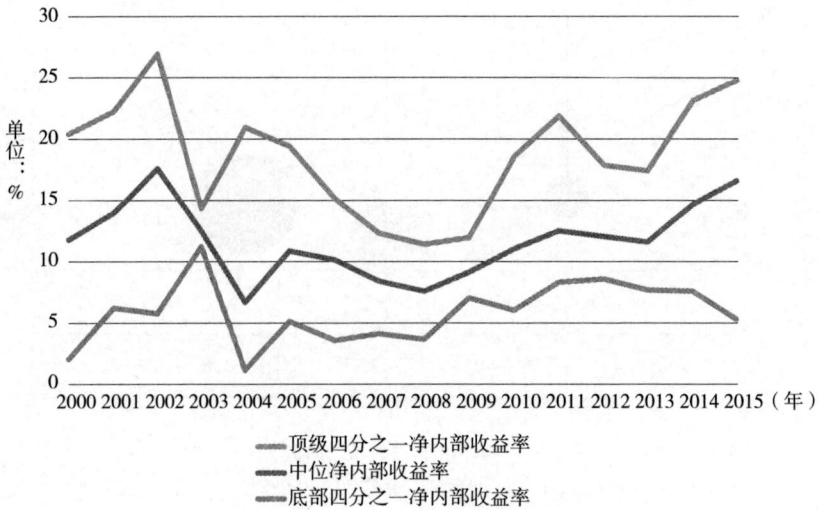

图 1-35 新兴市场私募股权基金净内部收益率分布(2000—2015 年)

数据来源:Preqin

东地区发达国家的平均投资回报率在全球最高,但这主要是由于 2008—2009 年油价高企导致的,且这种回报率是不可持续的。将中东地区发达国家排除在外,亚太地区发展中国家和亚太地区发达国家的平均投资回报率排名最为靠前,且亚太地区发展中国家投资回报率最为稳定,标准差最低。除了亚太地区,其他地区十年平均投资回报率均为发达国家高于发展中国家,近几年欧洲发展中国家的投资回报率略高于发达国家。总体而言,"一带一路"沿线亚太地区国家投资回报率的确定性较高,如表 1-2 所示;具体到国家,中国市场表现突出,印度和东南亚地区的总内部回报率分别为 7.7% 和 4.2%,如表 1-3 所示。

表 1-2　全球各地区私募股权投资总内部回报率比较

地　　区	中东地区—发展中国家	中东地区—发达国家	亚太地区—发展中国家	亚太地区—发达国家	欧洲—发展中国家	欧洲—发达国家	非洲—发展中国家
十年平均	8.06%	37.05%	20.20%	18.74%	10.66%	15.24%	8.75%
标准差	0.08	0.30	0.06	0.12	0.10	0.08	0.10
2006 年	0.80%	16.70%	20.40%	6.70%	7.30%	13.70%	15.40%
2007 年	17.00%	14.70%	14.90%	6.90%	-2.20%	4.30%	1.90%
2008 年	17.90%	76.20%	9.90%	-1.40%	-0.10%	1.00%	-3.90%
2009 年	9.60%	100.30%	27.00%	29.50%	13.60%	19.50%	10.30%
2010 年	15.30%	10.00%	19.50%	19.50%	14.30%	15.20%	8.70%
2011 年	0.20%	11.50%	14.00%	14.20%	5.30%	13.60%	12.30%
2012 年	13.90%	28.20%	20.80%	24.20%	5.20%	17.10%	3.90%
2013 年	0.20%	33.10%	24.70%	29.40%	13.90%	25.10%	10.80%
2014 年	9.10%	43.10%	27.30%	22.20%	20.10%	20.20%	-3.20%
2015 年	-3.40%	36.70%	23.50%	36.20%	29.20%	22.70%	31.30%

注：数据选取 2006—2015 年为起始投资年份的 PE 和 VC 基金数据，截至 2017 年 9 月。
数据来源：Cambridge Associates、中投研究院

表 1-3　亚洲不同国家和地区投资回报率比较

	总内部回报率（%）	总回报倍数（倍）	项目数量（笔）
亚洲	10.4	1.6	2747
中国	16.2	1.9	1074
东南亚地区	7.7	1.4	201
印度	4.2	1.3	715

注：数据选取 2006—2015 年为起始投资年份的 PE 和 VC 基金数据，截至 2017 年 9 月。
数据来源：Cambridge Associates、中投研究院

(三)不同行业私募股权投资回报率概述

近 20 年来,"一带一路"沿线国家和地区的投资大多是以能源为代表的基础设施投资。根据 Cambridge Associates 数据显示,截至 2017 年 6 月,选取 2002—2016 年为起始投资年份的所有新兴市场的基础设施基金净内部回报率为 3.0%,中位数回报率为 2.2%,表现最佳前 1/4 分位的回报率为 7.9%。相较同期整体新兴市场 PE 和 VC 的净内部回报率分别高达 9.2% 和 18.1%,新兴市场基础设施投资回报率相对较低。

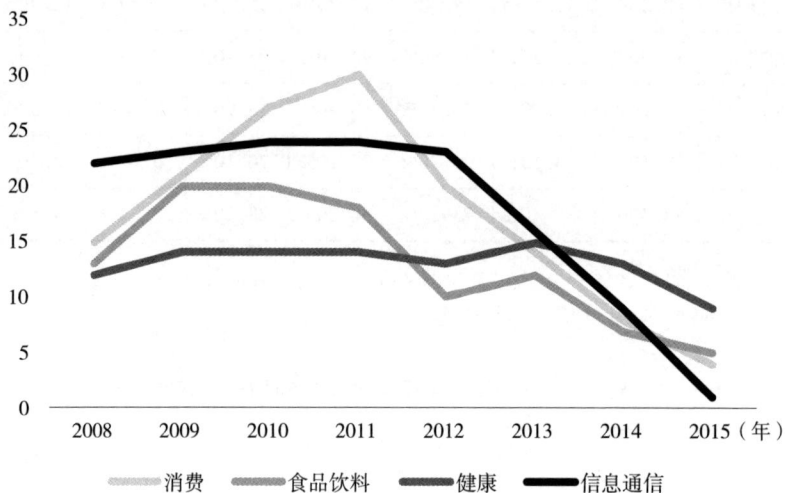

图 1-36　亚洲重点行业私募股权投资三年平均内部回报率变化(2008—2015 年)
注:数据选取 2006—2015 年为起始投资年份的数据,截至 2017 年 9 月。
数据来源:Asia PE Index、中投研究院

由于亚洲地区投资回报率高、私募股权投资占新兴市场总融资额比重大,同时受限于数据可得性,我们以亚洲作为代表分析私募基金在

其他重点行业的投资回报率。截至 2017 年 9 月，根据 Asia PE Index 的数据①，2008 年金融危机之后亚洲地区各行业私募投资的总内部回报率均呈现先上升后下降的趋势，2015 年消费、食品饮料、健康和信息通信四个重点行业的总内部回报率分别仅为 0.1%、1.2%、0.8% 和 0.6%。从整体趋势上来看，健康行业的投资回报率相对比较平稳，三年平均值基本保持在 10% 以上，而信息通信行业三年平均内部回报率下降速度最快，如图 1-36 所示。在亚洲的不同国家，行业发展状况和投资回报水平也存在差异。截至 2017 年 9 月，中国私募股权投资总内部回报率为 16.2%，投资回报率最高的三个行业分别是信息通信、消费和健康行业。印度投资回报率最高的三个行业分别是银行和金融业、健康和信息通信行业；韩国是食品饮料、服务业和传媒行业；东南亚地区则为消费品、信息通信和银行业。

---

① Asia Private Equity Research LTD，"Fund Portfolios Return Results in Asia Private Equity"，Volume Ⅶ，No. 4，2017.

第 二 章

中国与"一带一路"沿线国家和
地区重点互补行业分析

为了更好地落实"一带一路"倡议,提高建设的可持续性,我们认为在对外投资启动期,在政府推进国家间投资制度建立的基础上,市场化的运作尤为重要。从具体实施来看,充分利用资本带路引导"一带一路"建设或是较佳选择,因为只有具备经济效益的投资才能带来长期的可持续发展。

从中国和"一带一路"沿线国家和地区的比较优势出发,"一带一路"倡议带来的较佳投资机会须具备以下两个条件之一,或是能够与中国能源资源情况形成互补,或是能够承接中国当前的优势富裕产能,根据这一思路,本章共挑选六个重点行业进行分析。

第一节　中国稀缺资源行业

本节从中国的资源禀赋出发,着重分析了油气能源、农业和旅游三个行业,每个行业都分别论述了目前行业的主要特点和行业趋势,并对"一带一路"沿线国家和地区的资源互补进行分析并介绍在沿线国家和地区已投情况,最后提供沿线国家和地区投资经典案例以供参考。

在油气能源行业方面,贫油、少气的能源结构和经济发展的巨大需求使得中国能源对外依赖性强,清洁环保的要求也对中国能源产业升级提出了更高期许。在油气能源行业开展对外合作,充分利用"一带一路"沿线国家和地区丰富的油气资源有利于中国保障能源供应,维护能源安全,促进结构转型。

在农业方面,中国农业产业规模大,但仍然存在生产方式落后、成本高、品质低等问题,而"一带一路"沿线国家和地区丰富的土地资源、多样的种植品种、较高的农业技术为中国解决上述问题提供了可行的方案。

在境外旅游方面,旅游行业作为中国目前最火爆的"幸福产业"之一,是消费升级和人们生活水平提高的重要表现。中国人民追求美好生活,对境外旅游尤其是"一带一路"沿线国家和地区的短途旅游有巨大的消费需求。目前,中国已放宽"一带一路"沿线国家和地区旅行社到中国投资股权比例限制,鼓励国外房车、游艇等旅游装备制造企业到中国投资,饭店、旅行社、餐饮等旅游领域都涌现出有价值的投资机会。

一、油气能源

中国是煤炭资源大国,石油及天然气储量相对不足,加上经济发展的巨大需求使得中国能源对外依赖性强,清洁环保的要求也对中国能源产业升级提出了更高期许。另外,中国能源进口来源集中在中东地区和非洲,供给线路单一。在油气能源行业加强与"一带一路"沿线国家和地区合作,有利于中国能源保障及结构转型。

(一)中国能源结构短期仍将以化石能源为主导

1. 中国煤炭资源丰富,未来向清洁能源转型

中国的能源结构特征是"富煤、贫油、少气"。目前中国已成为世界上最大的能源生产国和第二大能源消费国,但从能源结构来说,中国是煤炭资源大国,如图 2-1 所示,石油及天然气储量相对不足,这种资源禀赋结构决定了煤炭资源在中国当前经济中占有重要的战略地位。

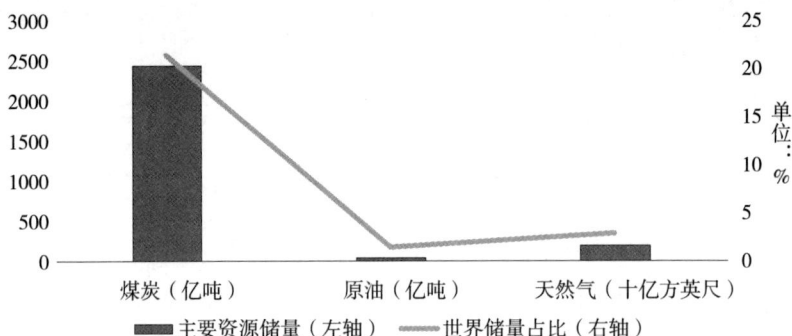

图 2-1　中国主要资源储量及世界储量占比

数据来源:BP、申万宏源研究

中国经济快速增长使得能源消费总量急剧提升,随着环保压力加大,国家采取各项积极措施调整能源结构,虽然煤炭消费比重逐年下降,但目前仍为主要能源。截至 2016 年,中国煤炭消费在一次能源消费总量中仍然占到 62%,远远超出发达国家,如图 2-2 所示。

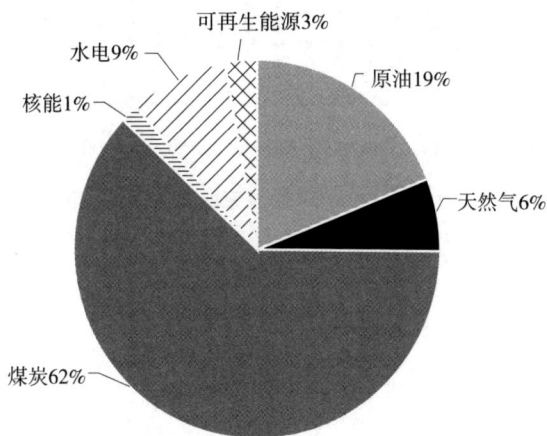

图 2-2 2016 年中国一次能源消费结构

数据来源:BP、申万宏源研究

2.中国原油依赖度逐年攀升、来源向周边扩展

随着近年来国内高速发展及原油资源的匮乏,原油进口依赖度逐年攀升,2017 年国内原油产量为 1.92 亿吨,原油净进口量达 4.15 亿吨,原油进口依赖已达到 68%,如图 2-3 所示。

原油消费增速高于产量增速,对外依存度不断攀升,如图 2-4 所示。国内原油产量增长缓慢,经过多年的生产,目前东部地区大油田已进入减产或稳产阶段,而西部地区和海上油气资源开发难度较大,难以形成大规模接替。2017 年原油进口量为 4.2 亿吨,增速为 10.12%,已连续 16 年维持增长。

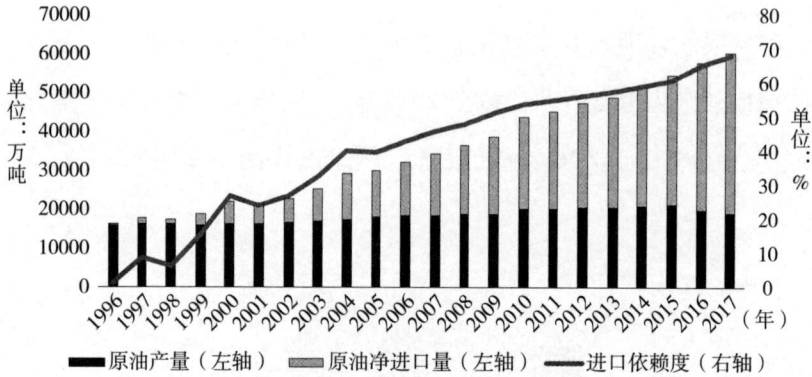

图 2-3　1996—2017 年国内原油产量与进口依赖度

数据来源：Wind、国家发展改革委、申万宏源研究

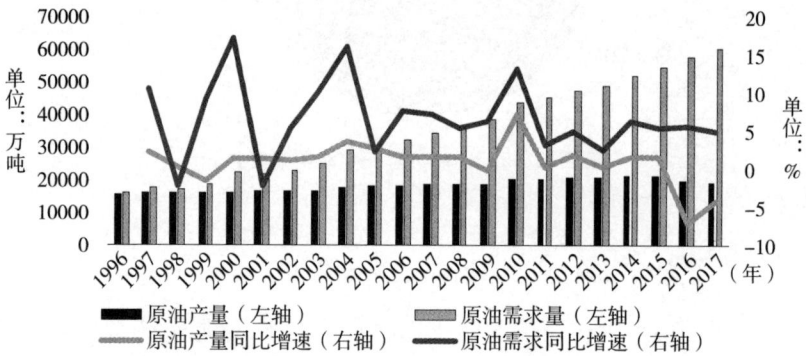

图 2-4　1996—2017 年国内原油产量、需求量及增速比较

数据来源：Wind、申万宏源研究

　　中国原油探明储量呈逐年小幅增长趋势，如图 2-5 所示。2017 年中国原油探明储量为 25.62 亿桶，较 2012 年增长 26%，但总体开发程度较低。

　　进口来源集中在中东地区和非洲，近年逐渐扩大范围向南美地区及周边资源国扩展。过去中东地区和非洲国家始终是中国原油进口的

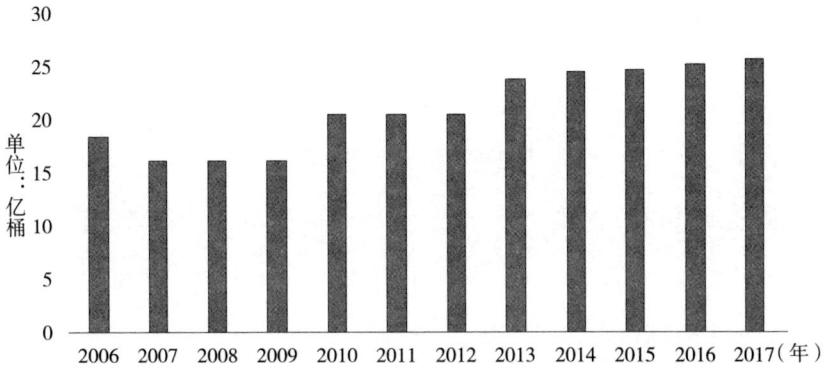

图 2-5 中国原油探明储量(2006—2017 年)

数据来源:Wind、国家发展改革委、申万宏源研究

主力资源国,21 世纪以来中国愈加重视能源供应安全,国内能源通道建设开始从海上为主的单一供油局面向海陆相济、多方保障的局面转变,原油进口来源有所扩展。2017 年中国原油进口来源遍布中东、美洲、南美及周边地区的 42 个国家,如图 2-6 所示。

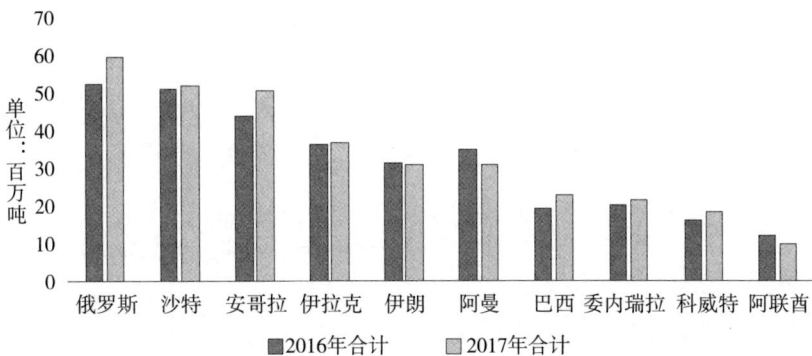

图 2-6 2016 年、2017 年国内原油进口来源国进口量对比

数据来源:Wind、申万宏源研究

（二）中国与"一带一路"沿线国家和地区的能源互补及投资现状

1. 拓宽油气合作，国内能源供给有望得到保障

从能源来源来看，"一带一路"沿线国家和地区油气资源储量丰富，中国能源进口区域选择更多。据 BP 统计，中东地区石油和天然气储量分别占全球储量的 47.7%和 42.5%；非洲石油和天然气储量分别占全球储量的 7.5%和 7.6%；俄罗斯石油和天然气储量分别占全球储量的 12.6%和 17.3%；中亚地区石油和天然气储量分别占全球储量的 2.2%和 10.5%，与这些地区同时合作能够降低中国能源来源的单一程度，实现能源供给多元，保证能源进口安全。

从运输通道来看，目前中国从非洲、中东和东南亚地区进口的油气资源，80%以上必经马六甲海峡和霍尔木兹海峡，运输线路单一。"一带一路"沿线国家和地区的港口建设有望削弱马六甲海峡对中国石油进口的牵制：一方面，向中亚地区、俄罗斯、缅甸购买油气，可通过铁路、公路、管道等方式，运输范围内政局相对稳定，安全性高；另一方面，中国南海与东南亚国家毗邻，海上运输距离短，可选择的航道多且无运输要塞，几乎不存在受制于人的可能。例如，瓜达尔港靠近霍尔木兹海峡，距中东地区石油咽喉阿曼湾仅 380 公里，被誉为印度洋上石油运输的必经要地，每年通过该海峡的石油约占海运交易石油总量的 1/3。瓜达尔港的开运将使得中国直接经陆地运输将中东地区的石油、天然气运往国内提供了可能。另外，三大油气运输网管打通了中国内陆油气运输要道，随着俄罗斯、中亚地区、缅甸与中国合建的管道相继投产

运行,中国已基本形成东北亚中俄原油管道—西北中哈油气管道—西南中缅油气管道的三角运输通道。

2."一带一路"倡议促进国际贸易合作与技术输送

中国国营/民营油服公司可深入"一带一路"沿线油气资源丰富但油田基础设施落后的国家和地区,参股油田合作。国有企业石化油服已在中东、北非地区"一带一路"沿线国家和地区形成稳定的主力市场,并成为沙特、科威特和厄瓜多尔最大的陆上钻井承包商,也是阿尔及利亚最大的地球物理服务承包商。海油工程加快走向国际,承揽了俄罗斯亚马尔半岛(Yamal)、缅甸藻迪卡(Zawtika)、澳大利亚伊奇提斯(Ichthys)等的大型LNG模块化国际项目,并经三年努力,顺利完成了Yamal LNG核心工艺模块项目,并依靠油气田装备及服务输出,在沙特、尼日利亚、卡塔尔等国新启项目,公司2018年仍将中东、东南亚等地区作为市场开发重点。目前,中国石油已与俄罗斯、土库曼斯坦、伊拉克等19个国家进行合作,参与管理油气投资项目50余个,并参建中亚、中俄、中缅等基础设施。中国石化已与沙特、科威特、埃及等30多个国家开展了项目合作,完成项目近30个,执行工程合同近600个,合作范围全面覆盖,包括勘探开发(18个油气项目,权益油气6100万吨油当量)、炼化仓储(6个炼化及仓储物流项目)、石油工程(已为沙特最大的钻井承包商)、进口贸易等。

民营油服公司也在大力走出国门。安东油服积极推行"全球新兴市场"开发战略,联手惠博普、洲际油气深掘伊拉克市场,2017年上半年公司在中东地区的收入已占到公司海外市场收入的70.1%,在中亚地区、非洲的收入占到海外市场收入的26.2%。其中中东地区主要增长驱动源于伊拉克,中亚地区、非洲主要驱动是哈萨克斯坦、巴基斯坦及阿尔巴尼亚。另外,公司一体化钻井服务、定向钻井服务、钻机服务、油田环保技术等均在中东、中亚等"一带一路"沿线辐射区域保持了两位数以上的增长。惠博普自 2003 年踏入国际市场以来,已成功为科威特、伊朗、伊拉克等 30 多个国家提供了成套油气处理装备、移动式高温高压测试装备等多种产品,并积极与安东油服、洲际油气合作。据公司年报披露公司以伊拉克市场为主阵地,2017 年累计签订合同金额达 6.5 亿元人民币,占公司 2016 年经审计营业收入的 62%。

(三)"一带一路"沿线国家和地区油气行业并购案例

1. 洲际油气:立足中亚　抄底低价油气资产

洲际油气原名正和股份,以房地产、物业租赁、贸易业务起家。2013 年开始,公司地产、物业等传统业务盈利能力大幅下滑,从而选择改变业务方向进军石油开采行业。从 2014 年开始,公司先后收购了马腾公司、克山公司等油气资产,并通过认购产业基金的形式在油气领域展开布局,如图 2-7 所示。成为低价抄底油气资产并转型上游油气资源的公司之一,目前已稳定实现油气业务利润贡献率保持80% 以上。

公司于 2016 年 12 月底收购哈萨克斯坦油气运输公司 49% 股权,收购原因主要是由于 2016 年、2017 年的油价尚未稳定,所收购的油气资产尚未能够实现稳定盈利,且勘探开发仍需要投入资金,哈萨克斯坦油气运输公司每年能够提供约 5000 万元的投资收益,从而选择收购可提供稳定现金流的中下游运输资产。

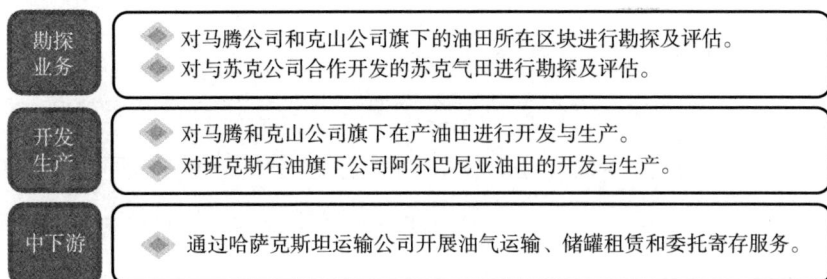

勘探业务	◆ 对马腾公司和克山公司旗下的油田所在区块进行勘探及评估。 ◆ 对与苏克公司合作开发的苏克气田进行勘探及评估。
开发生产	◆ 对马腾和克山公司旗下在产油田进行开发与生产。 ◆ 对班克斯石油旗下公司阿尔巴尼亚油田的开发与生产。
中下游	◆ 通过哈萨克斯坦运输公司开展油气运输、储罐租赁和委托寄存服务。

图 2-7 洲际油气主要业务板块

资料来源:申万宏源研究

二、农业

农业是国民经济的基础产业部门,指通过培育动植物产品从而生产食品及工业原料的产业。农业属于第一产业,包括利用土地资源进行种植生产的种植业、利用土地资源培育采伐林木的林业、利用土地资源培育或者直接利用草地发展畜牧的畜牧业、利用土地上水域空间进行水产养殖的渔业和对上述产品进行小规模加工制作的副业。近年来,又出现了对农业生产进行开发并展示的观光农业(行业划分上属农业与旅游业的交叉领域)。

中国农业产业规模大,但仍然存在生产方式落后、成本高、品质低等问题,而"一带一路"沿线国家和地区丰富的土地资源、多样的种植品种、较高的农业技术为中国解决上述问题提供了可行的方案。

(一)"大而不强"的中国农业亟待走向国际

1. 中国农业大而不强,对外依存度高

目前,中国农业总产值位居全球第一并持续保持增长态势,如图
2-8所示。然而,中国农业的发展整体呈现"大而不强"的局面,一方
面农业国际竞争力较差,另一方面部分农产品对外依存度高。

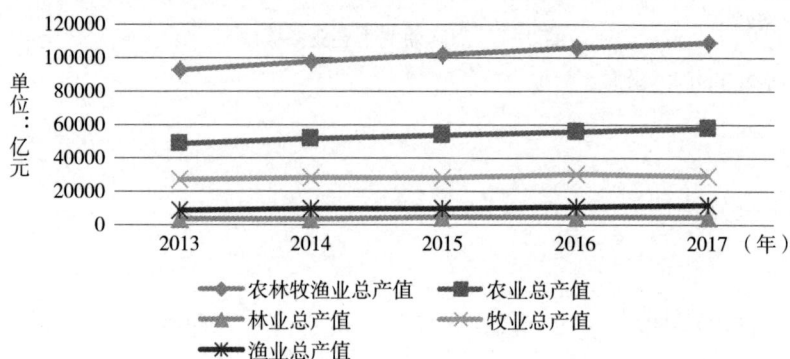

图 2-8　中国农业总产值变化(2013—2017 年)

数据来源:国家统计局、中投研究院

中国农业竞争力差主要体现在以下三个方面:

一是经营模式落后。由于分散经营长期存在,中国农业产业化程
度低,人均农业增加值远低于法国、加拿大、美国等发达国家,如图 2-9
所示;另外,中国农业价值链短,休闲农业、农村电商、土地流转等高附
加值环节产值很低,这也导致农业企业盈利能力薄弱。

二是生产成本高。2007—2016 年,中国三种粮食每亩总成本平均
每年上涨 9.55%,其中人工成本年均上涨 11.98%,土地成本年均上涨
11.77%,均远高于同期农业增加值年均增长率(9.72%),如图 2-10 所

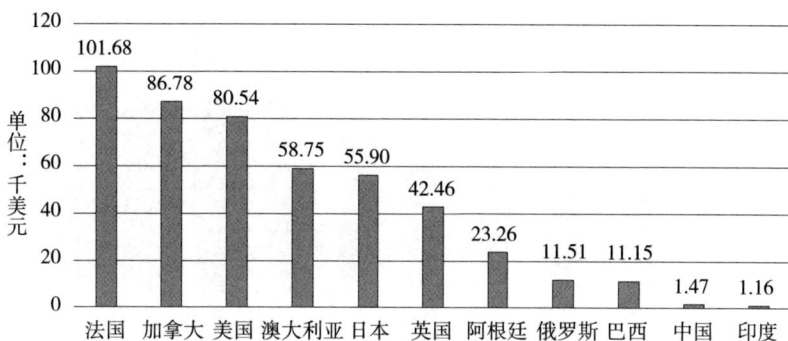

图 2-9 2015 年各国农业人均增加值比较

数据来源:世界银行、中投研究院

示。2015 年,中国玉米、稻谷、小麦、大豆、棉花等农产品亩均总成本分别比美国高出 56.05%、20.82%、210.42%、38.44% 和 222.84%。2014 年,中国生猪养殖的 PSY① 仅为 17,远低于发达国家的平均水平,如图 2-11 所示产品缺乏国际竞争力。这主要是由中国目前农业机械化程度不高,技术水平较低导致的。

三是农产品品质低。长期以来,中国农药化肥使用量一直处于世界前列。世界银行数据显示,2014 年中国每公顷耕地化肥消耗量是英国的 2.3 倍、美国的 4.1 倍、阿根廷的 15.7 倍,如图 2-12 所示。化肥农药过度使用叠加中国城镇化和工业化的发展导致中国土地严重污染,2014 年的耕地污染率为 19.4%,绝对值达到 3.5 亿亩以上。除土地污染外,种源落后、管理精细化程度低等因素也是导致农产品品质难以保障的重要原因。

---

① PSY 指的是每头母猪每年所能提供的断奶仔猪头数,是衡量猪场效益的重要指标。计算方法:PSY = 母猪年产胎次×母猪平均窝产活仔数×哺乳仔猪成活率。

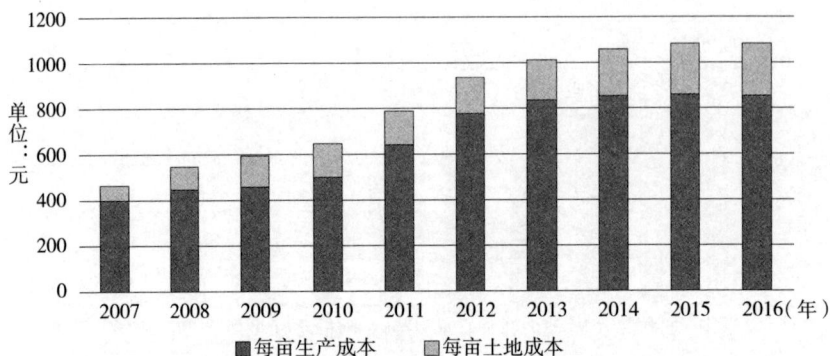

图 2-10　中国粮食平均生产成本(2007—2016 年)

数据来源:Wind、中投研究院

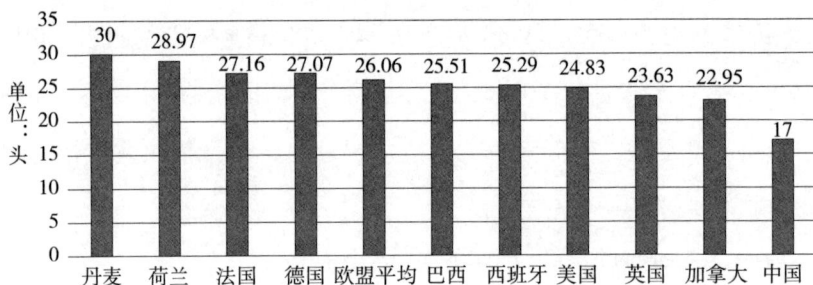

图 2-11　2014 年各国生猪养殖 PSY 对比

数据来源:Wind、中投研究院

　　中国是农产品净进口国,部分产品对外依存度高。中国国内粮食供需基本处于紧平衡状态,但是在结构上供需并不匹配。中国劳动力资源丰富,但土地资源短缺,造成中国水产、畜牧、园艺等劳动密集型产品竞争力强,但粮食、大宗农产品等土地密集型产品竞争力弱。根据世界银行数据,2016 年,中国水产、畜禽、园艺等劳动密集型农产品出口额约为 530.39 亿美元,占 2016 年农产品出口总额的 70.59%。同期中

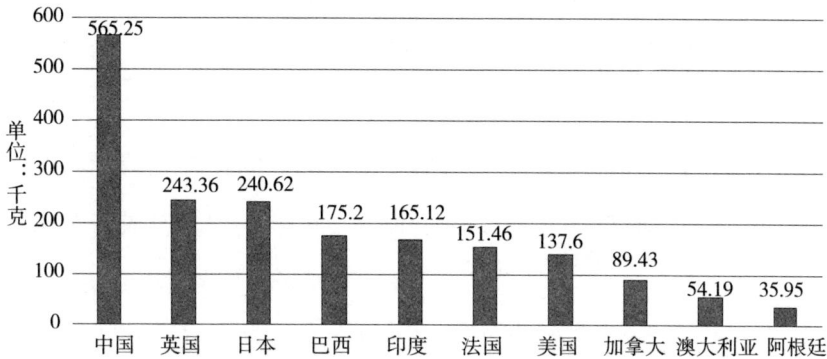

图 2-12 2014 年主要国家每公顷耕地化肥消耗量

数据来源：Wind、中投研究院

国进口玉米、稻谷、小麦、大豆、棉花等土地密集型农产品的总额为 386.23 亿美元，但出口额仅为 11.84 亿美元，进口额是出口额的 33 倍。

2.中国农业发展的未来趋势

纵观全球农业发达国家，典型国家有美国、法国和日本。其中美国是世界上耕地面积最大的国家，农业劳动力的劳均农地面积高达 1750 亩，大农场、规模化、机械化是美国农业的主要特点。法国是欧洲农业大国，人均耕地资源相对均衡。主要以中型农业为主，同样呈现机械化特征，但农场规模小于美国，更重视精细化管理；在生物技术（育种、动保、植保）领域也处于全球领先地位。日本地势崎岖，地少人多，农业劳动力的人均耕地面积只有 32 亩，为了保证粮食供应，日本采取精耕细作的小规模机械化家庭农场模式，并在农产品品质和农业观光、旅游等方面进行深度开发，发展资金和技术密集型的高附加值农业。从以上典型国家的农业发展经验来看，机械化、技术化、品质化是农业发展的必然趋势。

对比中国农业的现状,随着消费升级的趋势,国内居民对食品的需求由"吃得饱"向"吃得好"进而向"吃得健康"转化。中国食品生产端难以满足国内消费升级的需要,党的十九大报告提出的"人民日益增长的美好生活需要"和"不平衡不充分的发展"之间的矛盾在农业领域表现尤为突出。我们认为我国农业生产的发展与先进国家差距较大。

根据先进经验和中国情况,未来国内的农业产业将发生深刻变革:一是由分散经营向适度规模化经营转变。随着农民务农的机会成本提升,只有规模化经营才能弥补成本升高。但从中长期来看,中国农业劳动力仍然相对富裕,人均农业资源不如欧美发达国家,因此,中国需要走符合国情的适度规模农业发展道路。二是由劳动密集型向技术密集型转变。随着规模化的推进,对生产技术、病虫害防控、疫病防控等提出更高要求,农业经营的难度指数上升。同时随着自动化等机械设备使用比例不断提升,资本在农业生产中发挥的作用加大。三是寻求国际化路径。现代农业的本质是"自然资源+科技",中国农业发展面临人多地少的资源矛盾,或可以通过直接进口和租借土地,尝试"中国需求,全球满足"。中国农业生产科技含量低,可凭借多年积累的资本实力加快资产收购和技术购买,发挥"中国资本,全球合作"。

(二)中国农业的"一带一路"建设布局

1.中国与"一带一路"沿线国家和地区优势互补

"一带一路"倡议期许重建丝绸之路,连接农业历史悠久的东亚经济圈和现代农业优势明显的欧洲经济圈,中间的广阔腹地自然资源丰富,发展潜力巨大,沿"一带一路"进行农业产业布局是多边互利共赢的极佳选择。"一带一路"沿线国家和地区,如俄罗斯、以色列、中东欧和东南亚地区,农业资源丰富,而且与中国农业产业有着强互补性。

俄罗斯农业资源丰富,种植业作物产量高、品种丰富,目前已成为世界第三大小麦出口国,南瓜饲料、马铃薯、甜菜等作物产量也位居世界前列;海岸线广阔,渔业资源得天独厚;森林储量居世界第一。但俄罗斯农业科技水平相对落后,国产种畜无法满足境内的生产需要,渔业技术、设备落后,木材采伐加工水平低且资金相对匮乏。中国能够为俄罗斯提供开发资金帮助,并获取进口农产品。

以色列50%以上的国土位于干旱地带,年平均降水只有435毫米,非常不适宜农作物生长。但以色列的节水灌溉技术、基因育种技术、温室栽培技术、无土栽培技术等都处于世界领先水平。中国亟须引进以色列先进的农业生产技术以提高生产效率。

中东欧地区的特征相对复杂。以捷克为代表的发达国家具有较高水平的农业技术和机械化水平,如捷克有生物科技及环境治理技术,波兰有种鸡繁育等技术;此外,中东欧地区的谷物、蔬菜、水果、畜牧养殖产业较为发达,林业资源非常丰富,葡萄酒酿造历史悠久。中东欧地区的高品质农业产品和生产技术能够进一步满足中国人对高端食品和美好生活的旺盛需求。

东南亚地区自然条件优渥,平原面积广阔,且气候高温多雨,非常适合种植水稻。目前越南已经从粮食进口国一跃成为粮食出口国,老挝、缅甸、柬埔寨等国家的粮食产量也在不断增长。但由于东南亚地区的生产技术和耕作方式落后以及水利灌溉设施不足,目前粮食的单位产量还比较低。在经济作物方面,仅泰国、印度尼西亚和马来西亚三国的天然橡胶产量就占世界总产量的 70% 左右,印度尼西亚、菲律宾等国还是全球热带硬木主要产地之一。中国与东南亚国家资源互补性强,东南亚地区自然资源丰富,而中国则在农业机械化、动力机械化、农副产品加工机械化等方面实力较强,能够适应东盟国家小规模农户生产的需要。

2. 中国向"一带一路"沿线国家和地区农业投资合作现状

从整体来看,目前中国农业对外投资快速增长。2003 年至 2015 年,农业对外投资流量从每年 0.81 亿美元增长到 25.72 亿美元,增加了 31.8 倍,年均增长率高达 33.3%;2004 年至 2015 年,农业对外投资存量从 8.37 亿美元增长到 114.76 亿美元,增加 13.7 倍,年均增长率为 24.4%。[①]

在公共服务方面,中国政府努力为企业融资搭建对接平台,举办农业走出去企业与金融机构"10+10"精准对接活动,与国家开发银行就培育国际大粮商达成合作意向,向中国进出口银行推荐农业投资项目;在保加利亚启动建设首个"16+1"农业合作示范区,组织企业代表团赴塞尔维亚对接农业投资经贸合作,推动首家中国—中东欧国家农产品电商平台上线运行。

在行业之间进行横向比较,可以看到中国农产品行业对外直接投资的增长速度高于全行业增速。2007 年至 2015 年,农业对外投资流

---

① 农业部国际合作司、农业部对外经济合作中心:《中国对外农业投资合作分析报告(2016 年度)》,中国农业出版社 2017 年版。

量、存量年均增长速度为31.1%和29%,同期全行业对外投资流量、存量年均增长率仅为22.2%和27.9%。据统计,截至2015年年底,中国有六百多家境内投资机构在全球九十多个国家和地区开展农业对外投资合作。从企业成立数量来看,成立了1400多家企业,占总在外企业数量的4.6%,对外农业累计投资总额为114.76亿美元,占全国对外直接投资总额的1.1%。

按照产业链位置,可将国内农业代表性企业划分为两类:一类是从事单一农业产品生产的企业,集中在产业链前端,如温氏股份(生猪饲养)、圣农发展(鸡饲养)、现代牧业(原奶)、隆平高科(种子)、海大集团(饲料)等;另一类是通过集团化实现产业链的全覆盖或中后端覆盖,如中粮集团(全产业链)、光明集团(食品产业链中后端)。

由于各农业子行业发展不均衡,加之上述各企业所在产业链位置不同,导致各企业的发展战略和对外投资方式各有不同。主要分为两类:一类是投资合作型,即通过设立合资公司或子公司开辟市场,如雪融生物通过在泰国设立合资公司开辟泰国和东盟市场,海大集团在越南、印度尼西亚设立子公司提升产品质量和销量;另一类是并购型,即通过并购扩张业务能力和范围,如隆平高科收购陶氏种业、首农股份收购英国樱桃谷农场等。

中国沿"一带一路"农业合作基本上建立在资源禀赋互补、互惠共赢和国际化布局、融入全球竞争的基础上,但是会受到政治风险和市场波动的负面影响。目前,"一带一路"沿线国家和地区农业对外投资与合作已有较多案例可借鉴,如表2-1所示。

表 2-1　中国企业与"一带一路"沿线国家和地区农业合作案例列表

时间	合作国	中国公司	合作方式	行业	标的	持股比例（%）	对价	标的介绍
2009 年	印度尼西亚	聚龙集团	合作开发	种植业	—	—	30 亿元	合作开发棕榈种植园
2012 年	新加坡	海南橡胶、海南农垦投资	参股	种植业	新加坡雅吉国际（R1）	75	4310.42 万美元	R1 公司是一家专门从事橡胶贸易的集团
2014 年	新加坡	中粮集团	收购	农业全产业链	来宝农业	51	15 亿美元	来宝农业属于来宝集团，从事采购、加工到分销的农业全产业链经营
2014 年	以色列	远大集团	收购	农业灌溉	AutoAgronom	—	2 千万美元	滴灌施肥技术领先
2014 年	印度	禾丰牧业	合资	饲料	NEXUS	30	1 亿卢比	合作从事家禽饲料、牛饲料、鱼饲料、海产品加工，屠宰场，种鸡养殖和其他农业事业
2015 年	以色列	光明集团	收购	食品	Tnuva	77	—	Tnuva 是以色列最大的乳制品企业，在肉类、冷冻食品等领域也有优势
2015 年	俄罗斯	中国龙江森林工业集团	合资	林业	—	—	13 亿美元	在俄罗斯建立林业产业园区，建成制材、胶合板、钢构复合板等 8 条生产线
2011 年	以色列	中国化工	收购	农化产业	ADAMA Agricultural Solutions Ltd.	60	19.68 亿美元	
2016 年	以色列	中国化工	收购	农化产业	ADAMA Agricultural Solutions Ltd.	40	14 亿美元	
2017 年	以色列	沙隆达	收购	农化产业	ADAMA Agricultural Solutions Ltd.	100	28 亿美元	安道麦公司为全球第七大农药生产和经销商，植保业务涵盖了除草剂、杀虫剂、杀菌剂及植物生长调节剂等系列产品。业务遍布全球 120 多个国家

数据来源：世界银行、中投研究院

3.中国沿"一带一路"农业投资的典型案例

收购方:中国化工于2004年挂牌运营,是中国最大的化工企业,主要的业务包括化工新材料及特种化学品、基础化学品、石油加工、农用化学品、轮胎橡胶和化工装备,在全球150个国家和地区拥有生产、研发基地和完善的营销网络体系,现有员工14万名,5.2万位于中国境外。中国化工目前拥有蓝星新材、沈阳化工、天科股份、黑化股份、河池化工、风神轮胎、沧州大化、沙隆达、黄海股份等多家上市公司。2016年中国化工实现营业收入3001.27亿元,实现营业利润28.03亿元。2017年一季度中国化工实现营业收入2874.46亿元,毛利润为532.88亿元,如表2-2所示。

表2-2　2017年一季度中国化工主营业务情况

业务板块	营业收入		营业成本		毛利润（亿元）	毛利率（%）
	实现收入（亿元）	占比（%）	金额（亿元）	占比（%）		
化工新材料及特种化学品	407.33	14.17	333.27	14.23	74.06	18.20
石油化工及炼化产品	1288.60	44.83	1237.44	52.85	51.16	4.00
氯碱化工	51.62	1.80	31.29	1.34	20.33	39.40
农用化学品	502.20	17.47	284.97	12.17	217.23	43.30
橡胶及橡胶机械	466.40	16.23	319.24	13.63	147.16	31.60
化工科研及开发	15.59	0.54	13.11	0.56	2.47	15.90
其他	142.72	4.96	122.25	5.22	20.47	14.30
合计	2874.46	100.00	2341.57	100.00	532.88	18.50

数据来源:公司公告、中投研究院

被收购方：先正达全称 Syngenta AG，由捷利康农化公司(Zeneca)以及诺华(Novartis)的作物保护和种子业务分别从原公司中独立出来合并组建而来，是全球领先的农业科技巨头企业。先正达是全球第一大植保公司，并在高价值种子领域名列第三。先正达业务板块分为植物保护(农药)、种子及草坪和园艺，拥有行业内最广泛的产品组合，如图 2-13 所示。

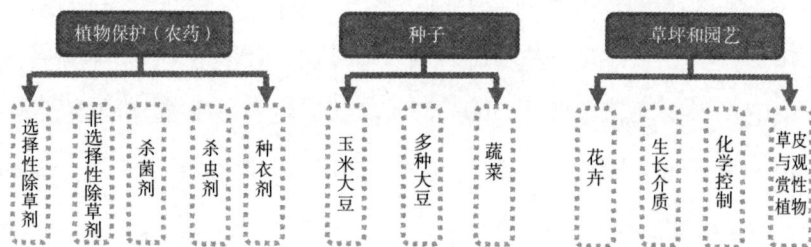

图 2-13　先正达业务构成

资料来源：公司公告、中投研究院

先正达主要收入来源于种子和农药业务，如表 2-3 所示。其中先正达在中国的高附加值种子主要涵盖蔬菜种子及大田农作物种子两大类，业务覆盖种子的研发、生产、加工、质检及销售等全过程，近 600 名先正达员工分布于乡村和城镇，为中国农民提供先进的育种技术和优质的产品服务，最终实现中国农业生产力的提高。

表 2-3　先正达毛利率构成　（单位：%）

业务板块	2017 年一季度	2016 年	2015 年	2014 年
植物保护(农药)	53.02	49.93	47.15	46.56
种子	45.28	44.41	47.18	42.00
草坪和园艺	54.64	57.47	54.01	54.11
合计	51.02	49.17	47.49	45.96

数据来源：公司公告、中投研究院

2016 年 2 月 3 日中国化工以 430 亿美元收购先正达,通过自有资金带动其他各类金融机构,以及国际银团贷款、商业贷款等方式完成了市场化融资。2017 年 6 月 8 日,中国化工宣布完成对瑞士先正达的交割;截至当日,中国化工拥有先正达股份 94.7%。下一步按照相关法律法规办理手续后,将推动先正达股票从瑞士证券交易所退市、美国存托凭证(ADS)从纽约证券交易所退市。

收购先正达是中国化工响应国家"走出去"战略和产业升级转型战略的重大举措。中国化工一直致力于打造其生命科学板块业务,2011 年收购以色列安稻麦公司,成为全球最大的非专利农药企业。中国化工对先正达的并购将能够填补专利农药和种子领域空白,使其能够提供覆盖专利农药、非专利农药、大田种子和蔬菜种子以及农业技术服务等的"农业一体化解决方案",率先实现从"田间到餐桌"全程监控,从而打造全球规模最大、技术最领先的农业科技公司。先正达"农业一体化解决方案"是目前全球最领先的现代农业商业模式,旨在用领先的农药、种子以及农业技术服务业务,为农民提供完善的一站式服务,该模式已在美洲、欧洲和其他农业发达国家取得巨大成功。

中国化工收购先正达后将跻身世界三大种子公司之列,同时获得先正达转基因的关键性技术。基因科技的推广不仅能够改善现实的民生问题,同时能够挖掘 14 亿人口在生物农业、生物营养方面的巨大需求,推动新型化肥、农药、育种等产业在中国的高速成长。相对于工业领域的技术变革和技术浪潮,农业领域的变革并不多见,这可能是近百年来中国实现农业"弯道超车"的极佳机会,加速相关产业的布局和发展,抢占未来农业的制高点,农药和种子产业也可能成为中国在"新常态"下新的增长点。通过收购先正达,中国可获得国际一流的农药、种子研发前沿技术和创新能力,迅速提升国内农药、种子研发和生产实力,有助于提高中国农业科技水平,推进农化和种子产业转型升级。但需要说明的是,考虑到目前国内转基因食品安全性问题尚存争议,一旦转基因负面传闻继续发酵,可能会带来一定负面风险。

三、旅游

旅游是人民实现美好生活的重要方式。李克强在 2016 年夏季达沃斯论坛上明确指出,旅游、文化、体育、健康、养老为"五大幸福产业",并且旅游位居五大幸福产业之首;此前李克强还在首届世界旅游发展大会开幕式上表示:旅游是人类对美好生活的向往与追求;旅游业是实现扶贫脱贫的重要支柱;旅游业是建设美丽中国的助推器。

旅游作为中国目前最火爆的"幸福产业"之一,是消费升级和人们生活水平提高的重要表现。中国人民追求美好生活,对境外游尤其是"一带一路"沿线国家和地区的短途旅游有巨大的消费需求。目前,中国已放宽"一带一路"沿线国家和地区旅行社到中国投资股权比例限制,鼓励国外房车、游艇等旅游装备制造企业到中国投资,饭店、旅行社、餐饮等旅游领域都涌现出有价值的投资机会。

(一)我国旅游行业

旅游业资源消耗低,污染少,可循环发展,是世界公认的人与自然和谐相处的绿色产业,旅游扶贫也是精准扶贫的重要方式。有调查显示,世界上所有的消费形态中,旅游是最体现人们的生活心态的,也是幸福感最强的。如今,旅游是中国人度假休闲的首选,是获得幸福感最重要的途径之一;现在每逢节假日,国内外景区纷纷开启中国游客"人山人海"模式,旅游已成为假期消费的"刚需"。

中国旅游行业呈现内热外稳的趋势,随着旅游消费的升级以及中产阶层消费人群的增长,如图 2-14 所示;出境游消费市场正在持续扩大,如图 2-15 所示。2017 我国出境人次达到 1.29 亿,比 2012 年增长了 4580 多万人次,年均增长 9.17%。

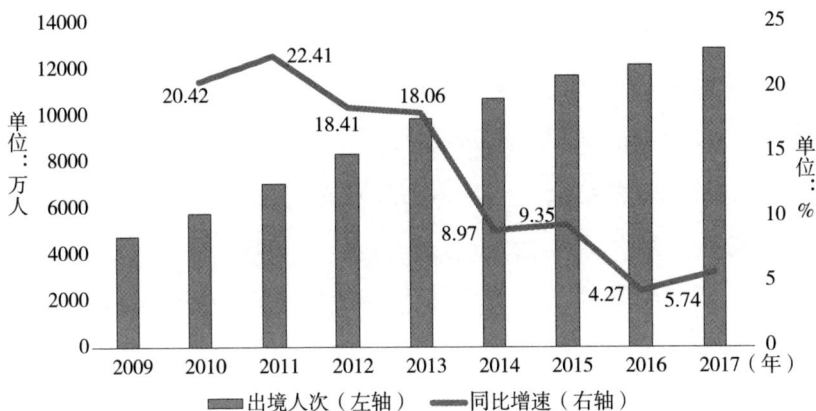

图 2-14　我国出境人次(2009—2017 年)

数据来源:国家旅游局、申万宏源研究

(二)旅游行业"一带一路"沿线国家和地区跨境投资概况

1. 发展旅游业的战略意义

目前,我国旅游业已进入大发展时期,据初步测算,2017 年中国旅

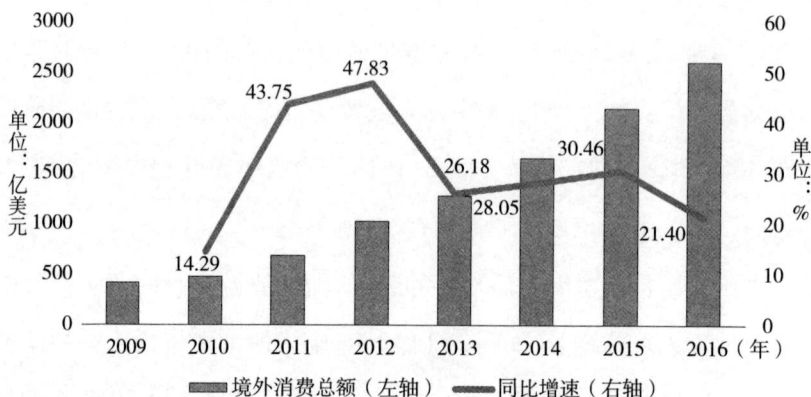

图 2-15 我国境外消费总额(2009—2016 年)

数据来源:国家旅游局、申万宏源研究

游业对 GDP 的综合贡献超过 11%[1],是拉动消费、投资、进出口三驾马车的重要引擎。旅游经济规模大、增速快,是国民经济的新增长点,国家一直出台相关的优惠政策扶持其发展。根据 UNWTO 数据中国自2012 年起成为世界第一大出境旅游消费国,对全球旅游收入贡献平均超过 13%。[2] 在"一带一路"倡议相关政策指引下,中国与"一带一路"沿线国家和地区的旅游合作面临重大机遇;"一带一路"倡议将为中国同"一带一路"沿线国家和地区的旅游合作与发展提供新契机,区域旅游合作将打开新局面。

未来 20 年到 35 年,将是中国旅游业发展的黄金期。旅游是新一

---

[1] 国家旅游数据中心:《2017 年全年旅游市场及综合贡献数据报告》,2018 年2 月 6 日,见 http://zwgk.mct.gov.cn/auto255/201802/t20180206_832375.html? key-words = 。

[2] 王楷、车丽:《中国已连续四年成为世界第一大出境旅游消费国》,2016 年11 月 13 日,见 http://china.cnr.cn/NewsFeeds/20161113/t20161113_523262636.sht-ml。

轮大开放的前沿,一方面,落实"一带一路"倡议,务实开展国际旅游合作,突出大国间旅游合作,深化与目的地国家的旅游合作,鼓励和支持旅游企业走出去发展,构建全方位、宽领域的对外开放环境,拓展旅游发展新空间。另一方面,发展旅游有助于第一、二、三产业的融合发展。践行"一带一路"倡议,引导旅游产业与优质资源、优势资本的相结合。

2."一带一路"沿线国家和地区旅游资源及我国投资状况

全世界72%以上的文化遗产集中于"一带一路"沿线国家和地区,四大文明、五大宗教诞生于"一带一路"沿线国家和地区,还包含全世界超过70%的民俗和68%的自然遗产,旅游总量占全球国际旅游总量的70%①,如表2-4所示。

表2-4　"一带一路"沿线国家和地区旅游资源

区域	国家/地区/城市	旅游资源
东盟10国	新加坡、马来西亚、印度尼西亚、缅甸、泰国、老挝、柬埔寨、越南、文莱、菲律宾等	新加坡环球影城、圣陶沙、克拉码头、新加坡金沙娱乐城;马来西亚沙巴、槟城,缅甸大金塔、甘道基皇家太湖;泰国曼谷、普吉、芭堤雅、清迈、清莱、华欣、苏梅岛;老挝万象凯旋门、琅勃拉邦、巴塞;柬埔寨吴哥古迹、金边王宫、独立纪念碑;越南富国岛;印度尼西亚巴厘岛等
西亚国家和地区	伊朗、伊拉克、土耳其、叙利亚、约旦、黎巴嫩、以色列、巴勒斯坦、沙特、也门、阿曼、阿联酋、卡塔尔、科威特、巴林、塞浦路斯和埃及的西奈半岛等	土耳其拥有世界七大奇迹中的两个:阿尔忒弥斯神庙和摩索拉斯陵墓;约旦死海;以色列哭墙;埃及西奈半岛等

① 高江虹:《产业向左、旅游向西:"一带一路"旅游新机遇》,《21世纪经济报道》2017年9月8日。

续表

区域	国家/地区/城市	旅游资源
中亚国家	哈萨克斯坦、乌兹别克斯坦、土库曼斯坦、塔吉克斯坦和吉尔吉斯斯坦	吉尔吉斯斯坦草原湖泊与古城奥什;横跨塔吉克斯坦、中国和阿富汗的帕米尔高原等
独联体国家	俄罗斯、白俄罗斯等	俄罗斯贝加尔湖、克里姆林宫、谢尔盖耶夫镇、圣彼得堡等
中东欧国家	波兰、立陶宛、爱沙尼亚、拉脱维亚、捷克、斯洛伐克、匈牙利、斯洛文尼亚、克罗地亚、波黑、黑山、塞尔维亚、阿尔巴尼亚、罗马尼亚、保加利亚和马其顿	波兰波罗的海港湾喀尔巴阡山区、维利奇卡盐矿;爱沙尼亚塔尔图古城;匈牙利布达佩斯、巴拉顿湖、多瑙河湾;波黑杜米托尔国家公园;保加利亚斯雷伯尔纳自然保护区;马其顿奥赫里德湖、普雷斯帕湖、奥赫里德等
中国"一带一路"沿线重点城市	包括西安、咸阳、宝鸡、兰州、张掖、酒泉、嘉峪关、哈密、吐鲁番、乌鲁木齐、福州、泉州、广州、湛江、海口等"丝绸之路经济带"和"21世纪海上丝绸之路"相关的21个城市	大雁塔、华清池景区等;宁夏沙坡头;乌鲁木齐天山等;广州白云山、长隆旅游度假区、黄花岗等;广西漓江风景区、北海涠洲岛;福建武夷山、泉州古城、霞浦等

截至 2018 年 7 月 12 日,持普通护照的中国公民已可以享受 69 个国家和地区的免签、落地签政策,其中多数是"一带一路"沿线国家和地区。[1] 国家旅游局预计,"十三五"规划期间(2016—2020 年),中国将为"一带一路"沿线国家和地区输送 1.5 亿人次中国游客和超过 2000 亿美元的旅游消费,同时还将吸引"一带一路"沿线国家和地区 8500 万人次游客来华旅游,拉动旅游消费约 1100 亿美元,[2]如表 2-5 所示。

---

[1] 奕含:《算上与卡塔尔的协定 中国公民享受 69 个国家和地区免签、落地签》,2018 年 7 月 11 日,见 https://www.guancha.cn/society/2018_07_11_463689.shtml。

[2] 沈琦华:《"一带一路"沿线国家成中国游客热门目的地》,《新民晚报》2017 年 5 月 16 日。

表 2-5　"十三五"规划期间旅游业发展主要指标

指标	2015 年实际数	2020 年规划数	年均增速(%)
国内旅游人次(亿人次)	40	64	9.86
入境旅游人次(亿人次)	1.34	1.5	2.28
出境旅游人次(亿人次)	1.17	1.5	5.09
旅游业总收入(万亿元)	4.13	7	11.18
旅游投资规模(万亿元)	1.01	2	14.65
旅游业综合贡献度	10.8	12	

数据来源:国务院、兴业证券经济与金融研究院整理

2017 年 5 月驴妈妈旅游网发布《2017"一带一路"出境游趋势报告》,显示 2016 年中国赴"一带一路"沿线国家和地区出游总人次是 2015 年的 2.7 倍,高于出境游整体水平。携程方面的统计数据则显示,2016 年通过携程前往"一带一路"沿线国家和地区旅行的人次超过 1000 万,同比增长 73%。携程预计,未来 3 年到 5 年,该市场的增长速度将进一步提升。

在"一带一路"沿线国家和地区旅游投资融通方面,放宽"一带一路"沿线国家和地区旅行社到中国投资股权比例限制,鼓励国外房车、游艇等旅游装备制造企业到中国投资,同时也鼓励中方企业到"一带一路"沿线国家和地区投资酒店、景区等旅游基础设施,支持中国旅游企业到国外上市。积极对接亚洲基础设施投资银行、金砖国家开发银行、中国—东盟银行联合体、上海合作组织银行联合体、丝绸之路基金等金融组织,搭建"一带一路"国际旅游投资平台,设立定向可控的丝绸之路专项旅游基金,基金主要用于丝绸之路经济带旅游联盟成立于推广、行业规划发展研究、旅游人才培训与交流、旅游基础设施建设;并

与"一带一路"沿线国家和地区协商采取积极的旅游投资方面的措施，充分发挥各国主权基金在建设"一带一路"沿线国家和地区旅游方面的作用；以丝绸之路旅游基金和"一带一路"沿线国家和地区双边基金为主，积极引导商业性股权投资基金和社会资金共同参与"一带一路"建设，实现区域旅游投资融通。

从投资业态看，"一带一路"沿线的中国旅游投资主要聚焦于饭店、旅行社、餐饮等旅游领域，包括旅游管理与咨询、签证业务、免税品、餐饮管理和投资等。中国国旅、中铁集团、阳光国际等大型国有企业，在新加坡、柬埔寨、泰国、尼泊尔、阿联酋、俄罗斯、土库曼斯坦等"一带一路"沿线多个国家都有布局。

从投资主体看，主要分为典型旅游企业和非典型旅游企业，典型旅游企业如中国国旅、港中旅、海航集团、广之旅等主营业务为旅游的企业，非典型旅游企业如中铁集团等能源、地产、农业企业等，这些企业将旅游业作为配套主营业务发展的辅助性业务。目前，非典型旅游企业已成为中国在"一带一路"沿线国家和地区旅游投资的重要组成部分。

(三)中国在"一带一路"沿线国家和地区并购案例

1. 锦江集团

锦江集团通过收购铂涛、卢浮、维也纳等国内外知名酒店品牌，已经跻身世界酒店集团前列。目前公司的国际战略是布局"一带一路"沿线国家和地区重点城市以及全球市场，通过拓展新项目和收购兼并其他品牌实现扩张。例如，2017 年 1 月通过卢浮集团斥资

3316.4 万欧元（约 2.47 亿元人民币）收购了印度连锁酒店 Sarovar74% 的股权，占据印度第一大酒店市场；卢浮集团计划 5 年内在亚太区开设 300 家郁锦香酒店；铂涛在"一带一路"沿线国家和地区已开业门店超 1300 家，在泰国、马来西亚、柬埔寨、斯里兰卡等国家均设有门店。

2. 中国国旅

中国国旅在"一带一路"沿线国家和地区的布局主要围绕旅行社、酒店、免税品三部分开展，其中免税业务是公司主要利润来源，因此主要分析免税部分。

中国国旅通过孙公司柬中免开展在柬埔寨的免税业务。柬中免成立于 2013 年 8 月 9 日，是公司在国外设立的唯一一家免税业务公司，注册资本 3000 万美元，其中中国国旅子公司中免公司持股 51%，子公司国旅总社持股 9%，华超联合持股 40%。

柬中免已在柬埔寨开设 3 家市内免税店。柬埔寨是公司免税业务国际化战略的第一步，同时也是"旅游+免税"双核驱动发展战略在海外实施的第一站。2014 年 12 月 30 日，公司旗下第一家海外免税店柬埔寨吴哥店正式开业，2015 年全年接待游客超 25 万人次，进店率达到 80% 以上，即 10 个到当地旅游的人有 8 个进店，远高于同期三亚免税店 32.6% 的进店率。2015 年 12 月和 2016 年 8 月，公司在柬埔寨的第二家市内免税店西港店和第三家金边店相继开业。吴哥、西哈努克港、金边均为柬埔寨重要的旅游城市，三家免税店的客流量有保障，如表 2-6 所示。

表 2-6　中国国旅旗下三家柬埔寨市内免税店基本情况

免税店地址	开业时间	基本情况
吴哥	2014 年 12 月 30 日	柬埔寨政府批准设立的该国第一家市内免税店,也是暹粒市唯一一家高档奢侈品商店。总体营业面积 4500 平方米,地下一层地上五层,涵盖近 20 个大类的 150 多个国际奢侈品牌和 13 个柬埔寨特色品牌的上千个产品。同样商品,价格低于有税市场零售价额 15%—35%,也不高于中国香港和周边国家免税价格
西港	2015 年 12 月 30 日	西哈努克港是柬埔寨唯一的海港城市和海滨度假胜地,是柬埔寨最大海港和外贸的出入门户,也是全国唯一的现代化商港。西港免税店总体营业面积 450 平方米,经营商品涵盖香水、化妆品、手表、烟草、酒水、本地特产等近 10 个大类的 100 多个国际奢侈品牌
金边	2016 年 8 月 17 日	位于金边市中心商业区内著名的金界控股旗下"金界娱乐城主楼"与"金界 2"之间的地下长廊内,占地面积 13000 平方米,并专享 4000 平方米的免税经营面积。店内经营品类涵盖香水、化妆品、首饰、太阳镜、手表、时尚精品、酒水、烟草、旅游用品、糖果和柬埔寨当地产品。旅客可以在此选购来自世界各地的 200 多个高端品牌

资料来源:公司官网

2017 年以来柬中免业绩提升明显。2016 年,柬中免实现营业收入 1.50 亿元,净利润-0.41 亿元;2017 年前三季度,柬中免实现营业收入 2.16 亿元,净利润 0.23 亿元,成功实现扭亏。收入和利润的提高,一方面来自金边免税店于 2016 年 8 月才开业,2016 年基数较低;另一方面来自 2017 年前三季度柬埔寨累计接待中国游客 84 万人次,同比增长 45%,为免税店带来充足的客源。

东南亚地区是中国游客出境旅游的重要目的地,中国已经成为赴柬埔寨旅游的第一大客源国。2011—2016 年中国赴柬埔寨游客人数年复合增速高达 27.43%,而同时期国际游客总人数年复合增速为

11.70%;2017 年前三季度中国游客数占总游客数的比重为 21%,如图 2-16 所示。中国游客的迅速增长,是中免公司在柬埔寨开设免税店的重要原因。

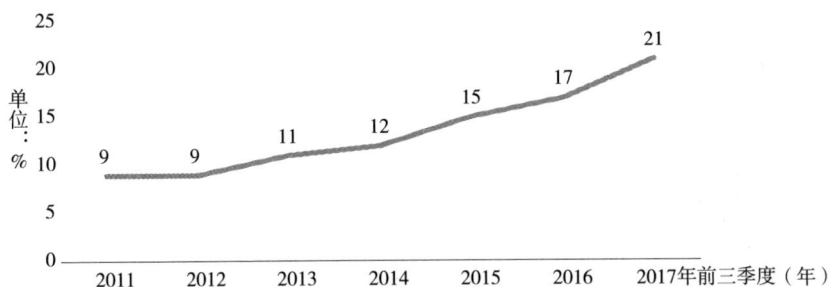

图 2-16　中国游客占柬埔寨接待总游客比例(2011—2017 年前三季度)
数据来源:Wind、商务部

　　公司与柬埔寨旅游部已达成多项合作。除了免税业务以外,公司已与柬埔寨旅游部在多个方面达成合作,例如 2014 年底签署《旅游产业战略合作协议》,借助双方强强合作,力争两年内吸引 100 万人次中国游客到柬埔寨旅游;2015 年开设柬埔寨旅游中文官方网站,共同开展市场推广活动;2016 年组织 3000 人赴柬埔寨会奖团,创中国单一团组赴柬埔寨旅游规模最大、人数最多的新纪录。公司与柬埔寨旅游部之间的良好关系有利于保障公司柬埔寨业务的顺利开展,尤其是免税业务。

　　除了免税业务方面,公司还在"一带一路"沿线国家和地区积极布局旅行社和酒店业务。(1)旅行社:推出多条"一带一路"特色旅游线路,与俄罗斯、白俄罗斯、克罗地亚、塞尔维亚等多个国家和地区达成合作,例如国旅总社率先推出市场上首条针对白俄罗斯一地旅游产品

"白俄罗斯 7 天初体验";（2）酒店：未与中国国旅合并前,港中旅曾在2015 年以 4 亿英镑收购英国 Kew Green Hotels 的 55 家酒店,创中国企业对英国酒店最大收购纪录。另外,2016 年公司还发起成立中国旅游产业基金,基金总规模达到 300 亿—500 亿元人民币,首期规模 100 亿元人民币,将重点围绕"一带一路"沿线国家和地区、京津冀、长江经济带等国家发展战略,放眼旅游业全产业链,直接投资全国范围内成长潜力强的旅游项目。

第二节　中国优势产能行业

本节从中国的优势富裕产能出发,着重分析了基建、金融业和电商三个行业,每个行业都分别论述了中国目前行业的主要特点和行业趋势,并对"一带一路"沿线国家和地区资源互补进行分析并介绍在沿线国家和地区已投资的情况,最后提供沿线国家和地区投资经典案例以供参考。

在基建行业方面,当前中国基础设施建设已现疲态,但"一带一路"沿线的众多发展中国家基础设施落后、需求旺盛,是中国基建行业潜在增量市场。"一带一路"倡议提出后,沿线重点区域火电、轨道交通项目投资加速,但这些项目投资规模大、政治风险高,实际运行过程中出现了项目搁置或失败的现象。

在金融业方面,随着国内固定投资高峰回落,未来中国银行业增速放缓、竞争加剧,证券业和保险业发展空间也近饱和,金融业整体有需求开拓海外市场,努力向海外寻找收益率高的投资机会和提供相应的配套服务。

在电商行业方面,目前国内市场也渐趋饱和,但行业技术和管理经验世界领先。为突破行业发展的瓶颈,目前电商亟待寻找新的增长动力和发展空间。向"一带一路"沿线国家和地区布局一方面有利于填补相关国际的服务空白,另一方面也有助于促进跨境贸易、密切经济联系。

一、基建行业

我国基建按行业来看,水利和交通运输为比重最高的两部分。按重点建设项目来看,公路、铁路、轨道交通、机场等交通设施和市政、水利、电力等项目都是基础设施建设的重点。2017 年中国基础设施建设完成投资额共 17.3 万亿元,累计同比增长 14.93%,①但目前从增量来看已经面临瓶颈。而"一带一路"沿线大多是发展中国家和地区,基础设施建设落后,需求旺盛,是中国基建行业潜在增量市场。

中国企业对"一带一路"沿线国家和地区基建投资有以下几个特征:一是基建投资规模成长较快,大型基建项目集中于亚欧地区;二是落实阶段基建投资加速;三是基础设施项目失败率高于中国投资平均水平。

(一)行业概况:国内增长出现瓶颈

国内基建行业现状为铁路、公路、火电和水利投资均出现增长瓶

---

①　Wind 数据库。

颈。根据统计局数据估算,2012 年后,国内基建投资基本保持在 15%以上的增速,近 6 年复合增长率高达 17%,占 GDP 的比重也由 2015 年的 14.8%上升到了 2017 年的 17.1%。然而,2017 年基础设施建设完成投资额 17.3 万亿元,同比增长 13.9%,低于近年均值,预计未来增长将进一步放缓。

铁路:2017 年中国铁路建设投资整体表现平稳,固定资产完成投资 8006 亿元,同比增长 3%。但目前"四纵四横"高铁网已经提前建成运营,中国铁路运营里程已经达到 12.7 万公里,其中高铁 2.5 万公里。2018 年政府工作报告,仅计划完成铁路投资 7320 亿元,比 2017 年计划减少 8.5%。

公路:2017 年中国公路固定资产投资完成额 2.12 万亿元,同比大幅增长 19%。截至 2016 年年末,公路通车总里程已达 469.63 万公里,其中高速公路 13.1 万公里、收费公路 17.11 万公里。但是,根据 2017 年及 2018 年政府工作报告与铁路建设计划相似,2018 年公路计划完成投资额比 2017 年也有所下滑。

水利和火电:在水利方面,2017 年中国水利固定资产投资 10020 亿元,同比增长 16.4%,同比增速连续多年下滑,如图 2-17 所示;在火电方面,由于供给侧改革推进超预期,风电严控新增产能,电力基建投资连续两年大幅下滑。

(二)"一带一路"沿线国家和地区基建情况

从经济发展来看,"一带一路"沿线多数国家和地区经济发展相对滞后。从基建水平来看,中东欧和独联体国家的交通、电力设施建设较

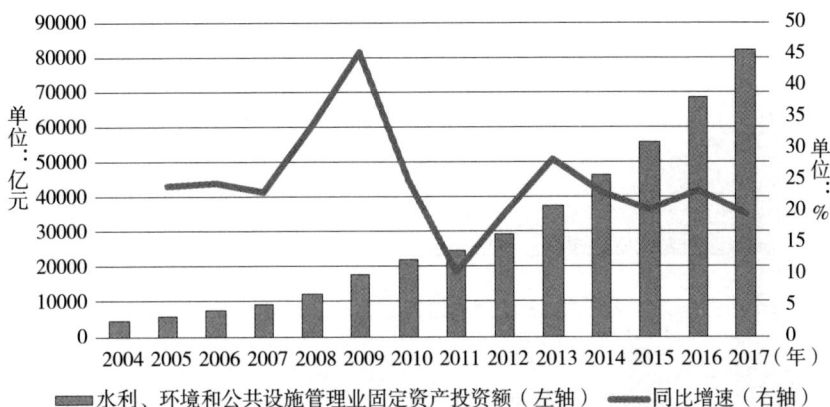

图 2-17 中国水利、环境和公共设施管理业固定资产投资同比增速持续下降

数据来源：国家统计局、中投研究院

好,但由于该地区基建较早且近年来没有进行大规模的改造和重建,因此设施老化情况较为普遍。而亚洲其他地区则由于发展起步较晚,目前基建的存量还不足以满足经济发展的需求,如图 2-18 所示。

总之,"一带一路"沿线国家和地区面临基建基础差、需求广的局面,需要大量的新增基建投资,基础设施行业增量空间广阔。具体来看,"一带一路"沿线 60 多个国家经济总量 23 万亿美元,即使基建投资每年相当于 GDP 的 10%,未来 5 年也有 10 万亿美元的市场空间。例如,印度在其"十二五"规划中提出 2017 年年底基建投资额占 GDP 的比重提升至 9%;菲律宾总统杜特尔特上任后大搞基建,预计 2022 年菲律宾基建投入占 GDP 比例将上升至 7.4%;越南基建投资占 GDP 比重也在 5.7%。按照世界银行预测,"一带一路"沿线多数中低收入国家资本形成率仅为国家 GDP 的 25%,其中仅有 20% 用于基建投资。因此,牛津经济研究学院估算,至 2030 年,"一带一路"沿线国家和地区所需的 6 万亿美元投资基金将面临巨额缺口。

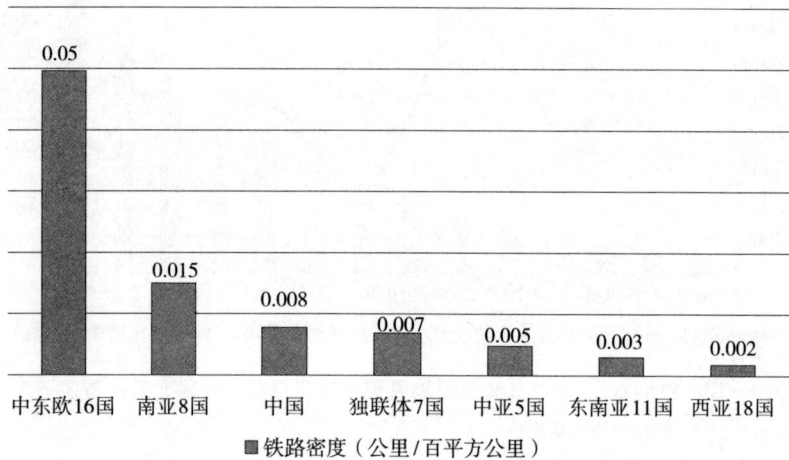

图 2-18 "一带一路"沿线国家和地区铁路密度

数据来源：WDI、广发证券发展研究中心

　　自"一带一路"倡议提出以来，中国企业已与"一带一路"沿线多国签署基础设施投资协议。在公布的协议中，以交通与能源领域相关基础设施为主，其中交通设施集中在南亚与东欧地区。已公布金额中，南亚地区以巴基斯坦轨道交通与斯里兰卡水运港口为主，东欧地区则集中于俄罗斯地区轨道与海港建设。能源基础设施领域中以南亚与东南亚地区为主，电厂项目 34 个，占该类项目的 77.27%，其中火力发电厂 18 个，分布在巴基斯坦、孟加拉国、越南和印度尼西亚。可再生能源项目 15 个，以巴基斯坦为主。市政园区建设则以东南亚与中亚地区为主。而在具体类别层面，交通设施中，轨道交通的项目与金额均占较大比重，其次为水利、公路与桥梁隧道。而在能源设施层面，则以电厂与电网为主，在市政园区中以工业园区建设为主，市政项目涉及较少。

(三)布局状况:"一带一路"沿线国家和地区基建投资加速,但屡有失败

1.中国对"一带一路"沿线国家和地区直接投资与新签合同额同比持续提升

从总量来看,2017 年中国企业在"一带一路"沿线国家和地区新签对外承包工程项目合同共 7217 份,新签合同金额达 1443.2 亿美元,占同期中国对外承包工程新签合同金额的 54.4%,同比增长 14.5%,如图 2-19 所示;完成营业额 855.3 亿美元,占同期总额的 50.7%,同比增长 12.6%。

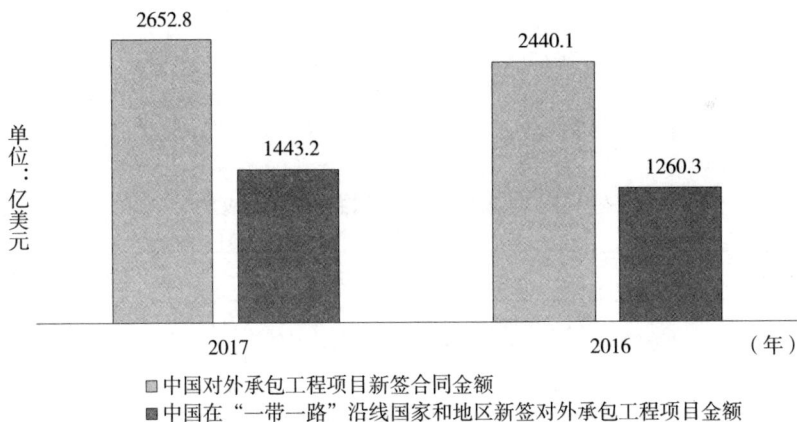

图 2-19　中国企业在"一带一路"沿线国家和地区新签合同金额所占比例

数据来源:商务部、中投研究院

2.基建投资集中于重点区域和火电、轨道交通项目

从地区分布来看,2016 年非洲、东南亚和南亚三大区域项目数量最多,在俄罗斯的投资规模最大;从行业分布来看,电力和交通类项目

数量合计占比达到 60%,具体类型以火电项目数量最多,轨道交通项目投资额最大。

（1）港口

港口作为水陆交通及物流枢纽在"一带一路"倡议中充当着重要的物流节点和项目运作参与者,将直接受益"一带一路"倡议合作的发展成果。

2015 年 9 月,中远海运港口与招商局港口、中投海外组成的合资企业,以 9 亿美元收购土耳其康普特(Kumport)码头合计 65% 的股权,其中中远海运港口投资 3.7 亿美元。该项目是中国企业在土耳其成功投资的第一个码头项目。中远海运港口未来将康普特(Kumport)码头建设成为"一带一路"沿线重要物流节点,为中国与土耳其以及黑海国家海上商品贸易提供有力支撑。

数据显示,截至 2017 年,招商局港口海外港口总投资超过 20 亿美元,建设全球港口网络,如表 2-7 所示,这些港口分布在 19 个国家和地

表 2-7　中国开展海外港口合作重要成果

地区	国家	港口项目	合作类别
东南亚	缅甸	2015 年中国投资建设的皎漂深水港试运行	投资建港
		2015 年青岛港与皎漂港签署友好港协议	港际合作
	越南	2010 年中国招商局国际注资参股头顿集装箱码头	投资参股
	泰国	2015 年广州港与林查班港签订关于缔结友好港的意向书	港际合作
	柬埔寨	2015 年青岛港与西哈努克港签署友好港协议	港际合作
	马来西亚	2015 年广西北部湾港与巴生港缔结友好港	港际合作
		2015 年深圳港与巴生港缔结友好港	港际合作
	印度尼西亚	2015 年深圳港与印度尼西亚国家港口集团缔结友好港	港际合作

续表

地区	国家	港口项目	合作类别
南亚	斯里兰卡	2014 年中国港湾有限公司采用 BOT 模式建设科伦坡港口城	投资建港
		2011 年中国招商局国际投资建设并运营科伦坡南港集装箱码头	投资建港
		2008 年中国援建汉班托塔港	投资建港
	巴基斯坦	2001 年中国应邀投资建设瓜达尔港	投资建港
		2013 年中国海外港口控股公司、招商局国际有限公司和中国远洋运输集团 3 家企业正式接手瓜达尔港运营权	注资控股
		2015 年瓜达尔港正式启用,中国企业获得 40 年运营权	注资控股
	孟加拉国	2010 年中国出资援建吉大港	投资建港
中东	以色列	2015 年上海港中标海法新港 25 年运营权	投资参股
	卡塔尔	2011 年中国港湾建设有限责任公司承建多哈新港第一期工程	投资建港
欧洲	土耳其	2015 年,中远海运港口与招商局港口、中投海外组成的合资企业收购土耳其大型综合性企业 FIBA 集团康普特码头合计 65% 的股权	投资参股
	希腊	2009 年中国远洋运输集团获得比雷埃夫斯港 35 年经营权	投资参股
	比利时	2010 年上海港集团收购泽布吕赫港 25% 股权	投资参股
	法国	1992—2015 年上海港先后与马赛港、勒阿弗尔港、敦刻尔克港签订友好港协议	港际合作
	荷兰	2005 年上海港与鹿特丹港缔结友好港协议	港际合作
		2007 年鹿特丹港成为深圳港首个国外友好港	港际合作

资料来源:广发证券发展研究中心

区,包括斯里兰卡科伦坡港与汉班托塔港、吉布提港、尼日利亚庭堪码头、多哥洛美码头、土耳其昆波特码头等 49 个港口,大多是"一带一路"沿线国家和地区重要港口。

（2）交通运输

在铁路方面,中国高铁素以建设成本最低、建设速度最快、运行时速最高、运营里程最长等特点享誉海内外,并为其他国家快速实现本国高铁梦想提供了强烈的示范效应,而"一带一路"倡议涵盖了中亚地区、欧洲和非洲的 50 多个国家,其中以发展中国家居多,铁路基础设施建设水平普遍较低且存在较大改善需求空间,加之中国高铁在建设成本上的相对领先优势,客观上为中国高铁出口和转移过剩产能提供了广阔的市场机会。

中国铁路走出去步伐加快,BHI 已收录中国意向/参与的海外高铁项目涉及印度尼西亚、新加坡、俄罗斯、塞尔维亚等十几个国家,如表 2-8 所示。目前,印度尼西亚雅万高铁进展顺利,莫斯科—喀山高铁、匈塞铁路等项目正在积极推进。未来中国高铁还有望迎来中泰高铁、金边—西哈努克港高铁等诸多机会。

表 2-8 中国在"一带一路"沿线国家和地区部分高铁项目

项目	国家	总投资
雅万高铁	印度尼西亚	51.35 亿美元
麦加—麦地那高铁第一标段	沙特	18 亿美元
丹吉尔—肯尼特拉高铁	摩洛哥	10.72 亿美元
德黑兰—马什哈德铁路电气化改造	伊朗	21 亿美元
莫斯科—喀山高铁	俄罗斯	1 万亿卢布
中泰高铁	泰国	358 亿元
匈塞铁路	塞尔维亚	28.9 亿美元
金边—西哈努克港高速铁路项目	柬埔寨	—

数据来源:广发证券发展研究中心

在公路方面,它作为一项重要的基础设施,在建设期投资较大,是"一带一路"沿线国家和地区经济建设的重大投资项目。"一带一路"沿线多数国家在公路交通建设方面明显滞后,尤其是高速公路的建设更是远落后于发达国家。中国目前的高速公路通车里程达到 13.1 万公里,位居世界第一,在"一带一路"倡议的带动下,加上中国企业的支持,"一带一路"沿线国家和地区有潜力进入公路建设飞速发展的时期。

(3)电力

电力行业是一个国家发展的基础行业,目前电力投资的主要来源为中国大型电力电网公司,国家电网、南方电网、大唐集团、华电集团、国电集团、国家电力、三峡集团、中国电建、中国能建 9 家公司在建项目达 2000 个,如表 2-9 所示。根据中国机电产品进出口商会电力装备分会统计的相关境外电力项目的占比,"一带一路"沿线国家和地区仍是中国企业在境外跟踪推动电力项目的重点市场,项目数占全部在跟踪电力项目数的 66.98%,由此可以推算出"一带一路"沿线国家和地区相关的合同累计金额大约为 1300 亿美元。其中以中国电建、中国能建和三峡集团为主要投资方。就境外在建合同累计金额来看,截至 2016 年,这三家公司已分别投入资金 1300 亿美元、300亿美元和 230 亿美元。目前,其他电力电网公司正在逐步开始加大对外电力建设的投资。与铁路建设相同,"一带一路"沿线国家和地区中以发展中国家居多,电力设施建设水平普遍较低且存在较大地改善需求空间。

表 2-9　中国在"一带一路"沿线国家和地区电力投资现状分析

区域	电力投资情况
东南亚地区	新疆伊犁至巴基斯坦伊斯兰堡±660 千伏直流工程的前期规划工作已展开;2017 年 5 月,中巴经济走廊萨希瓦尔燃煤电站首个大型能源项目投产发电
南亚地区	孟加拉国的希拉甘杰电站,由中国机械进出口公司承建;"一带一路"电网项目——230 千伏老挝北部电网工程由南方电网云南国家公司总承包
中亚地区	哈萨克斯坦埃基巴斯图兹至河南南阳±1100 千伏特高压直流工程
西亚、北非地区	埃及 EETC500 千伏输电线路工程
中东欧地区	俄罗斯叶尔科夫齐至河北霸州±800 千伏特高压直流工程

数据来源:前瞻产业研究院、广发证券发展研究中心

目前电力投资的增长速度很快,再加上以"一带一路"较先投资的部分为基础设施部分,电力投资在近几年中,将会在沿线国家和地区得到飞速的发展。另外,中国企业在亚洲承包工程新签合同额中,电力建设投资在"一带一路"建设中处于最大的占比分额。根据前瞻产业研究院预测,在 2020 年,"一带一路"沿线国家和地区电力投资规模将达到 200 亿美元。

3. 参与主体以大型央企为主

随着国内竞争格局的变化,"一带一路"沿线国家和地区成了中国建筑企业海外角逐的新战场,如表 2-10 所示。从整体来看,2017 年全球基建投资中,中国占比 31%,中国承包企业参与的基建项目占世界基建项目总数的 16%。中国参与的海外建设项目多达 1034 个,多数位于亚洲、中东地区和非洲,其中 40% 为铁路基建项目。中国参与及部分参与建造的亚洲项目共 430 个,总额达 1.2 万亿美元,其中多数与

"一带一路"倡议相关,仅巴基斯坦在建项目就达 43 个。具体到企业,例如中国中铁 2016 年海外新签合同额中有超过一半是在"一带一路"沿线国家和地区收获的,其他企业这一占比也在逐年增高,"一带一路"倡议对中国建筑企业走出的重要性不言而喻。

表 2-10　2017 年中国八大中央企业境外新签合同情况

公司名称	2015 年海外新签合同		2016 年海外新签合同		2017 年海外新签合同	
	金额（亿元）	占新签合同比（%）	金额（亿元）	占新签合同比（%）	金额（亿元）	占新签合同比（%）
中国建筑	1025	6.70	1124	6.00	1988	8.90
中国中铁	685	7.10	1025	8.30	904.8	5.80
中国铁建	862	9.00	1078	8.80	1049	6.90
中国交建	1563	23.90	2237.7	30.60	1073	9.70
中国中冶	410.7	10.20	573.1	11.40	572.9	9.50
中国电建	997.1	30.40	1177.7	32.60	1188.3	29.20
中国化学	179	28.40	335.9	47.70	336.8	35.40
葛洲坝	695.2	38.30	705.6	33.00	805.8	35.70

数据来源:公司公告、广发证券发展研究中心

2017 年每家企业海外业务增长情况参差不齐,增长比较迅猛的有中国建筑、葛洲坝。新签订单是建筑行业的重要先行指标,如表 2-11 所示,"一带一路"沿线国家和地区充裕的新签订单量是建筑企业营业收入及净利润增长的基础。

表 2-11　2017 年中国八大中央企业境外新签合同金额同比对比

公司名称	境外新签合同金额（亿元）	同比（%）
中国建筑	1988	76.90
中国中铁	904.8	-11.70

公司名称	境外新签合同金额(亿元)	同比(%)
中国铁建	1049	-2.70
中国交建	1073	-52.00
中国中冶	572.9	0.00
中国电建	1188.3	0.90
中国化学	336.8	0.30
葛洲坝	805.8	14.20

数据来源:公司公告、广发证券发展研究中心

4."一带一路"沿线国家和地区基建项目政治风险高、项目搁置频现

2015年,根据中国出口信用保险公司发布的《"一带一路"64国风险监测报告》,"一带一路"沿线64个国家多为新兴经济体和发展中国家,整体风险水平较高,如果按照由低至高1—9级的风险评级加以评判,"一带一路"沿线国家和地区中20个国家风险为5级,13个国家风险为6级,10个国家风险为7级,全部64个国家的风险评级均值达5.54。由于"一带一路"沿线国家和地区数量众多,各国的经济发展状况、政治背景等各不相同且极端复杂,"一带一路"沿线国家和地区基础建设项目融资所面临的风险实际上依然尚存很多未知性。正是由于某些政治风险、政治博弈、文化冲突因素,中国的部分水电站、高铁项目被搁置,如表2-12所示,2006年至2015年中国企业在"一带一路"沿线国家和地区已经失败的巨额基础设施投资项目达31个,如表2-13所示,占"一带一路"沿线国家和地区全部投资失败项目的75%左右。因此,我们需要在今后的项目投资与建设过程中对基建行业的投资风险多加关注。

表 2-12 中国部分"一带一路"沿线国家和地区项目搁置情况

项目名称	相关 中国企业	项目金额 (亿美元)	搁置原因	最新进展
缅甸密松水电项目	中国电建	—	政府暂停	搁置
委内瑞拉高铁	中国中铁	75	委内瑞拉国内经济崩溃	瘫痪状态
阿根廷基赛水电站	葛洲坝	47.14	政权更迭	暂停、合同变更
美国西部快线高速铁路	中国铁路国际(美国)	127	单方面终止	未开工
墨西哥高铁	中国铁建	44	中标结果被撤销	搁置

数据来源:广发证券发展研究中心

表 2-13 2006—2015 年中国企业对外投资单项金额
超过 1 亿美元的失败项目

	对全球投资失败		对"一带一路"沿线国家投资失败	
	所有投资	基建投资	所有投资	基建投资
项目数(个)	154	90	43	31
金额(百万美元)	260810	147760	76800	47780
基建项目占比(%)	58.44	72.09	—	—
基建金额占比(%)	56.65	62.21	—	—

数据来源:美国传统基金会与美国企业研究的"中国全球投资追踪"数据库(CGIT)、广发证券
发展研究中心

(四)案例分析

白沙瓦至卡拉奇高速公路项目

卡拉奇至拉合尔高速公路(苏库尔至木尔坦段)是连接巴基斯坦南北的经济大动脉。中巴两国政府对该项目高度重视,并在中巴经济走廊联委会框架下重点推动其建设。2015 年 4 月,习近平访巴期间,两国签署该项

目的政府间框架协议。2015 年 11 月,中建股份在该项目的竞标中胜出,并于 2015 年 12 月 22 日与巴基斯坦国家公路局签署了项目的商务合同。

2017 年 5 月 6 日,中巴经济走廊最大交通基础设施项目——白沙瓦至卡拉奇高速公路项目(苏库尔至木尔坦段)正式开工,这标志着中巴经济走廊交通基础设施领域合作取得重大进展。白沙瓦至卡拉奇高速公路全长 1152 公里。其中苏库尔至木尔坦段全长 393 公里,按照双向 6 车道、时速 120 公里标准设计,工期 36 个月,总合同金额折合人民币约 184.6 亿元,由中国进出口银行提供融资支持。

白沙瓦至卡拉奇高速公路项目原定南起巴基斯坦第一大城市卡拉奇,北至第二大城市拉合尔,而今计划延伸至西北边境重镇白沙瓦。项目沿线地区 GDP 占巴基斯坦 GDP 总量 90% 以上,人口达 1.38 亿,建成后将成为连接巴基斯坦南北的经济大动脉和国防要道,也是中巴经济走廊的重要组成部分。苏库尔至木尔坦段连接信德和旁遮普两个经济强省,在该项目中起着承接南北的重要作用。作为中巴经济走廊早期收获最大交通基础设施项目,白沙瓦至卡拉奇高速公路项目(苏库尔至木尔坦段)已全面进入路面建设。该项目部分路段已于 2018 年 5 月中旬通车。

二、金融业

随着国内固定投资高峰回落,金融业的重要主体银行、保险、券商和第三方支付都面临着发展空间饱和,国内市场竞争加剧的挑战。金融业整体有需求开拓海外市场,努力向海外寻找收益率高的投资机会和提供相应的配套服务。

银行自身在"一带一路"沿线国家和地区有历史积累,并有意愿积极支持国家战略布局。当前中资银行共同提出增加"一带一路"沿线国家和地区机构设点、完善相关金融服务的设想,五大银行之外的中信银行、华夏银行等也积极加入。我国第三方支付,尤其是移动支付是中国金融科技崛起中最引人注目的领域之一,发展迅速,处于世界领先地位。由于技术实力好、龙头企业强,第三方支付行业有优势在"一带一路"沿线国家和地区布局。

(一)国内金融行业整体发展现状

金融行业主要的主体为银行、保险、券商和第三方支付。首先,银行业国内竞争激烈,缺乏高收益投资机会。银行业是中国金融行业的主要构成部分,截至 2016 年年底,中国银行业金融机构包括 3 家政策性银行、5 家大型商业银行、12 家股份制商业银行、134 家城市商业银行、1114 家农村商业银行及其他类金融机构,目前已基本形成"20+X"竞争格局,如图 2-20 所示。2004 年至今,股份制银行和城市商业行规模增幅明显,净利润占比小幅提升,如图 2-21 所示,国内银行业竞争格局日渐显现。

随着国内固定投资(基建和房地产)高峰回落,未来银行信贷需求趋缓。在国内银行业增速放缓、竞争加剧叠加利率市场化冲击的大背景下,银行业开始着力开拓海外市场①,努力向海外寻找收益率高的投资机会;同时,受益于综合化经营优势和政策支持,国有大银行率先布局海外业务、支持国家"一带一路"倡议。根据中国银行业协会统计,截至 2017

---

① 虽然中国的银行海外业务占比逐步提升,但其平均水平却不及 10%。

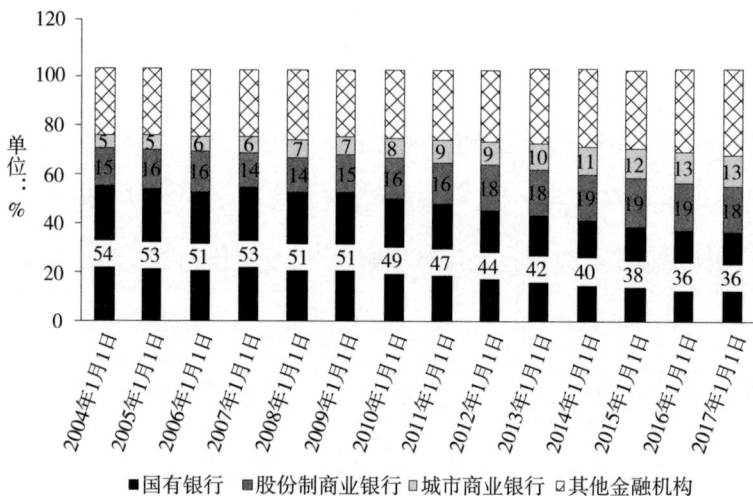

图 2-20　股份制商业银行和城市商业银行的总资产占比（2004—2017 年）

数据来源：银监会、申万宏源研究

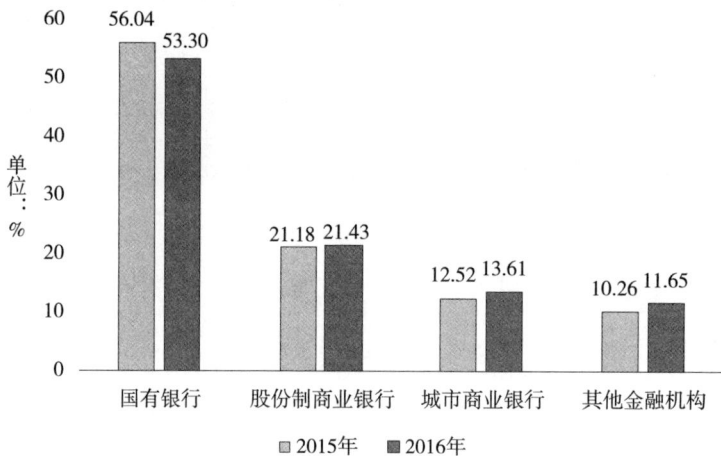

图 2-21　股份制商业银行和城市商业银行的净利润占比

数据来源：Wind、申万宏源研究

年 11 月末，共有 9 家中资银行在 26 个"一带一路"沿线国家和地区设立
62 家一级机构，如表 2-14 所示，当前中资银行共同提出增加"一带一

路"沿线国家和地区机构设点、完善相关金融服务的设想,拟综合利用新设机构、战略并购、投资入股、提升现有机构服务能力和辐射范围等多种方式,五大银行之外的中信银行、华夏银行等也积极加入支持国家战略布局。

表 2-14 在"一带一路"沿线国家和地区设立一级机构的中资银行

	时间	怎么走	国际布局
工商银行	1993 年成立第一家海外机构工商银行新加坡分行	2006 年 12 月,工商银行收购印度尼西亚 Halim 银行,成就了中国银行业首次跨国并购	截至 2017 年 6 月,工商银行在 42 个国家和地区设立了 419 家境外分支机构,并通过参股南非标准银行间接延伸至 20 个非洲国家,是全球网络覆盖最广的中资金融机构,形成了横跨亚、非、拉、欧、美、澳的全球化金融服务网络。并且,首家建成了横跨亚、欧、美和中东地区的境外人民币清算行网络,实现了全球 24 小时不间断人民币交易清算服务。在"一带一路"沿线国家和地区,工商银行在 18 个国家拥有 120 家分支机构,是"一带一路"沿线覆盖国家最广的中资金融机构
		2011 年 3 月 11 日,工商银行首家海外人民币业务中心在该行新加坡分行正式开始营业,开启了该行大规模开拓海外人民币业务市场的序幕	
		工商银行建立了强大的全球信息资讯平台,设立了专门的国别风险研究团队、全球经济研究团队和行业研究中心,每年定期向数百家企业发布相关研究信息,帮助企业更为及时、全面地了解全球市场动向,并降低获信成本	
		工商银行建立了"一带一路"银行的圆桌会议平台,并在 2017 年 4 月份成功召开了准备会,得到了全球几十家银行的积极响应。工商银行还借"一带一路"国际合作高峰论坛举办之机,推动建立沿线银行的常态化合作机制,并与国际金融同业一道,在投融资、资产负债跨币种的风险规避、国际结算、清算等方面进一步加强合作,加快提升整个银行业务"一带一路"建设的效率,更好地推动"一带一路"倡议的落实	
		2017 年 9 月国开行与工商银行签署"一带一路"沿线国家和地区项目融资和境外委托代理合作协议,共同服务中国企业"走出去",共同推动在跨境产业发展、国际产能合作、绿色经济发展、互联互通等方面的全面金融服务	

	时间	怎么走	国际布局
建设银行	1995 年建设银行设立第一家海外分行香港分行	2015 年 5 月 25 日,建设银行智利分行获任智利人民币清算行,这是中国人民银行首次在南美洲确定人民币清算行,也是成为建设银行继获伦敦人民币清算行资格后再次获得人民币清算行资格	截至 2016 年全球机构布局基本完成,覆盖 29 个国家和地区,海外商业银行资产总额和净利润增速分别达到 16.19% 和 3.24%。自 2015 年建设银行实施国际化转型战略以来,截至 2017 年一季度末,累计为俄罗斯、巴基斯坦、新加坡、阿联酋、越南、沙特、马来西亚等 18 个"一带一路"沿线国家的 50 个海外重大项目提供了金融支持,建设银行签约金额约合 98 亿美元。其中,涉及基础设施建设领域的重大项目有 25 个,投资金额约合 470 亿美元,建设银行签约金额为 65 亿美元。累计储备重大项目 200 多个,融资需求约合 1100 亿美元,涉及 40 个国家和地区,半数以上项目集中在铁路、公路、航运、能源、电力等基础设施建设领域
		建设银行为满足中国企业走出国门而量身打造了"建票通""建单通""建信通"三大产品,三"建"合璧,可实现"提前收汇""风险转嫁""融资出表",形成了支持"走出去"企业中短期项目融资的完整产品链,为中国企业的跨境业务提供了多层次、宽领域、全方位的联动服务	
		2016 年年底,建设银行顺利完成"老挝南欧江二期水电站"13 亿美元银团贷款协议签署工作。该项目作为"一带一路"建设重要项目,9 月东盟峰会和东亚合作领导人系列会议期间,由中老两国总理见证了协议的草签。这个项目是建设银行支持的 46 个"一带一路"建设重大项目之一	
农业银行	1995 年农业银行设立第一家海外分行中国农业银行新加坡分行	2014 年 9 月农业银行与塔吉克斯坦农业投资银行签署了《支持农业领域合作协议》。根据合作协议,农业银行将在商业原则下向塔吉克斯坦农业投资银行提供信贷支持,为其提供金融产品及风险管理培训,助推中塔经贸合作全面升级	2014 年至 2016 年三年间,农业银行境内外分行累计办理 117 个国家和地区的项目贷款、保函、境外发债等"走出去"业务 925 亿美元,涵盖了 42 个"一带一路"沿线国家和地区。农业银行已在 15 个国家和地区设立了 18 家境外机构和 1 家合资银行,2016 年年末,境外机构总资产达 1093 亿美元。其中在新加坡、阿联酋、俄罗斯、越南 4 个"一带一路"沿线国家设立了 5 个机构,在阿联酋迪拜专门成立了迪拜国际金融中心分行和迪拜分行两家分行

续表

	时间	怎么走	国际布局
中国银行	1929年中国银行在伦敦设立了中国金融业第一家海外分行	2015年6月底,中国银行成功发行40亿美元国际金融市场首笔以"一带一路"为主题的债券。发行人民币、美元、欧元、新加坡元四个币种的"一带一路"债券,债券在迪拜纳斯达克交易所、新加坡交易所、台湾证券柜买卖中心、香港联合交易所、伦敦证券交易所等五个交易所挂牌上市,总发行量折合40亿美元,创中资银行境外债券发行新纪录	目前,中国银行海外机构已覆盖51个国家和地区,其中包括20个"一带一路"沿线国家和地区。2017年前9个月,中国银行完成跨境人民币结算量约2.6万亿元,其中境内机构办理约1.7万亿元,市场份额超过四分之一,保持同业第一,全球跨境人民币清算量266万亿元,保持全球领先,继续成为人民币跨境流通主渠道、人民币国际化产品和服务的主要提供者
		2016年,与俄罗斯天然气工业公司签署了20亿欧元的双边贷款协议,这是迄今为止中俄间最大的商业银行贷款	
交通银行	1991年交通银行成立第一家海外分支机构纽约分行	2015年,交通银行与汇丰银行就中国内地与香港两地互认基金业务合作达成协议,凭借各自的境内外优势,继续巩固和深化合作,共同推进这一新业务在两地的全面开展。通过"交通银行—汇丰1+1"全球服务、海外地区集团贷款和离岸发债,托管与基金代销等业务合作,实现"一带一路"沿线客户与服务网络的共享互补	截至2016年三季度末,交通银行在中国香港、美国、日本、英国、韩国、德国等13个国家和地区共设立了56个境外网点,横跨四大洲,覆盖香港、纽约、伦敦、新加坡等全球金融中心。2016年以来,交通银行国际化布局更是显著加快。11月,交通银行有5家海外行集中开业,包括伦敦分行、卢森堡分行和交通银行(卢森堡)有限公司罗马分行、巴黎分行,以及巴西BBM银行
		2017年4月,交通银行与中国进出口银行在北京签署《战略合作协议》。双方将进一步加强在银团贷款、结算代理、贸易融资等领域的合作。交通银行将发挥在海内外分支机构和综合金融服务方面的优势,充分依托中国进出口银行对外合作的经验以及独特的金融政策资源,双方形成合力,共同助力实现全面建成小康社会的目标	

续表

	时间	怎么走	国际布局
招商银行	2002 年招商银行成立香港分行,迈出国际化历程走出去的第一步	2015 年年初,招商银行专门成立了"一带一路"跨部门工作小组,确定重点项目推动制度	招商银行通过在跨境金融领域的多年积累,打造出了自己的特色优势,目前在香港、新加坡、伦敦、纽约、悉尼和卢森堡均设立了分支机构,在香港拥有永隆银行和招银国际等子公司。作为最早开始海外布局的股份制商业银行,招商银行的海外网点布局位居股份制银行的第一,海外资产占比、外币资产占比、境外机构盈利占比等指标均居国内同业前列。招商银行利用独有的平台优势,在境内外联动和全牌照经营等方面具有较大优势
		2016 年 9 月,与渣打银行签署了《"一带一路"战略合作协议》,借助双方各自的优势,借助"一带一路"倡议的契机,在多个业务领域进行全面深入合作,共同为"一带一路"建设企业提供全方位的融资解决方案	
		2016 年 10 月,招商银行全新推出的"一路金融"品牌,是招商银行整合本外币、境内外、离在岸、投商行于一体的平台优势,为"一带一路"建设客户量身打造的一站式综合金融服务体系,是首个专门面向"一带一路""走出去"企业的金融服务品牌	

其次,保险业规模较小,业务机会有限。2017 年 1—11 月,中国原保险保费收入共计约 3.44 万亿元,人身保险市场仍处于扩张状态;保险业总投资与资产总额分别达到原保险保费收入的 4—5 倍,以最低的成本获得最多的保费与投资驱动盈利仍是保险行业的核心。

再次,我国证券业国内市场近饱和状态。2017 年中国证券公司营业总收入为 3113.28 亿元,当年中国仅新增两家证券公司,增长率仅为 1.55%,这说明国内市场对新公司需求很小,业务供应已达饱和状态,需要向外寻找新的业务机会。

最后,我国第三方支付,尤其是移动支付是中国金融科技崛起中最引人注目的领域之一,发展迅速,处于世界领先地位。它的发展有三个显著特点:一是规模大,发展迅速。2016 年,中国经由第三方服务商完成的第三方支付金额(通过 PC 端和移动设备)达到 11 万亿美元,而美国仅为 6230 亿美元。即使我们仅关注可营利的消费交易,2016 年中国的相关支付额也高达 1.9 万亿美元,而这个数字在 2010 年时还接近于零。二是移动支付使用更为领先。截至 2016 年,95%的中国互联网用户通过移动设备上网,其中的 68%使用过移动支付。相比之下,目前美国约 80%的电商支付仍通过 PC 端完成。截至 2016 年,中国移动支付规模已达美国的 70 倍,消费支付超过美国近 8 倍。[①] 三是赢者通吃,竞争格局高度集中。支付宝是最大的支付企业,2016 年的整体市场份额为 51%,移动支付市场份额为 54%,而财付通(微信支付和 QQ钱包)以 2016 年 33%的市场份额在支付行业位居第二,两者占据的市场份额合计达到 91%。由于规模效益高、市场需求大、技术实力好、龙头企业强,第三方支付行业有能力在"一带一路"沿线国家和地区加快布局。

(二)中国金融业"一带一路"沿线国家和地区的布局

1. 银行业沿"一带一路"寻找高回报投资机会

"一带一路"沿线国家和地区中发展中国家占多数,经济发展水平相对较低,公路、铁路、桥梁、港口、通信和金融网络等基础设施建设是这些国家经济发展的短板。"一带一路"倡议推进的项目多为基础设施建设项目,对资金需求大且项目的边际收益较高,但由于"一带一路"沿线国家政府财力有限、资本市场和金融体系发展相对缓慢,普遍

---

① 波士顿咨询公司、阿里研究院、百度发展研究中心、滴滴政策研究院:《中国互联网经济白皮书:解读中国互联网特色》,2017 年 9 月,第 20 页。

存在较大资金缺口,中国商业银行的信贷资金可以投资于"一带一路"沿线回报较高的基础设施建设项目。

另外,"一带一路"沿线的新兴经济体和发展中国家是世界上最具发展潜力的经济带。在"一带一路"倡议下大量企业走出去进行投资,它们亟须包括全球现金管理、海外并购、境外融资、跨境人民币、财务顾问等在内的综合化金融服务。商业银行在主动满足"走出去"企业的新业务需求的过程中既能够锻炼自身业务实力,同时兼顾更高回报的商业投资机会,如图 2-22 所示。

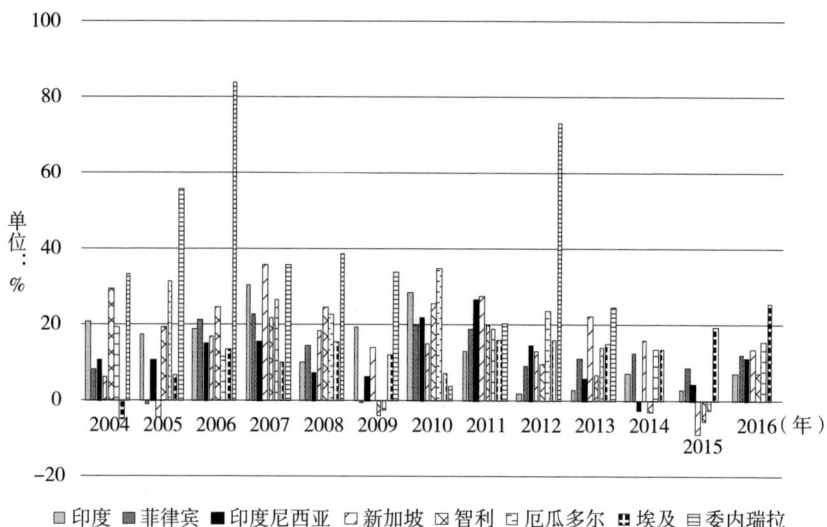

图 2-22 "一带一路"沿线国家和地区贷款增速(2004—2016 年)

数据来源:Wind、申万宏源研究

2.第三方支付有望在"一带一路"沿线国家和地区实现弯道超车

在新兴金融领域里,中国企业的效率和品质已经具有国际竞争力。中国目前在金融信息技术、移动支付、普惠金融以及金融网络安全等领域都具有世界领先的水平,有能力为"一带一路"沿线国家和地区提供相关的金融技术服务。

　　绝大多数国内金融科技公司出海选择"一带一路"沿线国家和地区进行国际化布局,尤其是具备人口基数大、智能设备普及率不断提高、传统信贷服务覆盖率低等诸多优势的东南亚市场,已经成为业内公认的最有潜力的新兴区域,如图2-23所示。

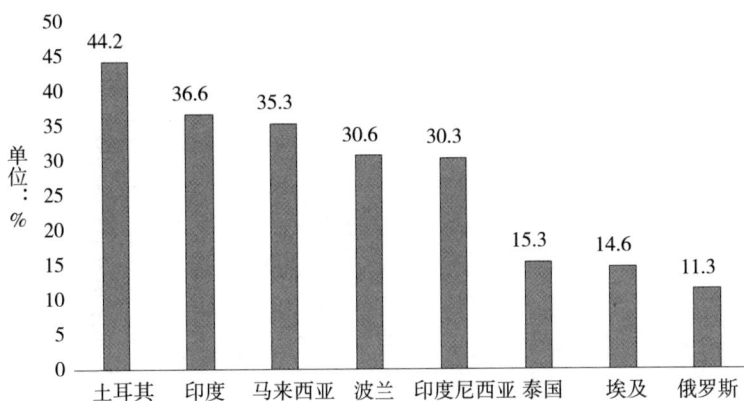

图2-23　"一带一路"沿线国家和地区通过银行筹措投资资金的公司占比

　　浪潮之下,蚂蚁金服、陆金所、宜信等金融企业纷纷剑指海外市场——蚂蚁金服于2016年11月战略投资泰国支付企业Ascend Money;2017年2月,注资菲律宾数字金融公司Mynt;4月,与印度尼西亚Emtek集团成立一家合资移动支付公司。去到海外的金融科技企业,正在结合当地市场的实际去解决、去满足市场的需求,创造长期的价值。

　　3.证券业国内"红海"、国外"蓝海"

　　目前中国的证券业服务在国内已呈饱和状态,但"一带一路"沿线国家和地区相关服务缺口很大。从资产证券化率①来看,埃及和土耳其的资产证券化率最低,仅为 20%;俄罗斯、印度尼西亚、波兰居中,在 30%—50% 之间;伊朗证券交易所证券化率在 2013 年年末急剧下降到 25% 左右,如图 2-24 所示。以中国资本市场作为标尺,埃及、土耳其的证券化市场空间具有最大的开发潜力;俄罗斯、印度尼西亚、波兰、泰国的证券化发展已有稳定的基础,建立备忘录交换合作更为合适。

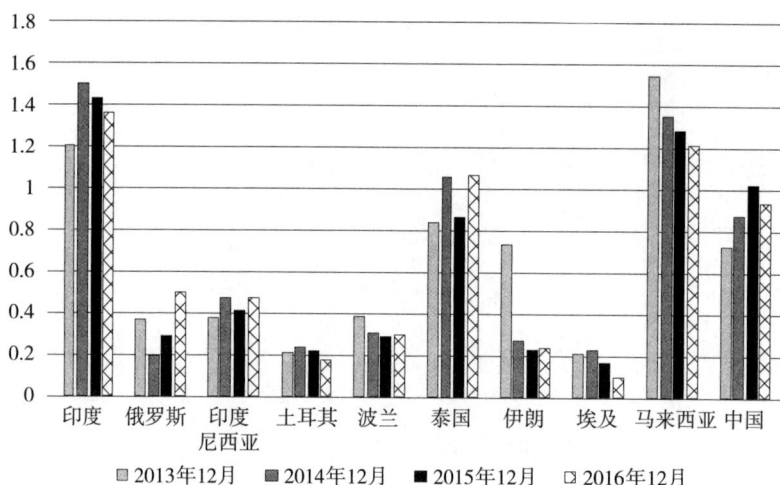

图 2-24　2013—2016 年"一带一路"沿线国家和地区交易所市值/GDP 比率

专栏二　美国投资银行的国际化路径与经验

以美国为例,20 世纪五六十年代,美国市场不景气,促使投资银行开始向欧日等海外市场扩张。适逢全球经济一体化加深,金融市场开

―――――――――

① 指交易所国内股票市值占当年 GDP 比率。

放,投资银行国际化大发展,以及技术和金融创新,为投资银行海外扩张提供技术支持和产品基础。探索海外市场成为美国券商拓展业务的重要着力点。在此背景下,以高盛集团、摩根士丹利、美银美林为代表的三大国际投资银行成功进行了海外扩张。三大投资银行国际扩张路径,如图2-25所示。

一、高盛集团:一是采取"点到面"的扩张模式,由城市到国家—由国家到大洲—由地区到区域的"三步走"战略;二是地域选择上遵循文化制度由"此"及"彼"的线路,从欧洲到日本,再到亚太—中国及整个亚洲;三是与当地政企和机构合作,凭借并购和股权交易方面的传统优势迅速抢占市场并形成领导地位。

二、摩根士丹利:一是与当地企业合资设立公司或并购当地金融机构快速扩张业务,布局各主要金融核心市场;二是追随经济增长中心,重点布局在经济发展程度相对较高或作为区域经济增长核心的地区或城市;三是以优势的投资银行业务为核心,综合机构投资和零售经纪业务,形成金融大超市。

三、美银美林:一是在扩张模式上采取不同市场交替发展、多个重点区域同时推进的战略;二是形成以欧洲市场、日本市场为支持,发展亚洲新兴经济国家市场的"二拖一"发展模式;三是通过收购与整合资管业务,专注全球化财富管理。

外资投资银行海外扩张经验,如图2-26所示。

(一)从进入方式来看,从设立海外代理或办事处开始,到设立分行、合资或独资子公司,再通过兼并收购加速扩张,最终整合成为全球化的控股集团。

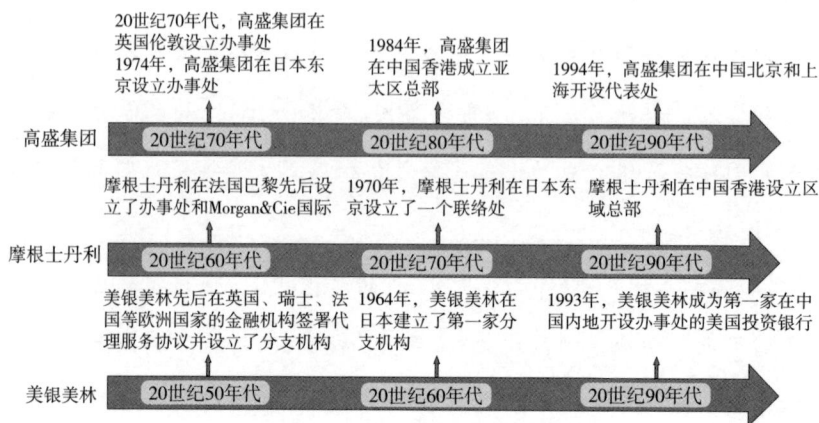

图 2-25　三大投资银行海外扩张线路图

资料来源：民生证券研究部

（二）从扩张线路来看，地域选择从文化、制度相同的欧洲开始，逐步发展到资本市场制度类似的日本，再开拓亚太等新兴市场；同时基本遵循全球经济发展态势和区域金融监管放开的先后顺序。

（三）从海外业务布局来看，利用传统业务优势开拓新市场，通过兼并重组和创新产品实现差异化服务拓展和巩固海外市场。

（四）海外业务成为营业收入的重要来源，占比均超 10%，高盛集团甚至高达 40%。

参考境外成熟市场经验，中国券商进行海外布局也是当前国内宏观下行的必然选择。总结美国三大投资银行经验（见"专栏二"）：在进入方式方面，从设立海外代理或办事处开始，到设立分行、合资或独资子公司，再通过兼并收购加速扩张，最终整合成为全球化的控股集团；在扩张线路方面，地域选择从文化、制度相同的欧洲开始，逐步发展到

图 2-26 外资投资银行进入海外市场的路径

资料来源：民生证券研究部

资本市场制度类似的日本,再开拓亚太等新兴市场,同时优先考虑经济发展态势好、金融监管开放度高的区域;在海外业务方面,利用传统业务优势开拓新市场,通过兼并重组和创新产品实现差异化服务拓展和巩固海外市场。

4.保险业面临人身与财产保险机遇

就人身保险而言,印度、埃及、印度尼西亚、伊朗、俄罗斯、土耳其等国家的保险覆盖水平相对较低,可以考虑开发投资这些国家的保险行业。财产险业务也可以"走出去"。由于"一带一路"建设面临的风险和不确定性较多,这可能会影响到中国企业"走出去"的积极性。对企业的工程项目、海外财务以及一些参与项目的国内工人提供保险,可以为企业分散风险、获得收益。

（三）"一带一路"沿线国家和地区跨境并购案例分析

1.工商银行并购案例和经验

表 2-15 汇总了过去十几年来工商银行在"一带一路"沿线国家和地区跨境并购的情况,这些并购标的所在的地区普遍具有业务发展潜力较大、和中国贸易往来紧密的特点。例如,在印度尼西亚,拥有投资的中石油、中海油、华为、中兴、国电集团、中水电、华电集团等是工银印

尼的天然客户,因而在完成收购交割的三年内,工银印尼的资产规模增长了 11 倍,盈利水平提高了 5 倍,成为印度尼西亚发展最快的银行之一。

表 2-15　工商银行海外并购案例汇总

时间	并购标的	所在地	投资规模
2006 年 12 月	印度尼西亚哈利姆(Halim)银行	印度尼西亚	/
2010 年 4 月	泰国 ACL 银行 97.24% 股份	泰国	/
2015 年 8 月	土耳其 Tekstil Bank 约 93% 股权	土耳其	3.16 亿美元

2010 年 4 月 21 日工商银行宣布完成对泰国 ACL 银行的自愿要约收购。通过收购,工商银行共持有 ACL 银行约 97.24% 的股份,并由此获得了进入泰国银行业的业务牌照和客户资源。

工商银行的并购策略值得关注,其特点包括:

第一,合理选择并购区域——由近至远,先港台、东南亚地区,后欧美地区。对中资银行来说,海外并购产生的风险水平在香港地区相对较低,其次是政治较稳定的东盟、亚太等地区,作为"一带一路"沿线重点区域的东南亚国家金融管制没那么严格,准入门槛比较低,也无须投入太多的资本,且华人较多,因而潜在客户也多,经营风险相对较小,这些优势使"一带一路"沿线国家和地区可以成为中资银行进军海外的起点。然后是市场经济成熟的北美地区和欧洲国家。工商银行按照这个规律制定了"壮大亚洲、巩固欧洲、突破美洲"的国际化发展战略的布局,并严格按照这条国际化路径执行。

第二,优先选择规模相对较小的银行作为目标银行。总体而言,小型银行价值判断比较简单,比较容易获得目标银行的经营管理权,并购成功的概率较大。但是规模小是相对于并购方而言,目标银行规模如果太小的话,在东道国的市场份额也相应会小,对于中资银行占领东道国市场,实现长期发展的目标并没有太大帮助。因此,相对规模较小、有发展潜力和增长势头的并购目标可以作为中资银行海外并购的优先选择。

第三,选择并购目标时考虑是否可获取对方的比较优势,或是否有助于突破被并购国的一些限制,比如目标银行所拥有的产品业务、境外分支机构、客户资源等。因此,可以根据自身的发展战略考虑并购目标是否对本行的发展战略形成优势互补。通常情况下,并购互补型较强的银行可以取得良好的协同效应。基于战略定位,并购更注重谋求控股权和管理权,而"不做财务投资"。

第四,坚持并购后严格的风险控制,推进并购后全方位的整合。美国贝恩管理咨询公司的一项调查研究表明,全球的并购交易80%的失败是源于并购后整合的失败。工商银行成功做到了并购后包括文化整合、管理架构整合、业务资源整合和人力资源整合在内的全方位整合。

2. 中金所、上交所、深交所联合收购巴基斯坦证券交易所

2017年中金所、上交所和深交所联合中巴投资有限责任公司和巴基斯坦哈比银行联合收购了巴基斯坦证券交易所(PSX)40%的战略性股份,是外国投资者在巴基斯坦证券市场的第一笔战略性交易。其中,中方三家交易所将持股30%,中巴投资有限责任公司和巴基斯坦哈比银行各持股5%。该笔收购交易总额高达89.6亿卢比(约合8500万美元),同时吸引了中国的三家交易所,以及中东地区证券交易所、伦敦

证券交易所、土耳其证券交易所等 17 家企业参加竞标。对于竞标成功的中国交易所而言,这笔交易是中国金融机构在海外进行的第一次大手笔收购。

巴基斯坦证券交易所的前身是卡拉奇证券交易所,2016 年 1 月与巴基斯坦其他两大交易所伊斯兰堡、拉合尔交易所合并成立,截至收购前是巴基斯坦国内唯一的证券交易所。这起标志性的收购案件既有商业激励,也有战略考量:

第一,从商业激励来看,巴基斯坦证券交易所是亚洲市场近年来表现最好的交易市场之一。从 2008 年创下的低点算起,截至 2017 年年初巴基斯坦证券交易所 PSE 指数已上涨 7 倍。在收购前的 2016 年,PSE 指数全年累计上涨 14%,远远领先于亚洲其他股指。此外,摩根士丹利国际(MSCI)更是因巴基斯坦股市的良好表现以及其较高的市场开放程度,于 2017 年 5 月将巴基斯坦股市纳入新兴市场指数。

第二,从战略考量来看,收购巴基斯坦证券交易所显示中国交易所业务扩展至"一带一路"沿线国家和地区。交易所在世界金融格局中占据着举足轻重的地位,作为中国在"一带一路"沿线国家和地区首个投资的证券交易平台,巴基斯坦证券交易所可以使三大交易所把业务有效延伸,发挥规模经济效应,增强在全球范围内的竞争力,提升其在"一带一路"沿线国家和地区的影响力。

三、电商

目前国内电商市场渐趋饱和,但行业技术和管理经验世界领先。为突破行业发展的瓶颈,目前电商亟待寻找新的增长动力和发展空间。向"一带一路"沿线国家和地区布局一方面有利于填补相关国际的服务空白,另一方面也有助于促进跨境贸易,密切经济联系。

中国电商已经意识到了国际业务中的机会与挑战,并已经在"一带一路"沿线国家和地区展开布局。电商巨头布局海外业务的主要方式,一是通过控股投资整合相关资源,直接在海外开展业务;二是建立新的全球购物平台,拓展现有客户的选购范围。在这两项核心内容的基础上,电商巨头还在周边布局了数据、支付等辅助系统,提升集团的协同效应。

(一)中国电商"走出去"正逢其时

1. 中国国内行业增速趋缓,技术已臻成熟

2011 年以来,中国零售行业发展呈稳中趋缓态势。2017 年全年中国社会消费品零售总额为 36.6 万亿元人民币,与 2016 年全年相比增长率仅为 10.1%,预计未来零售行业的全行业增速还将进一步降低。在整体发展承压的大背景下,电商行业作为零售行业中的"明星"子行业,增长速度也从 2012 年的 62.5% 迅速下降到 2017 年的 38.4%。经过多年激烈的市场竞争,2017 年中国网上零售渗透率达到了 15%,远超美国 13% 的渗透率,如图 2-27 所示。目前,中国电商行业的国内市场渐趋饱和,行业技术和管理经验世界领先,进一步提高国内市场的渗透率需要更多的创新和更长的时间,电商行业的持续快速增长遇到了整体性瓶颈,亟待寻找新的增长动力和发展空间。

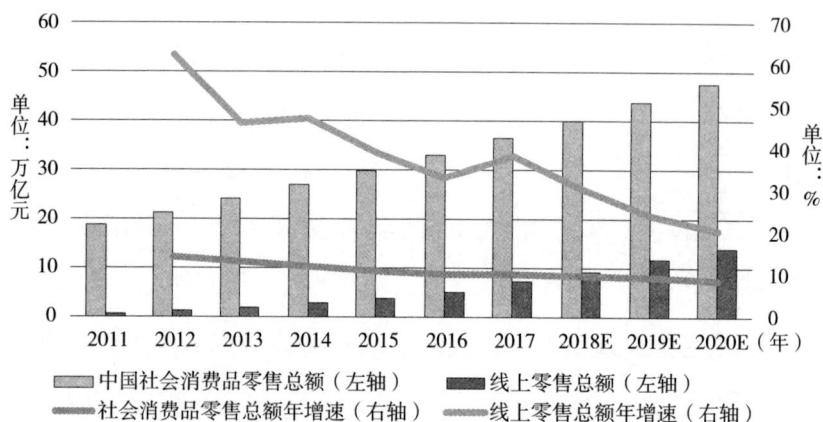

图 2-27 中国社会消费品和线上零售总额

数据来源：国家统计局、申万宏源研究

通过对比中美两国的线上销售渗透率，可以看到中国的电商行业发展已经成熟并达到了世界领先水平，在中国 13.8 亿人口的市场中锻炼出来的网络、营销、物流、数据分析和企业管理能力完全能够达到为世界其他国家市场提供服务的要求。

2. 海外业务将成为电商行业新增长点

然而，目前中国电商企业的国际竞争力还远远没有转化为海外销售业绩。与国际同行业巨头相比，亚马逊的国际电商收入占到了总收入的 32%，而阿里巴巴的国际业务收入只有约 8%，京东的国际业务收入更是完全没有在财务报表中单列出来，中国电商企业与海外同行业巨头的布局差距、中国电商巨头的国际竞争力与自身海外业绩的巨大差异正是中国电商行业未来增长的潜在动力。

潜在增长动力之一是要填补海外电商的市场空白。以"一带一路"沿线重点国家为例，Forrester 的最新数据显示印度每年新增互联网用户约 1 亿,平均每三秒钟就会在印度产生一个互联网新用户。但是到目前为止,印度的 13 亿人口中有 2/3 没有接触过互联网,即使在接入互联网的用户中也只有约 10% 在电子商务网站上购物。在人口稠密的东南亚地区,印度尼西亚的电商渗透率仅为 2.2%,马来西亚仅为 1.4%,新加坡仅为 4.5%,泰国仅为 1.5%,越南仅为 1.1%,菲律宾仅为 0.9%,但这些电商渗透率如此之低的国家电商行业增长速度却都在 20% 左右,其中越南和印度尼西亚两国增速超过 40%,这些都为电商发展提供了相当大的行业空白。

潜在增长动力之二是通过电商平台促进跨境贸易。例如,在互联网渗透率超过 70% 的俄罗斯,2016 年俄罗斯跨境网购商品的主要来源国中,中国占比 52%,美国占比 12%,欧洲占比 23%。

2017 年 5 月京东数据研究院发布的《2017"一带一路"跨境电商消费趋势报告》显示,中国商品已经通过电商平台销往了俄罗斯、乌克兰、波兰、泰国、埃及、沙特等 54 个"一带一路"沿线国家和地区。2017 年 1 月至 4 月,在跨境电商出口销售额同比增长最快的 13 个国家中,有 7 个是"一带一路"沿线国家,销售额同比增速超过 10 倍;同时,超过 50 个"一带一路"沿线国家和地区的商品也通过电商走进了中国。2016 年,中国通过电商平台进口"一带一路"沿线国家和地区商品的销售额也在快速增长,来自立陶宛、黑山、孟加拉国、阿曼、塔吉克斯坦的电商进口销售额同比增长超过 6 倍,来自罗马尼亚、克罗地亚、也门、巴基斯坦、匈牙利的电商进口销售额同比增长将近 5 倍,如图 2-28 所示。

在国内市场饱和,企业技术成熟,海外市场广阔,"一带一路"沿线

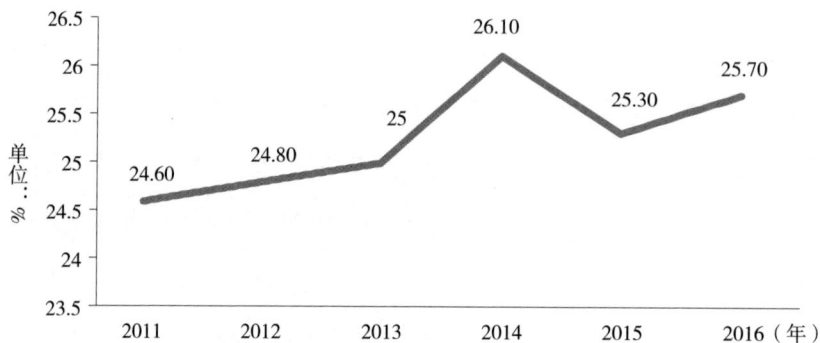

图 2-28　中国与"一带一路"沿线国家和地区贸易额占与全球贸易额比重
数据来源：国家信息中心"一带一路"大数据中心、瀚闻资讯、阿里研究院

国家和地区贸易地位日益重要的大背景下，中国政府积极出台各项政策大力支持电商行业走出去，尤其是走向"一带一路"沿线国家和地区，如图 2-29 所示，《"十三五"国家信息化规划》提出要建设网上丝绸之路经济合作试验区，与"一带一路"重要节点城市在电子商务、"互联网+"等领域开展深度合作；《促进电子商务发展三年行动实施方案（2016—2018 年）》提出"跨境电子商务综合通关提速工程"和"提升电子商务对外开放水平专项行动"，要求支持电子商务企业建设国际合作平台，促进国际化发展；《关于促进移动互联网健康有序发展的意见》也指出要围绕"一带一路"倡议，促进移动互联网基础设施互联互通，大力发展跨境移动电子商务。

（二）中国电商在"一带一路"沿线国家和地区布局

当前，中国电商已经意识到了国际业务中的机会与挑战，并已经在"一带一路"沿线国家和地区展开了布局。电商巨头布局海外业务的

图 2-29 跨境电商的其他政策支持

资料来源：申万宏源研究

方式主要有：一是通过控股投资整合相关资源，直接在海外开展业务；二是建立新的全球购物平台，拓展现有客户的选购范围。在这两项核心内容的基础上，电商巨头还在周边布局了数据、支付等辅助系统，提升集团的协同效应。下面将对国内电商巨头的海外布局和整体战略进行具体梳理。

1. 通过控股投资整合海外资源

在中国电商行业的巨头中，阿里巴巴凭借在国内的行业优势在海外布局涉及的领域最广；京东的海外业务布局起步晚于阿里巴巴，但近两年京东在东南亚地区紧锣密鼓地布局和投资；唯品会的海外布局规模虽然不及阿里巴巴和京东，但在海外市场尤其是东南亚地区市场也有一定布局，如表 2-16 所示。

表 2-16　中国各大电商海外投资布局

投资方	时间	国家和地区	被投资方	金额（美元）	股权占比（%）	其他信息
阿里巴巴	2014 年 5 月	新加坡	Singapore Post	2.49 亿	10	邮政
	2015 年 6 月	印度	Micromax	7 亿	25	智能手机
	2015 年 10 月	印度	Snapdeal	1.25 亿	4	电子商务
	2016 年 4 月	东南亚地区	Lazada	10 亿	>50	电子商务
	2016—2017 年	印度	Paytm	1.77 亿	36	移动支付和商务平台
	2017 年 1 月	以色列	Lumus	600 万		增强现实公司
	2017 年 3 月	马来西亚	eWTP			物流和电子商务中心（分销中心）
	2017 年 5 月	巴基斯坦	eWTP			建立电子商务平台
	2017 年 6 月	东南亚地区	Lazada	10 亿	83	电子商务
	2017 年 8 月	印度尼西亚	Tokopedia	11 亿		电子商务
	2017 年 9 月	印度	BigBasket	2.8 亿		食杂百货创业公司
唯品会	2014 年 5 月	印度	Fashion and You	1000 万		闪购网站
	2015 年 2 月	东南亚地区	Ensogo	490 万	12	特卖电商
	2015 年 4 月	东南亚地区	Ensogo	500 万	4	特卖电商
蚂蚁金服	2014 年 11 月	新加坡	V-key			安全加密技术
	2015 年 2 月	印度	One97 Communications		25	移动支付平台
	2015 年 6 月	印度	Paytm	>6 亿	40	移动支付平台
	2015 年 11 月	新加坡	M-Daq			跨境证券交易公司
	2016 年 11 月	泰国	Ascend Money		20	移动支付平台
	2017 年 2 月	菲律宾	Mynt			移动支付平台
	2017 年 3 月	马来西亚	Maybank & CIMB Bank		无股权合作	银行
	2017 年 4 月	印度尼西亚	Emtek			传媒集团
	2017 年 4 月	新加坡	Hellopay			在线支付平台

续表

投资方	时间	国家和地区	被投资方	金额（美元）	股权占比（%）	其他信息
京东	2013 年 8 月	新加坡	iKnow		战略合作	迅速打开海外市场,解决跨国仓储配送、售后支持、市场运营推广等问题,快速了解新加坡当地市场的消费习惯和相关法律法规
	2015 年 5 月	俄罗斯	SPSR-Express		合作协议	大幅缩短在俄罗斯联邦境内的配送时间
	2015 年 6 月	俄罗斯	Ulmart		合作协议	通过 Ulmart 平台,包括其网站和提货点来宣传和销售京东提供的商品
	2015 年 6 月	俄罗斯	Yandex 和 QI-WI		合作协议	京东网上商城正式进入俄罗斯市场,网站俄语版上线
	2015 年 7 月	俄罗斯	俄罗斯邮政		意向合同	整合俄罗斯本土的供应链资源,打造立体的生态体
	2015 年 11 月	印度尼西亚	京东印尼站（B2C,在雅加达、泗水和坤甸三地设有仓库,拥有一家名叫 Jaya Ekspres Transindo 的物流公司）		100	建起印度尼西亚子公司,未来将发展到整个东南亚大市场
	2017 年 7 月	印度尼西亚	Traveloka	0—1.5 亿	参投	与 Tokopedia 谈判搁浅,转向投资印度尼西亚最大的在线电子商务公司 Traveloka
	2017 年 8 月	印度尼西亚	Go-Jek	1 亿		进军印度尼西亚互联网打车行业
	2017 年 9 月	泰国	京东尚泰	5 亿	50	为泰国及东南亚地区消费者提供金融科技服务,开启京东金融国际化征程
	2017 年 11 月	泰国	Pomelo Fashion	1900 万		让 Pomelo 的产品线增长两倍,并进一步押注印度尼西亚市场
	2017 年 11 月	越南	Tiki. vn（B2C）	4400 万	两大股东之一	挑战阿里巴巴在东南亚地区影响力;推进和 VNG 在社交网络和移动支付方面的合作;与 Tiki 就销售、跨境贸易、物流、金融、技术以及运营管理等方面展开一系列合作

2.打造全球购物平台

除了直接投资控股、在海外整合当地资源以谋求发展之外,中国的电商巨头们还看中了进出口跨境电子商务这一新的行业增长点,并纷纷在原有国内电商平台的基础上打造全球购物平台。

跨境电商进口在2015—2017年的增速非常快,但市场还远远没有饱和,也没有任何一家平台占据绝对的领先地位。据第三方数据统计,网易考拉是跨境零售进口的龙头企业,市场占有率达到了21.6%,如图2-30所示,此外,天猫国际、唯品会国际、京东全球购、聚美免税店和小红书等也都在这一细分行业占有一席之地,如表2-17所示。随着中国国内消费的崛起,国外多样化的产品和品牌还会继续源源不断地进入中国。

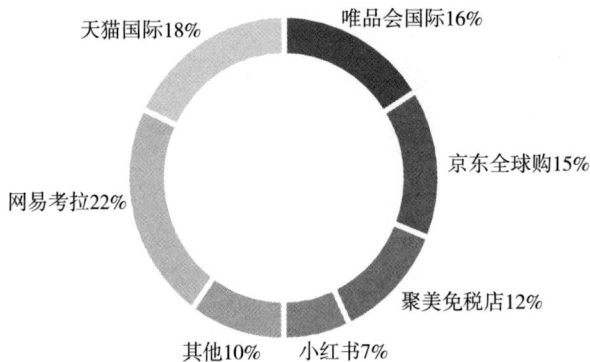

图2-30 跨境进口零售市场份额(2016年)

数据来源:天猫国际、申万宏源研究

紧随跨境电商零售进口之后的增速排名第二位的市场是跨境电商零售出口市场,而全球速卖通就是阿里巴巴集团针对这一细分市场布局的交易平台。全球速卖通作为中国唯一一个覆盖"一带一路"沿线

表 2-17 保税区仓库对比

	保税区仓库	保税区仓库面积
京东全球购	广州、杭州、宁波、上海、郑州	<100 平方公里
天猫全球购	广州、杭州、上海、宁波、重庆	<160 平方公里
网易考拉	杭州、宁波、郑州、重庆	>200 平方公里

资料来源：天猫国际、申万宏源研究

全部国家和地区的跨境出口 B2C 零售平台,联合菜鸟物流极大提高了海外配送效率。目前,据申万宏源研究统计全球速卖通的海外买家数累计已突破 1 亿,其中"一带一路"沿线国家和地区用户占比达到 45.4%。

3. 布局辅助行业提升集团协同效应

为了提升跨境电商零售进出口的消费体验,中国的电商企业在打造购物平台的同时还加紧布局了支付、物流、数据等必要的辅助行业。在物流领域,全球速卖通的重要合作伙伴菜鸟物流到 2017 年 4 月已开辟跨境专线 16 条、跨境仓库 74 个、物流合作伙伴超 90 家,可送达货物至 220 余个国家和地区;在支付领域,蚂蚁金服一方面在出境游支付领域快速扩张,另一方面积极布局"全球收全球付"网络和在不同国家复制"支付宝",将中国人的支付方式和生活方式输出出去。蚂蚁金服目前已在美国、新加坡、韩国、英国、卢森堡和澳大利亚六个国家设立了分支机构,并且入股了印度、泰国、菲律宾等国家的一些支付公司。

通过主体业务和辅助业务的联合布局,中国电商巨头未来将进一步增强集团内的协同效应。以阿里巴巴为例,我们能够清晰地看到一个以贸易为中心的跨境服务体系,如表 2-18 所示。

表 2-18　阿里巴巴的海外布局

	联系	主打品牌	
跨境电商	国家—国家	EWTP（世界电子贸易平台）	Lazada
	中国出口世界	全球速卖通（B2C）	Alibaba.com（B2B）
	其他国家进口中国	天猫国际	淘宝国际
阿里云国际	不断增加国际数据库区域，已成为中国香港第一，新加坡第一，着重在东南亚地区率先发展		
蚂蚁金服国际	主要发力于三大业务方面：国际场景支付（线下支付）；跨境在线支付；国际支付合作（战略投资）；致力于在 10 年内覆盖全球 20 亿人口，其中 60% 来自海外		

资料来源：公司数据

4.电商案例——Lazada

阿里巴巴在东南亚地区的最大手笔收购来自对东南亚地区排名第一的电商 Lazada 的收购。整个东南亚地区约有 5.6 亿人口，其中 2 亿已经是互联网用户，而电商商品交易总额（GMV）占整个东南亚地区的GMV 渗透率只有 3%。

Lazada 成立于 2012 年，总部位于新加坡，业务分布在新加坡、马来西亚、印度尼西亚、菲律宾、泰国和越南。据 Internet Live Stats 的数据显示，东南亚地区总零售额中仅有 3% 来自电商。2016 年阿里巴巴投资约 5 亿美元购入 Lazada 新发行的股份，并从 Lazada 的现有股东手中收购股权，总计投资约 10 亿美元。2017 年阿里再度投资 Lazada 控股比例上升到 83%。

Lazada 从自营模式和销售 3C 产品起家，并逐步扩充品类、涉足第三方开放平台业务，同时自建物流和支付体系，是典型的京东 B2C 模式,而非淘宝 C2C 模式。随着阿里巴巴加大控股,菜鸟物流和 Lazada 物流的整合也更进一步。

Lazada 不管收购前还是收购后都维持着三位数的 GMV 增速,如表 2-19 所示。2017 年"双十一"和"双十二"销售商品交易总值比 2016 年翻倍增长。虽然 Lazada 依然在严重亏损中,但阿里巴巴从未犹豫对 Lazada 的大力投入。移动端的销售占到了 Lazada 业务的 60%以上,包括移动端和 wap 版的网站等,Lazada 的移动端下载量最高能达到 30 万次/月。

表 2-19 Lazada 被收购前数据

Lazada	2014 年	2015 年
商品交易总额(百万美元)	383.8	1024.7
年增速(%)	305	167
收入(百万美元)	154.3	275
年增速(%)	104	78
移动支付占比(%)		60
毛利率(%)	15	24
调整后利润率(EBITDA)(%)		−180
现金(百万美元)	75.4	198

数据来源:公司数据

东南亚地区的市场并不只有阿里巴巴的 Lazada 看中,新秀 Shopee 也在短时间内占据了 10%—14%的市场份额。据统计,2016 年 Lazada 仍然是东南亚地区商品交易总值最高,且用户最多的电商公司,Shopee 商品交易总值占整个东南亚电商市场商品交易总值的 10.6%,订单总量占 14.7%。但 2017 年上半年情况略有变化,就市场交易总值而言,

Shopee 目前占据的市场份额为 10.6%，而 Lazada 只占 7.5%。2016 年，Lazada 创造了 13 亿美元的市场交易总值。2017 年，Shopee 估计，其市场交易总值可以达到 30 亿美元。

Shopee 的快增速主要由于与 Lazada 商业模式的不同。Shopee 的商业模式（C2C）把卖家和买家聚集在一起，对其市场交易总值增长有巨大的影响。Shopee 不需要仓库和储备货物，只需与物流供应商合作。而 Lazada 主营 B2C 电商业务，所以需要建立仓库，储存商品。在过去的几年里，Lazada 开始向 C2C 市场转变，并向卖家提供仓库等设施。因此，Shopee 的卖家数量已经远超于 Lazada，到 2017 年年中，Shopee 有 160 万名卖家，7400 万种产品，而 Lazada 只有 4 万名卖家。

Lazada 被 Shopee 赶超也是由于 B2C 模式下的仓库物流设施在东南亚地区还远不完善。电商在东南亚地区依然属于朝阳产业，东南亚地区的业务的发展核心重点在于强化在供应链、物流、仓储、移动电商和区域网络建设等方面的能力。只有仓库物流和电子商务的配套发展，才能加速挖掘东南亚地区电商的潜力。

第三章

"一带一路"沿线重点国家和地区分析

　　"一带一路"倡议是具有开创性的倡议,对中国和"一带一路"沿线国家和地区都具有重大意义。通过技术转让、产业升级和资本流动等方式,"一带一路"倡议可为沿线国家和地区带来巨大的协同效应和诱人的投资机会。本章由深耕"一带一路"沿线国家和地区多年的私募基金尚高资本提供支持,其新兴市场团队①采用三层筛选标准,对"一带一路"沿线国家和地区进行归类分析,主要按地理位置、发展前景和特殊因素三层标准,最终选定18个具有代表性的重点国家作为主要分

---

　　① 　尚高资本新兴市场的主要团队成员具备丰富的私募股权直投和基金评估经验,以及长期深入的当地市场知识。新兴市场投资组合负责人拉尔夫·耶格(Ralph Jaeger)曾经就职于数家欧洲大型私募股权基金,并曾担任权威顾问公司Cambridge Associates的国际私募股权研究负责人。中国团队负责人张丽女士具有丰富的消费行业投资并购经验,中国基金副主席路跃兵先生具有丰富的工业制造行业投资经验。

析对象。

针对选中的 18 个国家，本章通过基本面和差异因子两个方面分别刻画了其经济基础和发展潜力。从市场规模及潜能、劳动力市场情况、政策与制度、基础设施四个维度来进行基本面评级；同时参考差异因子的三个维度——投资与市场开放程度、金融条件、科技创新，分析其总体的营商环境。

对于重点国家中的富裕经济体，我们认为，应当借助其发达的基础设施和竞争优势，将富裕经济体中最强劲的出口部门作为其主要投资主题、将逆差部门(对外需求)作为次要投资主题。对于重点国家中的潜在经济体，我们认为应当选择高需求的消费部门作为主要投资主题，将其国内生产部门作为次要投资主题。最后，我们对每一个国家都进行了具体分析并推荐最具投资潜力的行业。

第一节　方法论介绍

本节就分析方法论进行介绍，首先，通过深入研究其地域概况、商业和投资环境、外国投资关系、经济形势等，介绍如何系统性筛选出 18 个最具代表性的可投资的"一带一路"沿线国家，并简要说明了各国优势产业的筛选思路和方法，其次，具体描述了数据来源和处理方法。筛选出的"一带一路"沿线 18 个重点国家如图 3-1 所示。

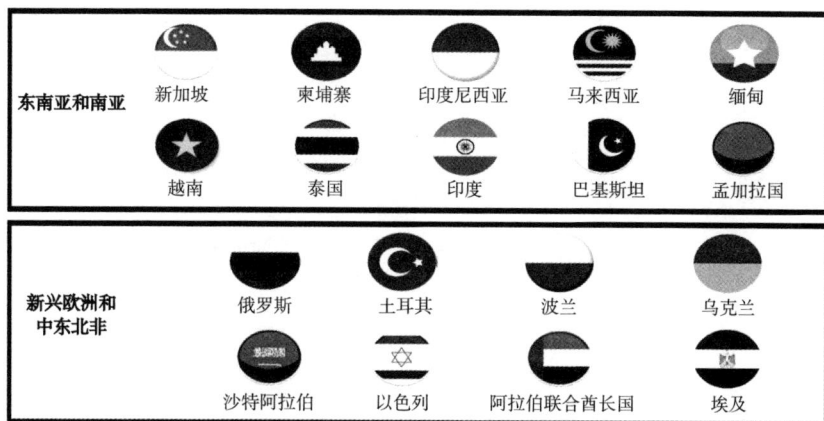

图 3-1 筛选出的"一带一路"沿线 18 个重点国家

一、国家及行业筛选规则

（一）国家分类

我们采用三层筛选标准对"一带一路"沿线众多国家进行归类分析。首先,按地理位置将国家进行归类;其次,从投资回报的角度,按照国家目前的发展程度和未来的发展潜力两个维度筛选国家;最后,在已有的短名单中加入漏选的具有特别优势或与中国素有渊源的国家,剔除投资环境差(如战乱)的国家,最终选定 18 个具有代表性的重点国家作为主要分析对象,如图 3-2 所示。

这 18 个国家在经济结构、市场规模、地理位置、优势产业等方面各不相同,我们进一步将它们分为两个不同的类别:一是富裕经济体——

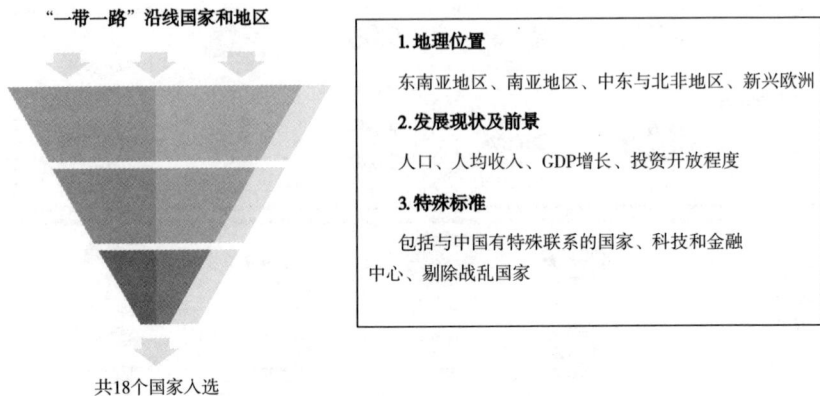

"一带一路"沿线国家和地区

1.地理位置
东南亚地区、南亚地区、中东与北非地区、新兴欧洲

2.发展现状及前景
人口、人均收入、GDP增长、投资开放程度

3.特殊标准
包括与中国有特殊联系的国家、科技和金融
中心、剔除战乱国家

共18个国家入选

图 3-2　三层筛选标准

人均收入高,增长稳定;二是潜在经济体——人均收入低,增长迅速。
如图 3-3 所示。

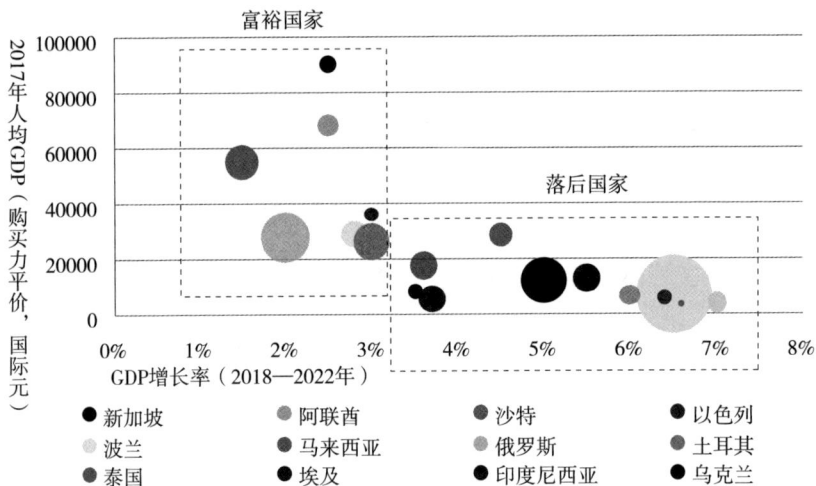

图 3-3　富裕经济体与潜在经济体(按照人均 GDP 及 GDP 增长率分类)

（二）国别分析

本部分介绍了重点国家商业和投资环境的评分框架及标准。相较于经济发展等单一指标，多维指标能够更客观、更全面地刻画国家的特征。因此，针对"一带一路"沿线最具代表性的 18 个国家，我们选取了两大层面共七项一级指标来衡量国家的商业和投资环境。两大层面分别是基本面和差异因子，分别刻画了国家的经济基础和发展潜力。基于各项指标，我们最终得出了每个国家的竞争力总分，如图 3-4 所示。

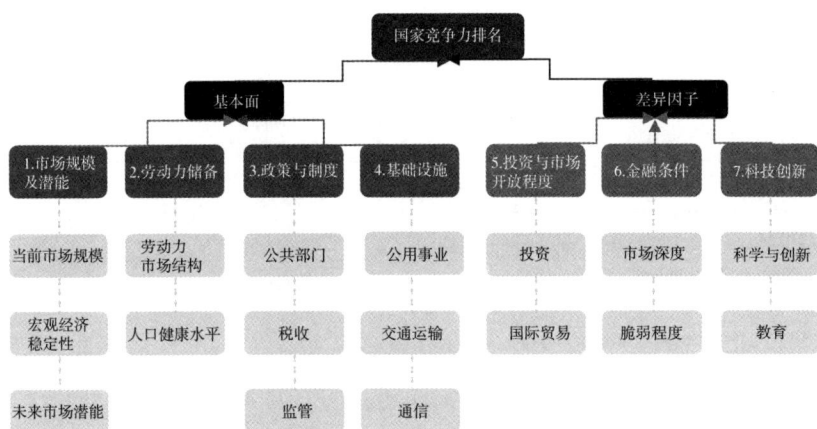

图 3-4 国别竞争力分析框架

基本面包括市场规模及潜能、劳动力市场情况、政策与制度、基础设施四个一级指标来进行评分。每一个一级指标都采用 2—3 个二级指标评估：市场规模及潜能指标使用了当前市场规模、宏观经济稳定性、未来市场潜能三个二级指标；劳动力市场情况指标使用了劳动力市场结构、人口健康水平两个二级指标;政策与制度指标使用了公共部门、税收、监管三个二级指标;基础设施指标使用公用事业、交通运输、通信三个二级指标。差异因子包括三个一级指标:投资与市场开放程度、金融条件、科技创新。每个一级指标使用两个二级指标评估:投资与市场开放程度指标使用了投资和国际贸易两个二级指标;金融条件指标使用了市场深度和脆弱程度两个二级指标;科技创新指标使用了科学与创新和教育两个二级指标。每个二级指标都使用若干变量进行评估,例如,市场规模及潜力一级指标中的二级指标——当前市场规模,使用人口数量、人均 GDP、城镇化水平、GDP 总量四个变量衡量,如表 3-1、表 3-2 所示。使用基础变量衡量二级指标,然后加总二级指标得到一级指标,加总一级指标得到国家总得分。

表 3-1　基本面一级和二级指标

基本面指标		
1.市场规模及潜能	(1)当前市场规模	• 人口数量
		• 人均 GDP
		• 城镇化水平
		• GDP 总量
	(2)宏观经济稳定性	• GDP 增长波动性
		• 通货膨胀水平波动性
		• 失业率波动性
	(3)未来市场潜能	• 未来 5 年人口变化预测
		• 未来 5 年城镇化水平预测
		• 未来 5 年 GDP 平均增速预期

续表

基本面指标		
2.劳动力市场情况	（1）劳动力市场结构	• WEF 劳动力市场灵活性指数
		• 女性劳动力参与度
		• 工作年龄人群占比
	（2）健康水平	• 婴儿死亡率
		• 艾滋病感染率
		• 预期寿命
3.政策与制度	（1）公共部门	• 产权
		• 道德与腐败
		• 公共部门表现
	（2）税收	• 交税便利度
		• 税率
	（3）监管	• 合同有效性
		• 安全性
		• 投资者保护
4.基础设施	（1）公用事业	• 电力
		• 饮用水
		• 电力易得性
	（2）交通运输	• 道路质量
		• 铁路质量
		• 港口质量
		• 空中运输基建质量
	（3）通信	• 互联网带宽
		• 互联网使用
		• 固定电话线路
		• 移动电话用户数量

表 3-2　差异因子一级和二级指标

差异因子		
1.投资与市场开放程度	(1)投资	• 总投资占 GDP 比重
		• 直接投资净流入占 GDP 比重
		• 投资组合净流入占 GDP 比重
		• 监管对外国直接投资的影响
	(2)国际贸易	• 与主要贸易中心的距离
		• 跨国贸易便利性
		• 进出口总额占 GDP 比重
2.金融条件	(1)市场深度	• 股票市值占 GDP 比重
		• 信贷便利性
		• WEF 金融市场发展指数
	(2)脆弱程度	• 外部债务占国民总收入比重
		• 私人部门信贷占 GDP 比重变化
		• 政府债务占 GDP 比重变化
3.科技创新	(1)科学与创新	• 研发投入占 GDP 比重
		• 每一百万人口中科研人员数量
		• 科学家与工程师数量
		• 专利申请
	(2)教育	• 数学与科学教学质量
		• 成人识字率
		• 中等教育程度劳动力
		• 高等教育程度劳动力

(三)行业筛选规则

我们通过多层次评估选定了各国的投资优势部门。首先,基于七项一级指标分析每个国家的总体商业环境;其次,深入研究每个国家的对外投资情况,特别是与中国的互动和关系;最后,评价其余的经济指标并最终选定各国的优势部门。

通过上述流程,我们将国家的各个行业分为两个投资主题:一是富裕经济体,此类经济体的主要投资主题为出口部门。借助发达的基础设施和竞争优势,往往在自身优势领域成为全球行业领导者。因为这类行业与经济增长和出口情况密切相关,所以我们将富裕经济体中最强劲的出口部门作为其主要投资主题。此类经济体的次级投资主题:富裕经济体在国内部分市场通常存在逆差。由于强劲的国内需求和充裕的购买力,这些逆差部门具有很强的吸引力,因此被作为次要投资主题。二是潜在经济体,此类经济体的主要投资主题为消费行业。潜在经济体的收入水平和消费能力迅速上升,从而促进了国内消费。因此我们选择这类高需求的消费部门作为主要投资主题。此类经济体的次要投资主题:由于潜在经济体的生产成本低、资源专业化程度高,其国内生产部门具有独特的优势,即我们的次要投资主题。

二、数据来源及分析方法

所有用于衡量各项二级指标的原始数据均来自公开数据来源和尚高资本(Singular Gulf)自有的宏观经济预测。公开数据来源包括:国际清算银行发布的信用数据、美国中央情报局提供的 World Factbook、国际货币基金组织发布的世界经济展望、经济合作与发展组织发布的关于科学、技术与专利方面的数据、汤森路透的数据库 Datastream、联合国的人口分布数据、世界银行发布的世界发展指标和国家营商环境报告、世界经济论坛发布的国际竞争力指数，部分国家的指标由国家统计局数据补充。

为了保证不同单位数据之间的可比性，我们将原始数据均转换成 10—100 之间的数值。对于每一项二级指标，可以有不止一个国家得到 100 分或 10 分。为了减少极端值的影响，我们将原始数据里高于和低于平均值两个标准差的数值作为上限和下限，高于上限的被重新赋值为上限数值，低于下限的被重新赋值为下限数值。在对原始数据进行标准化处理之后，我们得到了每个国家各个二级指标的得分。二级指标得分的均值将作为七项一级指标的分值，而这七项一级指标的平均值反映了国家整体商业和投资环境。

对于二级指标原始数据缺失的情况，通常我们采用其余二级指标的平均值作为一级指标的分值。唯一的例外是缅甸，该国公用事业、交通运输、通信和科学与创新这四个二级指标数据全部缺失，因此我们选择了与其相邻、收入水平相当的孟加拉国、柬埔寨和越南三个国家的平均值作为其指标的替代值。

以下是选定的 18 个重点国家主要指标按照几个统计数据粗略估计的热感图，颜色越深指标越好。可以看出，各国指标的差异性非常大，但新加坡、以色列、马来西亚、印度和阿联酋这几个国家在多数指标上都表现出色，如表 3-3 所示。

表3-3 18个重点国家主要统计数据

国家	市场规模及潜能			劳动力、制度和基础设施			对外开放程度、金融市场和创新		
	GDP总额（购买力平价，国际元，十亿）	人均GDP（购买力平价）	GDP年均增长率（%，2018—2022年）	15—65岁人口（%占比总人口）	道路质量（1—7）	互联网用户（%占比总人口）	进出口总额（%占比GDP，2016年）	市值（%占比GDP，2012—2016年）	研发费用（%占比GDP，2012—2016年）
印度	9447	7174	7	66	4	30	48	70	1
俄罗斯	4000	27900	2	69	3	76	47	33	1
印度尼西亚	3243	12378	5	67	4	25	45	44	0
土耳其	2133	26453	3	67	5	58	50	24	1
沙特	1789	55263	2	71	5	74	76	62	1
泰国	1229	17786	4	71	4	48	131	96	0
埃及	1199	12994	6	61	4	39	37	18	1
波兰	1111	29251	3	69	4	73	94	33	1
巴基斯坦	1056	5354	4	61	4	16	30	22	0
马来西亚	926	28871	5	69	5	79	138	138	1
阿联酋	692	68245	3	85	6	91	192	48	1
孟加拉国	686	4207	7	66	3	18	44	21	0
越南	644	6876	6	70	3	47	171	26	0
新加坡	514	90531	3	72	6	81	350	237	2
乌克兰	366	8656	4	69	2	52	100	3	1
缅甸	331	6285	7	67	3	80	39	1	0
以色列	316	36250	3	61	5	80	64	69	4
柬埔寨	64	4010	7	64	3	26	127	1	0

第二节　东南亚地区

东南亚地区包括七个经济体,各国的商业和投资环境各不相同,也面临着不同的机遇和挑战。东南亚地区各经济体之间几乎没有共同的投资主题,且仅有一级指标——投资与市场开放程度存在一定的共性。

该地区得分最高的国家是新加坡,最低的是缅甸。新加坡人均收入高,以服务业为主,拥有发达的金融市场和金融机构;而缅甸仍停留在农村经济,基础设施、政策与制度和劳动力市场情况三个一级指标亟须改善。根据我们的总体评分,新加坡、马来西亚和泰国表现相对较好,印度尼西亚和越南处于平均水平,柬埔寨和缅甸的表现相对较差。

一、富裕经济体

(一)新加坡

新加坡是世界上最重要的金融中心之一,其商业政策极为友好,在世界银行的营商环境排名中始终高居榜首。新加坡简单的监管制度、稳定清廉的政府、优惠的贷款和税收政策,吸引了众多海外投资者。同时,新加坡的战略位置位于海上航线枢纽,毗邻大型市场,提供了额外的投资优势。

新加坡是西方世界通往东南亚地区的大门,同时也为当地人提供了通往世界的渠道。友好的投资政策是支持新加坡经济发展的重要因素。经济发展委员会(EDB)建设了工业园区、商业园区和科技园区,并为企业的厂房和仓库提供空地,进一步促进了当地制造业的发展。企业在为厂房、设备、机器融资时能够享受较低的利率,政府也对中小型企业提供了各种补贴。制造业为主的出口导向增长是新加坡经济扩张的基石。另外,过去几十年,服务业一直是新加坡经济增长的亮点。受年轻的城市人口支持,新加坡服务业高度繁荣,其中银行和财富管理行业为新加坡经济做出了重要的贡献。

1. 发展优势

新加坡拥有高度发达和成熟的自由市场,经济环境开放透明,物价稳定,失业率低,信息技术、电子消费产品、医疗器械、交通运输、商业和金融服务业都非常发达。新加坡的基础设施非常完善,电力覆盖全国所有人口,境内有9个机场、油气管道122公里和公路3425公里。新加坡人口密集,劳动力素质高,移民和人才引进政策比较宽松,人口素质比较高,华裔人口占总人口比重超过70%。2017年新加坡政府债务占GDP的比重为114.6%,且没有外债,政府债务状况比较健康。新加坡的企业税率仅为18%,是世界上税率最低的国家之一。不断扩大的自由贸易和投资担保协议网络,为新加坡企业提供了进入国际市场便捷且安全的通道。①

2. 发展劣势

新加坡地域狭小,国土面积仅为709平方公里,自然资源相对贫

---

① 数据来源:CIA World Factbook,World Bank。

乏。该国的经济增长高度依赖于港口经济和对外贸易,因此在经济危机中脆弱性明显。2008年全球金融危机,新加坡的金融、贸易、制造、旅游等多个行业遭到冲击,经济增长率于2009年跌至-2.1%。新加坡政府采取积极应对措施,推出新一轮刺激经济政策,2010年经济增长率达到14.5%。但2011年,受欧债危机负面影响,新加坡经济增长再度放缓,2012年经济增长率仅1.3%,2013年以来经济逐步起底回升。

3. 商业与投资环境

新加坡拥有非常发达的商业和投资环境,在劳动力市场情况、基础设施、投资与市场开放程度、科技创新、政策与制度这五项一级指标的得分尤其突出。其得分最低的指标是市场规模。图3-5采用10—100分的评分标准(最高分100分)对新加坡进行了评分。

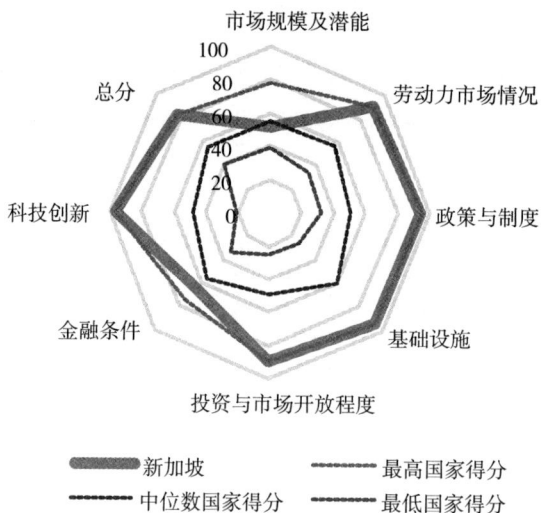

图3-5 新加坡总体和分项得分情况

新加坡的劳动力市场较为灵活,女性参与程度高,高水平的医疗条件也保证了劳动力质量。新加坡人口预期寿命高达 82 岁,婴儿死亡率低(2.2%),且普遍能够获得电力和清洁用水。新加坡还拥有高质量的交通基础设施,包括公路、航空和港口。同时家庭和企业也受益于发达的通信基础设施,网络带宽高、网速快,互联网使用率达到 80%,手机普及度非常高。

新加坡发达的基础设施促进了投资与市场开放程度。新加坡是重要的贸易中心,跨境贸易相对容易。同时,监管环境支持外国直接投资,外国直接投资净流入占 GDP 的比例很高。新加坡劳动力受教育程度高。该国数学和科学教育质量很高,成人识字率几乎达到 100%。创新方面,该国研发支出占 GDP 的比重很高,拥有大量的专利申请,处于创新的领先地位。

尽管新加坡在六个一级指标中得分很高,但由于是一个人口少的国家,市场规模受限不可避免。尽管人均收入高在一定程度上有所帮助,但就 GDP 来说,新加坡的经济规模明显低于周边国家,比如印度尼西亚。

4. 外国投资

新加坡是最早接受不同行业外国直接投资的国家之一,来自外国的直接投资促进了该国从马来西亚独立之后的经济增长。作为亚洲的门户,新加坡吸引了众多对外直接投资者。美国一直是新加坡最大的外国投资者,其 FDI 份额约为 20%。其余的外国直接投资主要来自日本和英属维尔京群岛、开曼群岛等避税天堂。全球的投资者如果想要在亚洲进行直接投资,通常都考虑经由新加坡开拓亚洲新兴市场。新加坡主要的投资领域是金融、批发和制造业。

中国一直是新加坡稳定的投资者,但投资规模有限,且主要集中在高端制造业。由于"一带一路"倡议的推行,近年来两国投资出现了大幅上涨。新加坡是"一带一路"倡议早期支持者之一,未来两国合作前景将十分广阔。

5. 行业分析

新加坡整体经济是由服务业主导,占 70%以上,主要包括房地产业、消费行业、金融和保险业。制造业是最大的行业,占产出的 20%。农业仅占经济的很小一部分,不足 1%,因此该国 90%以上的食品来自进口,如图 3-6 所示。

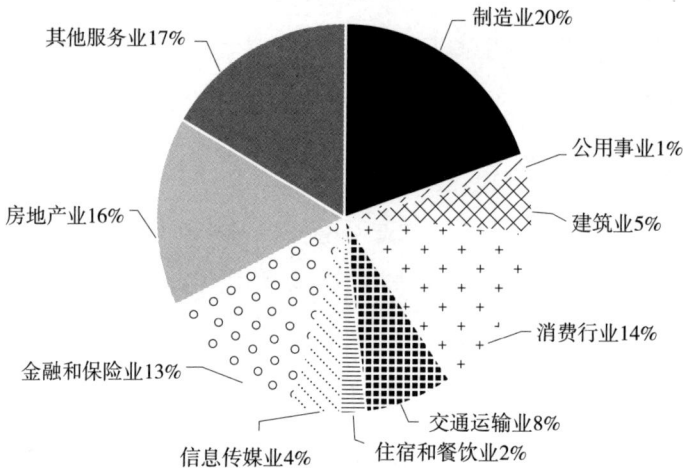

图 3-6 2016 年新加坡各行业增加值占总增加值的比重①

(1) 科技行业

新加坡的技术已经相当先进。该国的通信设施十分发达,互联网带宽高。高水平的研发活动占 GDP 的比重高。该国的科技类初创企

---

① 由于四舍五入,饼图数值加总或不等于 100,在 99—101 之间。

业占据东南亚地区的领先地位。新加坡作为东南亚地区科技初创企业的中心,近年来其初创企业和风险投资占了东南亚地区总体很大比例。这一现象与科技行业近十年的快速增长密切相关。

新加坡"智慧国家"计划将进一步提高科技创新的重要性。这一计划旨在推动数字化,包括推广电子支付、建设物联网以开发智能交通方案等,从而鼓励企业创新,提高生活水平。技术水平的提高将进一步提升科技产业的增长,也能带动其他部门的发展。

新加坡成长中的科技公司包括 Garena、Lazada、Razer 等。

(2)金融行业

另一个值得关注的领域是金融业。金融业在 2007 年至 2017 年表现突出,相比整个经济 5% 的增速,金融业保持了每年 8% 的增长。寿险行业的增长尤其迅速,新业务保费大幅增长。寿险行业在新加坡发展迅猛主要有两个关键因素,一是新加坡是一个高收入国家,人均 GDP 高,有利于在保险等高附加值服务上的支出;二是该国人口老龄化,预计未来 20 年劳动人口与退休年龄的比率将从现在的 5 左右下降至不到 2。因此,针对老年人的健康保健和医疗变得愈发重要。

在政策方面,新加坡央行——新加坡金融管理局(Monetary Authority of Singapore)最近发布了其行业转型蓝图,概述了其金融部门的计划。新加坡央行预计,新加坡将在财富管理方面发挥领导作用,成为亚洲基金管理中心和全球外汇中心,还计划将新加坡发展为亚洲资本积累、基础设施融资、固定收益债券和保险的中心。新加坡央行的战略核心就是将新加坡自身的高新技术、金融和金融科技紧密结合,融为一体。

考虑到该行业现有的高发展水平和核心地位,以及新加坡整体较高的人口素质和较低的腐败程度,整个金融业在未来几年将保持良好的发展态势。

(二)马来西亚

马来西亚的经济改革提高了生活水平,大部分人口居住在城市地区,拥有较好的基础设施。除了以橡胶和棕榈油等为代表的传统优势农业,过去几年发展重心向电子工业倾斜,带动制造业占 GDP 比重显著提高。进入 21 世纪以后,快速增长的另一个行业是以出口为导向的重工业。

马来西亚经济具有多元化的金融市场。该国银行资本充足,不良资产比率低。债券市场发达,许多大型基础设施项目通过债券进行融资。

政府在经济多元化发展方面卓有成效。20 世纪 70 年代,马来西亚的经济严重依赖于商品出口,但它已向高附加值产品和工业方向拓展。在作为重要的油气、橡胶、棕榈油出口国的基础上,马来西亚的工业生产也在不断发展,现在已经发展出了轻型制造业、药品制造业、医疗技术和电子行业,金融业也有了长足发展。政府还在继续推进经济转型计划以使马来西亚向附加值更高的工业和服务业领域转移。

服务业对 GDP 的贡献也在稳步增加,教育、医疗、旅游业和绿色科技等产业在过去几年稳步增长。马来西亚政府正努力适应新的经济框架,以创新和高价值增长为基础,推动马来西亚从中等收入经济体转型为高收入经济体。

1. 发展优势

首先,经济增长率高。21 世纪前 15 年,马来西亚的年均增速保持在 5% 以上,是新兴市场中增长速度最快的国家之一。政府希望通过交易型开放式指数基金之类的经济提振计划在中期将经济增长率提高到 6%。在经济转型计划中,政府推出了 4440 亿美元的投资项目,占 GDP 比重接近 200%,这些投资项目包括价值 115 亿美元的吉隆坡公共交通轨道系统项目。以平衡政府和私人投资之间的关系,事实上马来西亚私人投资占 GDP 的比重已经从 2009 年的 11% 上升到 2016 年二季度的 17%,总投资(政府投资和私人投资之和)达到了 1997—1998 年亚洲金融危机以来的最高水平。①

其次,市场环境良好。马来西亚的商业环境非常好,在各类不同的全球排名中都位居前列。2015 年,世界银行的营商环境指数将马来西亚排在 189 个国家和地区中的第 18 位。在东南亚地区,仅新加坡、中国香港和台湾排名比马来西亚靠前,马来西亚在其他中高收入国家中名列前茅。当然,根据国际货币基金组织(IMF)的研究,马来西亚还需要在提升劳动力技能和女性劳动参与率方面进行改善。

最后,马来西亚政府管理水平较高,还体现在政府能够在保持经济高速增长的同时抑制通货膨胀水平。在 2008 年金融危机后,通货膨胀年均增速仅为 2.5%,是所有新兴市场国家中通货膨货膨胀率最低的国家之一,并且是高增长经济体中通货膨胀率最低的国家。

2. 发展劣势

马来西亚政府虽然在降低财政赤字方面成绩卓著,但是整体的债务水平仍然很高。马来西亚绝大部分债务以本币计价,目前大约稳定

---

① 数据来源:CIA World Factbook,World Bank。

在 GDP 的 55% 左右,这是一个相对比较高的债务水平,尤其是与相同评级的其他国家相比。

其中关键性风险是潜在的债务,这里的潜在债务指的是半主权实体因财政压力大而可能需要的政府资金支持。这些负债或有可能占到 GDP 的 15% 以上。一个出现上述财政压力的实体就是马来西亚国家基金"一马发展"(1MDB),该基金曾深陷腐败丑闻。政府已经明确担保了该基金 420 亿马来西亚林吉特(占 GDP 的 4%)债务中的 58 亿马来西亚林吉特。时任马来西亚总理纳吉被指控与"一马发展"丑闻有关,但他否认了这一指控。纳吉的反对力量崛起后,他于 2018 年 5 月 10 日败选下台。

3. 商业与投资环境

马来西亚拥有出色的商业和投资环境。该国金融市场和国际开放程度这两项指标的得分较高,其他指标也都高于平均水平,唯一相对逊色的指标是市场规模。以下采用 10—100 分的评分标准(最高分 100 分)对马来西亚进行评分,如图 3-7 所示。

马来西亚的金融市场发达,上市公司的市值占 GDP 的比重较大。在世界银行的信贷难易程度指数中,在世界经济论坛(World Economic Forum)发布的金融发展指标中,马来西亚都表现出色。

马来西亚是一个开放的贸易经济体,对外国投资十分友好。该国进出口总值是 GDP 的 1.38 倍。马来西亚的商业法规环境在世界经济论坛发布的政策对投资的鼓励程度指数的得分很高,政策支持外国直接投资,净流入相当于 GDP 的 3.5%。

马来西亚在基础设施和科技创新这两个方面同样表现出色。该国

市场规模及潜能

100
80
60
40
20
0

总分
劳动力市场情况
科技创新
政策与制度
金融条件
基础设施
投资与市场开放程度

━━━ 马来西亚　　　　　 ⋯⋯⋯ 最高国家得分
─·─·─ 中位数国家得分　　　　 ┄┄┄ 最低国家得分

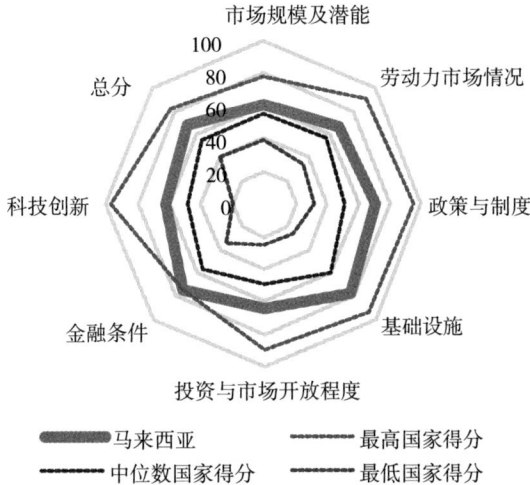

图3-7　马来西亚总体和分项得分情况

电力供应覆盖完整,国内、国际运输能力良好,互联网普及度高。马来西亚拥有优秀的研发部门,拥有大量科学家、工程师和熟练劳动力,每年的研发支出占 GDP 的 1.2%。

唯一不足的是,马来西亚仅有 3200 万人口且未来预期人口增长缓慢,导致消费市场相对较小。

4. 外国投资

马来西亚是东南亚地区接受外国直接投资最多的国家之一,大多来自中国、瑞士、新加坡、荷兰和德国,主要投资领域涉及非金属产品、运输设备、橡胶产品和电子产品等。

从历史上看,中国一直在马来西亚投资风险相对较高的大型基础设施项目,部分资金得到了马来西亚政府的主权担保。中国一直致力于在马来西亚拓展电子产业市场,此外,中国的大型太阳能设备企业已经在马来西亚达到了数十亿兆瓦的产能,以满足区域市场需求。

"一带一路"倡议提出以来,中国在马来西亚的投资持续增长,目前已经超过了美国和日本。"一带一路"倡议推动了马来西亚的发展,未来该国将成为中国在该区域的制造业基地,其出色的港口设施也有利于该国成为出口导向的贸易中心。

5. 行业分析

马来西亚拥有强大的制造业基础,占 GDP 的 23%。消费行业占 GDP 的 16%,如图 3-8 所示。

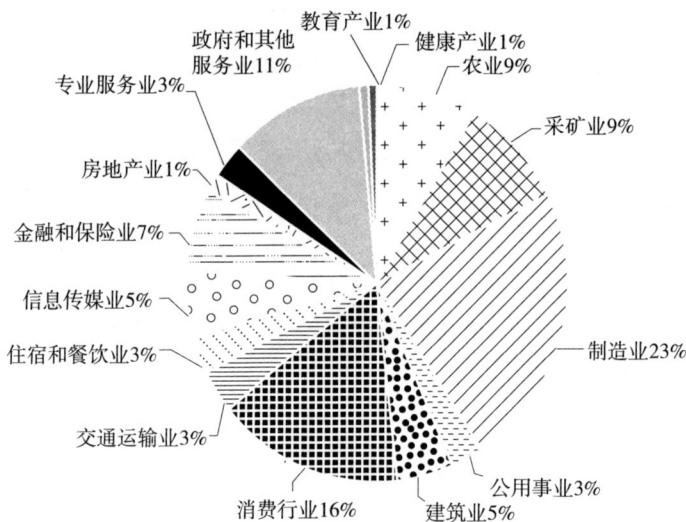

图 3-8　2016 年马来西亚各行业增加值占总增加值的比重

(1)专业化商业服务

马来西亚的重点发展领域是专业化的商业服务。与其他中等收入经济体一样,马来西亚的经济正处于服务业占比逐渐提升的转型时期,服务业逐步成为经济增长的引擎,其重要地位逐渐凸显。2010 年至

2015 年期间该行业年均增长率近 9%,超过了整体经济增长水平。

2010 年,马来西亚政府将该行业列为其经济转型计划(Economic Transfornation Programme)的 12 个关键领域之一,目标是在 2020 年前跨入发达国家行列。马来西亚需要实现从低成本供应商到高附加值服务供应商的转变,以满足金融、零售、酒店和旅游等领域不断增长的需求。在专业性商业服务行业中,政府确定了 11 个具发展潜力的细分行业,包括会计、建筑、工程咨询、环境咨询、信息技术咨询、系统集成、外包项目管理等。为了吸引外来投资以支持其发展战略,政府逐步放开这些部门的外商投资。马来西亚在专业服务、环保和快递服务等领域自 2011 年开始允许外商 100%持股。

信息和通信技术有关的服务业是重点增长部门。早在 1996 年,该国政府就建立了一个被称为"多媒体超级走廊"(MSC)的经济特区。对宽带和数据中心等数字基础设施的持续投资提升了马来西亚在该领域的竞争力。2018 年预算中包括了风险投资、免税承诺以提高学校数字化教育等一系列促进该行业增长的措施。

二、潜在经济体

(一)泰国

泰国是东盟最发达的国家之一,GDP 总量为 3500 亿美元,是东盟仅次于印度尼西亚的第二大经济体。1980 年至 2005 年,经济保持了年均 7%的强劲增长,从低收入国家迈入中等收入国家。泰国的支柱产业是农业和制造业。尽管制造业的产值更大,但是农业雇用了将近40%的劳动力。泰国经济从 20 世纪 80 年代早期的农业驱动,发展到 90 年代末的制造业驱动,最终于 2017 年成为服务业驱动经济体。泰国也是东盟财政和贸易最稳健的国家之一,财政盈余约占 GDP 的 11%。通货膨胀目前处于较低水平,政府因此采取了中性的货币政策和扩张的财政政策。①

泰国拥有现代化的优良法律框架,有利于其经济增长。在多个行业拥有熟练劳动力,且处于亚洲中心的优越战略位置,为该国提供了许多投资机会。然而,该国家庭债务占可支配收入的比例很高,有可能抑制国内消费增长。泰国政府目前采取扩张性财政政策,意图利用预算盈余刺激经济增长。

1. 发展优势

泰国经济属于外向型经济,对外贸易占 GDP 总量的 150%,由此造就了泰国在全球供应链中非常有竞争力的制造业。泰国的经济很有韧性,包括在其重要的贸易伙伴日本遭受海啸灾难时泰国的汽车和电子产品贸易表现仍然令人满意。

泰国发展的一个核心优势就是其流动性风险低,因为泰国中央政府债务和公共企业债务的总和只占 GDP 的 4.8%。另外,泰国的金融体系比较完善,2015 年年底银行资产占 GDP 的比重超过了 100%,整个金融系统的总资产占 GDP 比重超过了 300%。大部分政府债务都被地方的保险公司、养老金、银行和社会保险基金持有。泰国的高储蓄率

---

① 数据来源:CIA World Factbook,World Bank。

也为此提供了缓冲。

泰国历史上奉行偏紧的财政政策,2008 年金融危机后,财政赤字占 GDP 的比率一直低于 3%。政府有明确的限制赤字规模的规定。在此基础上,政府会采取以财政支出的方式来支持农业公司、中小型企业和基础设施项目,此类支出占 GDP 的比重为 13%。同时,债务余额占 GDP 的比重在 2013—2017 年稳定在 45% 左右,中央政府的债务余额占 GDP 比重接近 35%。

2. 发展劣势

尽管有良好的结构性基础,2008 年全球金融危机后的年均增长率也保持在 3.1% 的水平,泰国的经济增长速度在东南亚地区仍然处于较低水平。泰国经济增长率低可以归因于经济结构有待调整,例如投资水平低和教育质量差。泰国政府正在采取措施增加资本支出,但是相关举措进展缓慢。泰国对中国增长依赖性较强,预计中国的 GDP 增速每下降 1%,泰国的经济增速会降低 0.25% 左右。

泰国经济增长率低还可以归因于政治动荡。2006 年 9 月泰国爆发政变,他信被赶下政坛,泰国的政治局势从此时起开始恶化。自此泰国的政治版图开始分裂为支持他信的"红衫军"和反对他信的"黄衫军"两个阵营。红衫军主要是由乡村工人组成,也包括了学生群体和那些反对城市精英阶层和军队的人,而黄衫军是城市中产阶级和极端爱国者的代表。

反对他信的阵营在 2007 年至 2011 年 7 月这段时间内掌握政权,直到他信的妹妹英拉赢得大选。英拉政府在 2014 年 5 月 22 日被武装政变推翻。军队建立了一个名为"全国维持和平秩序委员会"(NCPO)

的团体,该团体从政变成功起开始取得执政权力。执政团队出台了一部临时约法,新设的立法机关选举陆军总司令巴育作为新任总理。新宪法 2016 年被提交全民公投并被通过,军队获得了更多的权力。2017年泰国举行了一场新的选举,泰国在经历了三年的军政府控制之后逐渐回复了正常的社会状态,尽管军队仍在继续掌握重要权力和决定政策走向。

3. 商业与投资环境

根据我们的指标,泰国的商业和投资环境表现好,在基础设施、投资与市场开放程度方面相对较好,劳动力市场情况表现相对较差,但仍处于中位数水平。图 3-9 采用 10—100 分的评分标准(最高分 100分)对泰国进行了评分。

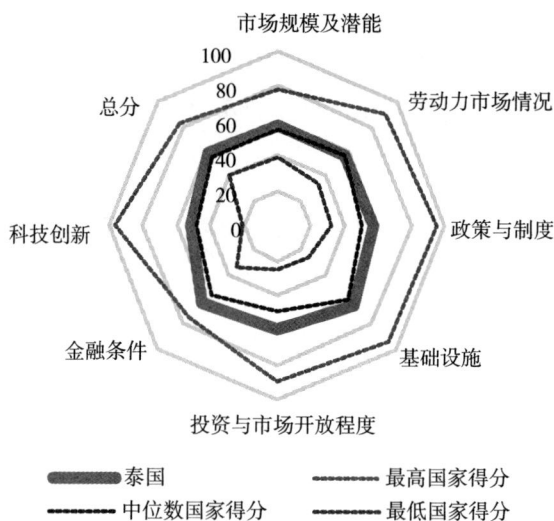

图 3-9　泰国总体和分项得分情况

泰国的基础设施相对完善。电力和净水覆盖几乎所有家庭,航空运输质量较高,移动通信设施普及率高,每百人拥有 173 部手机。

泰国发达的金融市场惠及该国的企业和消费者。泰国股市市值占 GDP 的 96%,且在世界经济论坛发布的金融发展指标得分很高,例如,该国金融服务的可获得性和可负担性较高。2008 年全球金融危机以后政府债务占 GDP 的比例仅上升了 5%,但私人信贷的占比大幅上升,是未来金融市场的潜在风险。

该国对国际投资和贸易相对开放。泰国拥有利于吸引外国直接投资的政策规则,在泰国进行跨境贸易也相对容易。所以泰国进出口总额处于较高水平,是 GDP 的 131%。

泰国在劳动力市场情况这一指标的表现相对较差。尽管该国适龄劳动力和女性劳动力的占比都很高,但劳动力市场灵活性较低。总体来说,泰国劳动力市场情况指标的得分是中位数水平。

4. 外国投资

外国直接投资一直是泰国经济发展的重点,泰国也是东南亚地区外国直接投资的中心,历史上日本和新加坡是泰国的主要投资者。该国的主要投资部门是服务业、造纸和化工产品以及农产品。然而由于政治上的不确定性,外国直接投资近年来有所减少。

从历史上看,中国在泰国的直接投资一直落后于日本、新加坡和美国,但近年来中国投资明显增加,泰国也是"一带一路"倡议的合作伙伴。

泰国宣布了一项连接泰国曼谷、柯叻府(Nakon Ratchasima)、廊开府(Nong Khai)、越南、老挝和中国昆明的"一带一路"高铁项目。高铁网络也是泰国政府"东部经济走廊"项目的组成部门,类似于该国在 20

世纪 80 年代开展的推动经济迅速发展的东海岸项目,将在未来进行大规模投资。

5. 行业分析

泰国的制造业十分发达,占 GDP 总量的 28%,随后是消费行业和农业,分别占比 15%、9%,如图 3-10 所示。

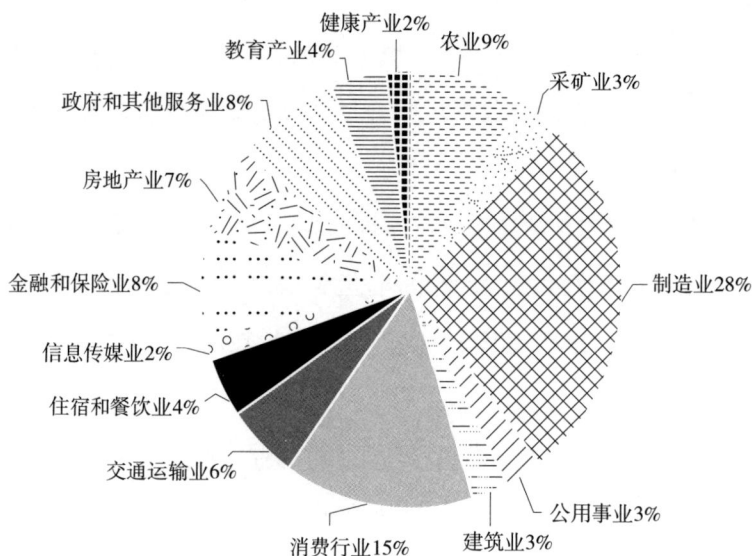

图 3-10　2015 年泰国各行业增加值占总增加值的比重

(1)医疗保健行业

2008—2017 年,泰国的医疗保健行业以年均 6% 的速度增长,而整体经济增长率只有 3%。根据未来人口情况和现有的政策和基础设施等因素,医疗保健行业的前景依然光明。首先,泰国人口进入老龄化,预计到 2025 年,65 岁以上的人口将增加 330 万(42%)。其次,在发展中国家中,泰国的卫生保健制度处于领先地位,在全民医保制度的推动下,该行业的规模预计2020年将增长到200亿美元以上。

泰国的医疗保健行业也是东南亚地区发展最快的,泰国也因此成为医疗保健旅游的重要目的地,设施精良的医院每年吸引150多万外国人前来治疗,其中1/3是医疗保健游客。对交通设施的持续投资也将继续利好行业发展。另外,外国医疗保健游客的增加也将提高对泰国医疗保健行业的需求。此外,泰国还拥有大量优秀的医疗专业人才,有300多家私人医院为海外游客提供医疗旅游服务,人力成本低廉,住宿条件便捷。

医疗保健行业推荐关注的公司包括Bangkok Dusit和BRIA Group。

(2)旅游业

旅游业一直是泰国经济发展的基石,占GDP的12%。泰国正努力消除基础设施的瓶颈,从2015年至2024年,政府的交通基础设施投资将超过2万亿泰铢,包括轨道、公路、航空运输和海运项目。为了容纳更多的飞机和旅客,泰国投资扩建了主要的机场,有助于维持泰国旅游业的领先地位和强劲的增长速度。并与中国合作开展高铁网络建设项目,将进一步促进中国游客的流入。2018年泰国政府开展了针对中国旅游市场的"2018年泰国旅游年"活动。

旅游业推荐关注的公司包括Dusit Thani和Erawan Group。

(二)柬埔寨

柬埔寨在1998年至2017年间每年的经济增长率高达7%,贫困率从53%降至12%,但关键的经济指标仍落后于大多数东盟国家。虽然GDP增长强劲,但人均GDP仍处于非常低的水平。居民家庭收入高度依赖农业,因此受农产品价格波动的影响很大。基础设施的匮乏和高昂的电力成本也不利于柬埔寨制造业的发展。

积极的方面是,柬埔寨的"国家战略发展计划 2014—2018"(NSDP)设立了资本投资支出目标为 GDP 的 8%,以确保 GDP 年均 7%的增长率。借助中国为交通和能源项目提供的资金,新增资本将为落后的基础设施和能源行业提供发展动力,并将降低制造业的物流和能源成本。

1. 发展优势

柬埔寨实行对外开放和自由市场经济政策,政府正在实施以增长、就业、公平、效率为核心的国家发展"四角战略"(指农业、基础设施建设、私人部门经济、人力资源开发)的第三阶段。

柬埔寨人口数量大,劳动力人数多,25 岁以下的年轻人占全国总人口的比重达到 50%以上。柬埔寨发挥比较优势,在纺织出口方面表现突出,2017 年纺织品出口额占全年出口产品总额的 68%,是经济增长的重要引擎。①

柬埔寨的信息基础设施发展迅速,城市地区的移动网络分布广泛,而乡村市场则直接绕过了固定电话发展阶段,移动网络迅速普及,互联网用户占总人口的 25.6%,每百人拥有 125 部手机。

2. 发展劣势

根据世界银行 2016 年的报告,柬埔寨目前仍然是世界上最为贫穷的国家之一,腐败严重、高质量的人力资源有限、极大的收入不平等和

① 数据来源:CIA World Factbook,World Bank。

悲观的就业前景都使得该国的长期经济增长面临挑战。以 2012 年为例,柬埔寨大约有 266 万人口生活在每日 1.2 美元的贫困线以下,新生儿死亡率高,人口预期寿命仅为 64.9 周岁,柬埔寨儿童中有 37% 的人慢性营养不良,占柬埔寨人口比重最大的年轻人缺乏良好的教育和生产技能,尤其是那些生活在偏远山区的年轻人。

柬埔寨工业基础薄弱,发展依赖外援外资。柬埔寨基础设施建设落后,交通网络不够发达,境内铁路线非常有限。

3. 商业与投资环境

柬埔寨的商业和投资环境具有一定的挑战性。该国在基础设施和金融条件两大指标的得分尤其低;然而作为一个开放的经济体,该国在投资与市场开放程度的得分较高。图 3-11 采用 10—100 分的评分标准(最高分 100 分)对柬埔寨进行了评分。

柬埔寨仍然是一个以农村为主的经济体,只有 1/5 的人口生活在城市地区,基础设施水平相对落后。公路和铁路网络质量相对较差,只有 56% 的人口用上了电,73% 的人口用上了自来水。柬埔寨金融市场不发达,股市市值仅相当于 GDP 的 1%。此外,该国的金融系统也相对脆弱,私人部门的债务在自 2008 年全球金融危机后急剧增加,外债占 GDP 的 54%。

尽管充满挑战,但仍有一些积极的迹象。柬埔寨的国际贸易和投资开放程度较高,贸易总量是 GDP 的 127%,外国直接投资净流入相当于 GDP 的 11%。

尽管柬埔寨总体上在劳动力储备指标的得分相对较低,但女性劳动力占比很高,或成为经济发展的关键助力。

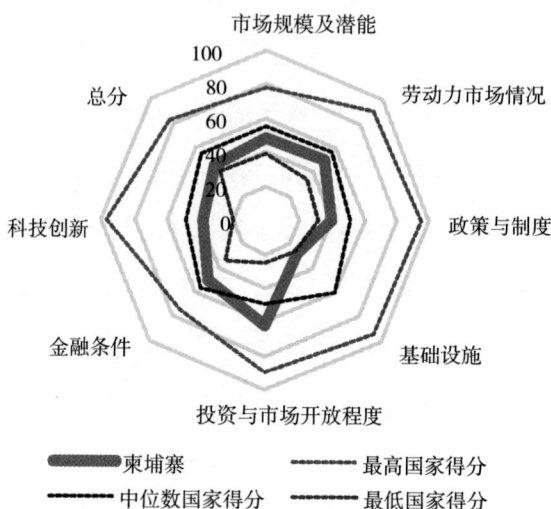

市场规模及潜能
劳动力市场情况
总分
政策与制度
科技创新
基础设施
金融条件
投资与市场开放程度

100
80
60
40
20
0

━━━ 柬埔寨　　　　━━━ 最高国家得分
┅┅┅ 中位数国家得分　　　━━━ 最低国家得分

图 3-11　柬埔寨总体和分项得分情况

4. 外国投资

由于柬埔寨政治环境稳定,宏观经济政策稳健,区域经济增长,投资市场相对开放,外国直接投资在近期显著增加。然而,法律体系缺乏透明度和交通闭塞仍然是国际投资者的主要担忧。中国是柬埔寨的主要投资者,其次是韩国、越南和马来西亚。投资的主要行业是服装和食品加工、建筑、采矿、基础设施和水电。柬埔寨也是中国成立的亚洲基础设施投资银行(AIIB)的积极参与者。

中国一直在柬埔寨的外国投资中发挥着领导作用,并一直支持柬埔寨的交通发展。例如,从金边到暹粒的新铁路都是在中国的资金支持下建成的。柬埔寨也是"一带一路"倡议的坚定支持者,而中国承诺帮助柬埔寨修建高速公路,开发港口和旅游胜地西哈努克城。

5.行业分析

农业是柬埔寨最大的产业,占经济总量的 26%;制造业和建筑业其次,分别占比 17% 和 12%;目前服务业在经济中所占的比重很小,如图 3-12 所示。

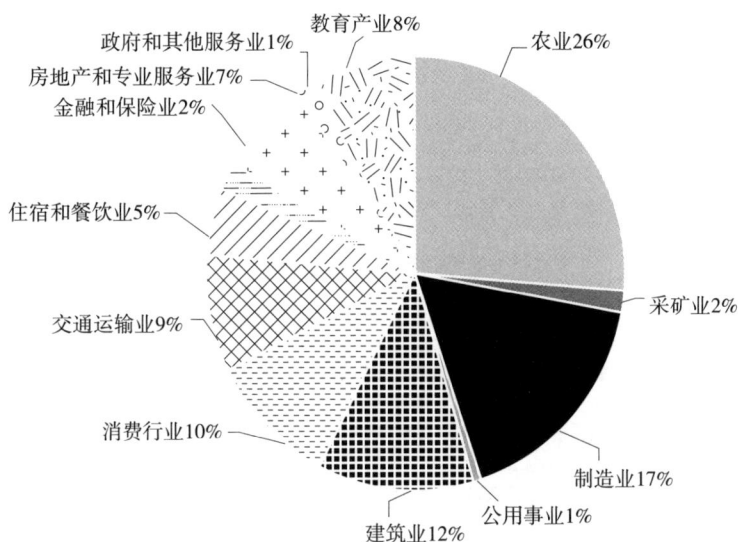

图 3-12 2016 年柬埔寨各行业增加值占总增加值的比重

（1）基础设施行业

柬埔寨的经济增长受到农村落后的基础设施和供水供电条件的限制。受益于中国"一带一路"倡议和持续的外国投资,预计未来基础设施行业将具有强劲的增长前景。

2008 年全球金融危机后,该国的基础设施行业在 2010 年经历了急剧下滑。但在 2011 年至 2016 年期间,基础设施行业强劲复苏,年均增长率达 17%。基础设施行业的增长也支撑了其他领域的增长,例如同期的交通行业的年均增速达到了 7%。未来几年,交通运输业将得到中国的大力支持,到 2040 年柬埔寨将发展 2230 公里的高速公路,包括到 2020 年斥资 90 亿美元、建成长达 850 公里的新高速公路。柬埔寨的第一条高速公路将把首都金边与该国唯一的深水港西哈努克港连接起来。①

（2）金融行业

另一个有前景的行业是金融和保险业。自 2008 年起,该行业的年均增长率为 13%,大幅领先于总体经济增长。自 1999 年,柬埔寨政府着手大力发展金融业,并请求亚洲开发银行(ADB)为其金融改革提供支持。2001 年,除了农村发展银行外,国家对银行业进行了去国有化。目前,柬埔寨拥有 37 家商业银行。根据其市场化改革,政府允许外资银行在国内自由经营,中国、日本、韩国、马来西亚、泰国和越南的银行都在该国设立机构。此外,柬埔寨政府制定了一系列覆盖范围广泛,包括会计、保险、证券市场、商业仲裁等方面的法律和监管框架。

行业快速增长的同时,金融行业仍有大幅增长的空间,因为 15 岁以上人口中只有不到 1/4 的人拥有银行账户。在聚集约 80% 人口的农村,金融服务还十分缺乏,未来金融服务有很大的扩张空间。

金融行业推荐关注的公司包括 Acleda Bank 和 Canadia Bank。

（三）印度尼西亚

印度尼西亚人口众多,是世界上人口构成最多样化的一个国家,其境内有着为数众多的族群和语言体系。印度尼西亚自然资源和生物多

---

① 数据来源:CIA World Factbook,World Bank。

样性丰富,有很多投资机会。年轻人口正在健康快速地增长,将利好消费和科技等行业。尽管仍存在一些障碍,如信贷成本上升、监管不可预测、基础设施质量欠佳、恐怖主义风险和腐败的存在,但印度尼西亚市场的前景是充满希望。

印度尼西亚同时也是一个年轻的民主国家,第一次总统大选发生在 2004 年,之前 30 年印度尼西亚一直处于军事政权统治之下。印度尼西亚的一些省份有独立要求,尤其是在 1999 年东帝汶公开投票决定脱离印度尼西亚之后。印度尼西亚目前在推进经济体制改革,例如减少燃料补贴、扩大税基等。

1. 发展优势

经过多年的高速增长,印度尼西亚的发展前景良好。该国是东南亚地区最大也是最封闭的经济体,迅速增加的人口和国内消费将继续作为印度尼西亚经济增长的关键动力,其他动力还包括投资和多元化的出口。区域间贸易占到 GDP 的 45%,因此对全球的外部发展环境敏感度较低。2008 年金融危机后,印度尼西亚的平均经济增长率高达5.5%,经济增长的波动较小。印度尼西亚经济的韧性在全球金融危机、近期新兴市场增速放缓中表现得非常明显——它是二十国集团中唯一一个在 2009 年仍保持 4.5%的高增长水平的国家。预计未来将保持相近的经济增长率,据 IMF 的估算印度尼西亚在 2017—2020 年之间将保持 5.6%的平均增速。中长期来看,人均 GDP 起点低加上高投资将持续支撑印度尼西亚的经济增长。印度尼西亚的国内储蓄率较高,占到 GDP 的 30%以上,而新兴市场国家的平均储蓄率仅为 GDP的 20%。

印度尼西亚的公共财政治理在过去十年中有了重要提升,是其发展的另一个关键优势。尽管最近印度尼西亚的赤字有所扩大,但印度尼西亚仍拥有着令人羡慕的财政政策空间。2012年之前,强劲的经济增长和低财政赤字使得印度尼西亚的债务负担急剧下降,此后也只是呈现温和增长的态势。2016年,印度尼西亚政府债务占GDP的比重仅为29%,相当于2000年亚洲金融危机时的1/4。印度尼西亚政府还调整了财政支出结构,削减在2008年已经达到GDP比重6%的冗余补贴,转而投向国民急需的基础设施建设支出。印度尼西亚宪法规定,财政赤字的比重不能超过GDP的3%,这也是一个非常重要的限制指标,投资支出显然也低于警戒线。①

2.发展劣势

早在2008年金融危机之前,印度尼西亚的国际收支情况就在迅速恶化,由2007年占GDP2.4%的经常账户盈余演变为2014年经常账户逆差峰值的GDP占比3.1%,2016年这一比重回落至2.2%。经常账户恶化主要是由于出口下降,而进口基本保持平稳,也就是说疲软的全球需求和强劲的进口需求等周期性的因素是关键。经常账户逆差虽不高,但是外部融资问题在于FDI占GDP比例仅为1.5%,融资大量来自组合资金流,但组合资金流波动性高。虽然外债占GDP的比例水平较低只有35%,但却达到了出口货物和服务金额的将近200%,存在脆弱性。

印度尼西亚的基础设施建设非常薄弱,在世界经济论坛公布的基

---

① 数据来源:CIA World Factbook,World Bank。

础设施排名中,印度尼西亚在 142 个国家和地区中仅排第 81 位。印度
尼西亚道路、港口和电力供应的质量很低,公共投资仅占 GDP 的 3%,
是整个地区中最低的国家,仅为马来西亚的 1/3。这一现象可以部分
归咎于预算管理不善。过去几年快速的投资增长主要是由消费带动,
但公共基础设施建设投资很少。

腐败是阻碍印度尼西亚发展的另一个重要原因,腐败情况排名全
世界后 1/3,腐败现象集中于警察、司法和政党方面。由于以上原因,
再加上相对僵化的劳动力市场,印度尼西亚的经营指标得分非常低,几
乎是其所在地区中最差的。

3. 商业和投资环境

根据我们的指标,印度尼西亚的商业和投资环境相对具有吸引力,
市场规模及潜能和金融条件两个一级指标的相对较高,基础设施、劳动
力市场情况两个一级指标的得分相对较低。图 3-13 采用 10—100 分
的评分标准(最高分 100 分)对印度尼西亚进行了评分。

截至 2018 年 7 月,印度尼西亚人口总计 2.63 亿①,是一个巨大的
潜在消费市场,且有着积极的经济增长前景。人口增长趋势表明,2017
年至 2022 年该国人口预计增长超过 1300 万,同时城市化速度也将
加快。

印度尼西亚的金融市场比较发达,在世界经济论坛公布的金融发
展指标中得分较高,这一指标衡量了一个国家金融服务的可获得性和
可负担性,贷款难易程度,银行的稳健程度和证券交易所的监管等因

---

① 数据来源:CIA World Factbook,World Bank。

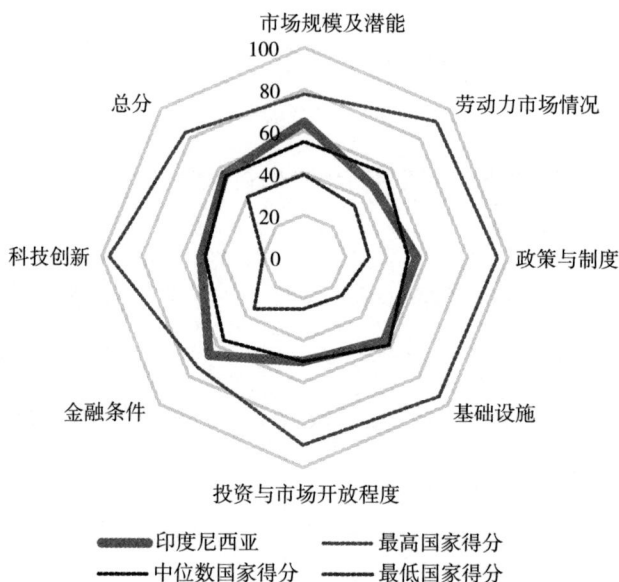

图 3-13　印度尼西亚总体和分项得分情况

素。该国的金融系统相对健康,外债占比 35%,政府债务占比较 2008 年全球金融危机后的均值中有所下降。

商业和投资环境中最薄弱的指标是劳动力市场情况。该国劳动力市场灵活性相对较低,企业管理层对于工会与雇主关系看法偏负面,雇用与解雇行为的灵活性差,工资与生产力水平失调。此外,印度尼西亚人口的预期寿命为 69.3 岁,婴儿死亡率高达 22.2‰,人口健康水平并不乐观。①

4. 外国投资

近年来,印度尼西亚的外国直接投资流入不断扩大,采矿、公用事

————————————

① 　数据来源:CIA World Factbook,World Bank。

业、机械、电子和制药等部门受益最大。外国直接投资中新加坡和日本占50%以上,中国和荷兰紧随其后。尽管中国对印度尼西亚的投资在"一带一路"倡议提出后并没有显著增加,但在某些地区的铁路、机场和水电站的开发项目中,两国开始讨论合作的可能性。

2016年印度尼西亚政府推出了一系列经济政策,包括放松管制、严格执法、提高商业环境稳定性和税收激励,促进了外国直接投资的增长。然而印度尼西亚大多数政策制定者比较保守,某些经济领域对外国直接投资的开放相当迟缓。除了以农业和化学为基础的少数工业之外,许多重要行业是禁止外国直接投资的,大大阻碍了外国资本的流入。

5.行业分析

制造业是印度尼西亚经济最大的组成部分,占总产出的21%。农业和消费行业也是重要的行业,各占总产出的14%,如图3-14所示。

(1)科技行业

印度尼西亚的互联网市场发展迅速。民众平均每天上网时间为3.9小时,仅次于泰国的4.2小时。目前该国互联网普及率仍然较低,只有25%的人使用互联网,而泰国和越南的这一比例几乎为50%,因此未来增长空间较大。2015年,印度尼西亚拥有东南亚地区最多的科技初创企业,约有2000家。

然而值得注意的是,该行业确实面临着一些结构性挑战,例如网速慢、网络基础设施建设落后、互联网诈骗猖獗和由此导致的民众对网上交易不信任,以及大量无银行账户的人口。尽管存在这些挑战,印度尼西亚的科技行业最近仍然发展迅速,2011年至2016年间年均增长

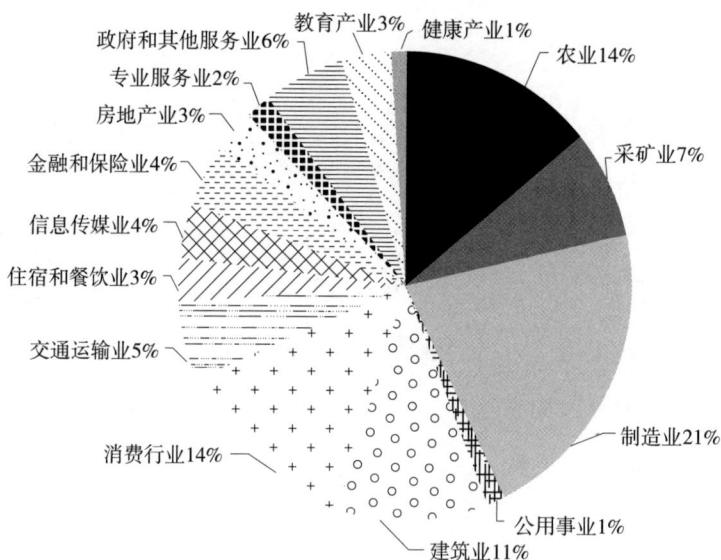

图 3-14　2016 年印度尼西亚各行业增加值占总增加值的比重

10%左右。如果能逐步解决这些问题，将有望打开一个潜力巨大的市场。

科技行业推荐关注的公司包括 Go-Jek 和 Tokopedia。

（2）消费行业

印度尼西亚人口的爆炸式增长孕育着消费行业大发展。该国的零售业由小型独立商店主导，但连锁便利店、超市和特大超市的增长速度是个体商店的两倍。随着运营效率的提高，大型零售企业和消费品公司将借助经济繁荣的趋势获得良好的回报。

（四）缅甸

2012 年经济开放后，缅甸的 GDP 增速相当可观。然而由于北方省份改革跟不上,并出现了一些政治危机,近期经济增长略有放缓。尽管缅甸仍是一个依赖农村和农业的经济体,近年来该国的制造业和服务业实现了一定的增长。居民消费占 GDP 的一半,但区域间及城市与农村间的家庭支出存在的差异很大。电力匮乏也是经济增长面临的一大挑战。缅甸的电力覆盖率约为 60%,落后于所有邻国。此外,缺乏熟练工人也是阻碍企业发展的一个关键因素。

在积极的方面,缅甸拥有大量已探明的天然气储备,在东盟和东亚地区的天然气市场上扮演着重要的角色。缅甸政府还设立了经济特区以吸引制造业和服务业的外国直接投资。2015 年开通的首个经济特区已经吸引了大量投资,另外两个经济特区也处于接近完工阶段。

1. 发展优势

缅甸自然资源丰富,矿产资源主要有锡、钨、锌、铝、锑、锰、金、银等,宝石和玉石在世界上享有盛誉。缅商务部数据显示,2015—2016 财经年度缅甸出口包括玉石在内的矿产品达 9.3 亿美元。石油和天然气在内陆及沿海均有较大蕴藏量。截至 2013 年 6 月,探明煤储量逾 4.9 亿吨,探明大陆架石油储量达 22.73 亿桶,天然气 8.1 万亿立方英尺,共有陆地及近海油气区块 77 个。水利资源丰富,伊洛瓦底江、钦敦江、萨尔温江、锡唐江四大水系纵贯南北,水利资源占东盟国家水利资源总量的 40%。另外,缅甸风景优美,森林覆盖率为 45%,名胜古迹众多,旅游资源和旅游接待能力都很强。[①]

缅甸的工业基础相对健全,主要工业行业有石油和天然气开采、小

———————

① 数据来源:CIA World Factbook,World Bank。

型机械制造、纺织、印染、碾米、木材加工、制糖、造纸、化肥和制药等。缅甸政府重视教育和扫盲工作,全民识字率约 94.75%。

2. 发展劣势

缅甸的经济增长受制于不平衡的政策和资源错配,基础设施薄弱,腐败现象严重,劳动力素质较低和资本积累不充分等问题比较突出,政府采取措施解决问题的步伐相对缓慢。以基础设施为例,缅甸水利基础设施的落后限制了水力资源的利用,交通运输以水运为主,铁路多为窄轨,运输效率较低。

尽管过去几年缅甸的经济增长速度很快,但它仍然是亚洲比较贫穷的国家之一。缅甸的贫富差距较大,连续多年的经济增长并没有提高缅甸乡村居民的生活水平,大约 5100 万乡村居民还生活在贫困线以下,约占乡村总人口的 26%。

缅甸的对外贸易结构仍处于初级阶段,主要出口产品为天然气、玉石、大米等初级产品,主要进口产品除能源外,主要是商用机械、汽车零配件等工业产品。

3. 商业与投资环境

根据我们的指标,缅甸的商业和投资环境面临诸多挑战。它的市场规模和城市化具有一定的增长潜力,因此市场规模及潜能指标得分相对最好,然而其政策与制度、劳动力市场情况、金融条件的得分尤其低。图 3-15 采用 10—100 分的评分标准(最高分 100 分)对缅甸进行了评分。

根据世界银行 2017 年数据,缅甸有超过 5300 万人口,处于所选国家中平均水平,市场规模具有广阔的前景。目前只有 35% 的人口居住在城

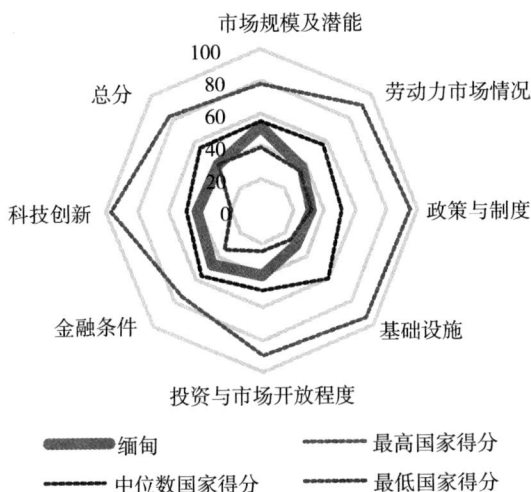

图 3-15 缅甸总体和分项得分情况

市地区,预计到 2022 年,这一比例将增加 3%,使其成为城市化最快的经济体之一。预计该国未来五年的产出增长率将保持在年均 7% 左右。

缅甸商业和投资环境中最薄弱是公共部门的稳定性。根据世界银行的营商环境指数,缅甸在执行合同和保护少数股东权益方面表现很差,阻碍了外部投资。

在劳动力市场情况和金融条件两个指标上,缅甸得分也很低。缅甸人口的预期寿命只有 65 岁,婴儿死亡率超过 40‰。同时其金融市场不发达,股市市值仅相当于 GDP 的 1%,企业和个人难以获得信贷。

4. 外国投资

对缅甸的直接投资主要来自中国大陆和香港地区、新加坡。在 2010 年投资经历了一轮上升后,由于投资者在等待新政府更为清晰的经济政策,2016 年对该国的投资出现了短暂的下滑。除了传统的石油和天然气行业吸引了大量的投资者,近年来投资者对交通、采矿和通信行业的兴趣有所增加。

缅甸政府在2016年推出了新的政策以促进外国直接投资。政府还批准设立了新的国家和地区投资委员会,以协助外国投资者。缅甸的地理位置在"一带一路"倡议中十分特别,是连接陆地和海洋的纽带。中缅经济互补性强,中国提出建设中缅经济走廊,包括桥梁、公路和铁路的建设项目。

5. 行业分析

缅甸拥有庞大的农业部门,占GDP的1/4,制造业位居第二,占比22%,随后是消费、住宿和餐饮业,占比20%,以及交通运输业,占比13%,如图3-16所示。

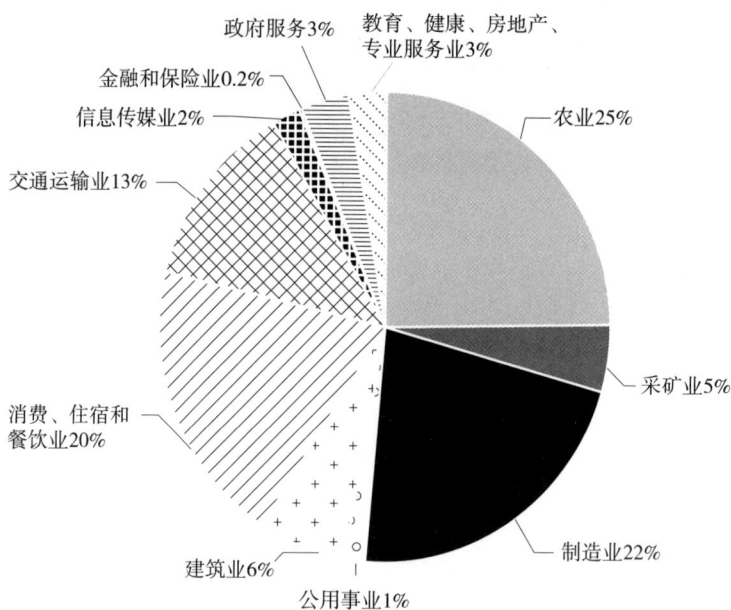

图3-16 2016年缅甸各行业增加值占总增加值的比重

（1）金融与保险行业

缅甸未来五年的两个重点领域是金融保险和建筑行业。与东南亚其他国家相比，缅甸的金融业发展严重落后。2016年，该行业仅占经济总量的0.3%，而与其经济发展水平相当的越南，这一指标达到了6%，而该地区发展最为落后的柬埔寨也达到了2%。

2014年，缅甸15岁以上拥有银行账户的人口比例为23%，与柬埔寨的22%相当，但明显低于越南的31%。然而除了最基本的银行业覆盖指标，缅甸与其他国家的差距更为明显。缅甸只有1.7%的15岁以上的人拥有借记卡，而在柬埔寨和越南这一比例分别为5.4%和26.5%。更显著的是，缅甸没有人通过手机银行进行交易，而在柬埔寨和越南这一比例分别为23.5%和9.3%。

欠发达的金融部门无法充分发挥对接储户和借款人的作用，因此限制了经济的增长。为了解决这一问题，政府制定了一系列措施来支持金融部门的发展，包括在2013年给予中央银行独立性，在2015年出台金融部门发展战略，在2016年前为13家外资银行发放经营牌照，并推出新的金融机构法、移动金融服务监管以及成立缅甸证券交易所（Myanmar stock exchange）。

缅甸金融行业的起点非常低，面临着一系列巨大的挑战，例如技术落后、创新不足、信贷不足、支付系统低效等。同时，快速的扩张速度也可能导致不良的信贷配置和不良贷款上升的风险。尽管如此，该行业仍有巨大扩张潜力。

（2）科技行业

缅甸的科技和通信行业一直是东南亚地区最具增长潜力的行业之

一,特别是手机行业近年来经历了惊人的增长。2012 年前后,该国的手机普及率还不到 10%,而现在有超过 90% 的人口拥有了智能手机。缅甸的数字化改革始于 2011 年,当时该国实行对外开放,政府向卡塔尔和挪威发放了电信牌照,大大降低了数据的使用成本。社交媒体平台等科技公司迅速在缅甸普及,网络的搭建为初创企业和科技公司奠定了坚实的基础。

(五)越南

自 2006 年实施经济开放以来,越南经历了快速的工业化。该国拥有年轻的劳动力,城市化不断推进,消费心态不断升级,居民收入不断提高,这些因素均构建了一个充满活力的发展环境,有助于国家未来的发展。

越南正在搭建更为广阔的自由贸易协定网络以增加投资机会,其鼓励外国直接投资的政策、靠近全球供应链的地理位置、稳定的政治经济环境和丰富的劳动力资源吸引了众多外国投资者。越南是手机普及率最高的国家之一,因此吸引了大量希望在越南开展数字业务的投资者。不断扩大的中产阶级和不断开放的经济也为制造业和服务业带来了机会。目前领先的工业部门是食品加工、纺织、鞋类、机械制造、采矿和造纸,而服务业的主要部门是通信服务、IT、运输。

经过多年的高速增长,越南政府在 2011 年 2 月采取了新的经济管理方式,强调宏观经济稳定而不是快速增长,这标志着政策转向控制经济过热与提供更加稳定的宏观环境。越南国会也在通过《2016—2020年经济社会发展计划》时,重申了对宏观稳定的关注。该计划设定年均 6.5%—7% 的 GDP 增长和人均 GDP3200—3500 美元的目标,同时于 2020 年将财政赤字削减到 GDP 的 4%。宏观经济稳定所面临的潜在挑战是不断恶化的财政赤字,2016 年财政赤字已经达到了 6.5%。

另一个面临的挑战是国有企业部门改革,国有企业产出占 GDP 的 30%。越南前总理阮晋勇主张加速国有企业私有化,但其设定的目标没有被达到。随着越南领导层的更迭,我们预计国有企业改革的步伐将会更加温和,因为现任越南总理阮春福向国会表示,他倾向于采取更渐进的方式来重组国有企业,并对快速的私有化保持警惕。

越南仍是一个发展中经济体,面临腐败、法律框架薄弱、金融系统不稳定、培训和教育体系不完善以及代理决策不一致等问题。

1. 发展优势

越南一直是亚洲除中国外增长最快的经济体之一。从 2000 年到 2015 年,GDP 平均增长率为 6.5%;人均 GDP 也大幅增长,从 2000 年的 400 美元增长到 2017 年的 2306 美元。越南的经济具有多样性,经济是由国内消费驱动的,消费需求占 GDP 的 70%。人口统计数据也比较乐观,25 岁以下的人口有 9520 万,占人口总数的 40%。根据咨询公司 BCG 的数据,越南拥有增长最快的中产阶级和富裕阶层,这类人群的月收入超过了 190 美元,预计到 2020 年,中产阶级人数将达到 3300 万。

越南拥有亚洲第三大石油储量,储量为 44 亿桶,前两名分别为中国的 185 亿桶和印度的 57 亿桶。马来西亚和印度尼西亚的储备均为 36 亿桶左右。目前越南的石油产量为每天 36 万桶,预计未来几年将保持在这一范围内。越南是原油净出口国,但它是精炼石油产品的进口国,平均每日需求为41.2万桶。越南也有天然气,但它的所有生产仅满足国内消费。越南石油公司预计,到2025年,越南将被迫进口天然气以满足人口增长的需求。此外,越南的气候是农业的理想选择。虽然农业生产潜力巨大,但生产力需要得到改善。该国最重要的农产品是大米,越南是世界上最大的稻米出口国之一。其他重要的产品包括咖啡、棉花、花生和胡椒。农业占GDP的22%,占出口的12%。最后,由于越南拥有漫长的海岸线,因此渔业也具有巨大的潜力。①

由于劳动力和能源成本低廉,越南正在成为一个地区制造业大国,为了进一步支持制造业,越南政府正在发展物流行业,预计到2020年,越南的物流行业将占到GDP的10%。

2. 发展劣势

银行部门的疲软与缺乏整改的决心是越南经济增长的一个主要瓶颈。在越南快速增长的几年里,银行业的信贷也十分繁荣。但不良贷款水平也随之升高,据估在8%—15%的范围内。越南政府尝试了很多方法解决该问题。比如通过创建越南资产管理公司(VAMC)从银行购买不良贷款,并规定银行在2015年9月前将超出3%的不良贷款出售给VAMC。截至2016年8月,银行业报告的不良贷款率为2.66%。但事实是,不良贷款仍在VAMC,且后者在出售不良贷款方面并没有取得很大成功。越南银行业的另一个结构性问题是,越南的大量小型银行缺乏规模和资金,无法与大型竞争对手如国有银行进行竞争。越南国家银行已将行业整合作为一项重要任务,然而,银行业的整合并未获得

---

① 数据来源:CIA World Factbook,World Bank。

太多动力,该行业仍高度分散。

与邻国相比,越南的基础设施相对缺乏。根据世界经济论坛2015—2016年全球基础设施排名,越南在140个国家和地区中排名99位,落后于马来西亚(排名第16名)、泰国(排名第71名)和印度尼西亚(排名第81名)。越南政府估计在2011—2020年期间,需要在电力、交通、供水等基础设施方面投资1700亿美元。尽管对基础设施的需求很大,且政府意识到这一不足并完善了监管框架,制定了新公私合营(PPP)法令(第15号法令),于2015年4月生效,但越南在基础设施上取得的进展依然有限。

传统上,越南的经济数据一直存在种种问题,数据滞后严重,这使得对越南进行经济分析非常困难。在"2015年开放预算指数"中,越南的预算透明度为最低的评价——"很少或没有信息"。经济数据的问题包括财政信息的问题,例如大量的预算外支出、财政数字的修正和最终公布的财政数据的延迟,以及国有企业的信息问题,又如评估资产负债表的难度加大,加大了国企私有化的难度。

3. 商业与投资环境

根据我们的评价标准,越南的商业与投资环境具有一定的吸引力,在投资与市场开放程度、市场规模及潜能、劳动力市场情况等一级指标上得分很高,而薄弱的领域是金融条件。图3-17采用10—100分的评分标准(最高分100分)对越南进行了评分。

越南的经济得益于相对较高的贸易水平和净外国直接投资流入,进出口总额是GDP的171%,外国直接投资净流入相当于GDP的6%。

越南有9600万人口,虽然主要是农村经济,只有34%的人口生活

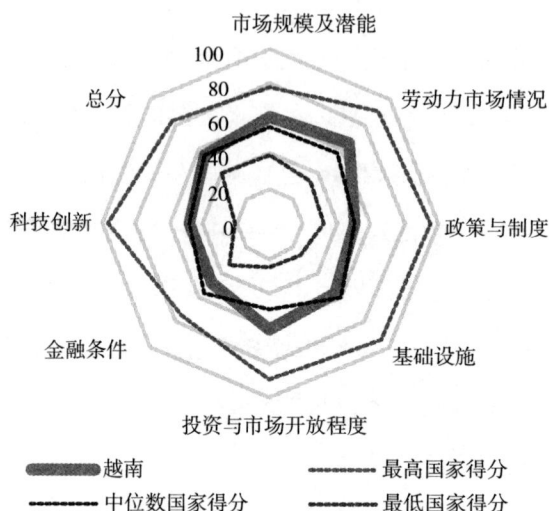

图 3-17　越南总体和分项得分情况

在城市地区,但城市化前景相对乐观。预计到 2022 年,城市地区人口比例将增加 3.2%,同期总体经济增长将达到年均 6%。由于人口中适龄劳动力占比较高,女性参与率达到 73%,预期寿命超过 75 岁,越南在劳动力市场和健康水平的得分相对较高。

越南得分最差的指标是金融条件。2008 年以来,私营部门和政府债务的急剧增加,对经济造成了冲击。2006—2016 年,私人部门债务占比上升了 63%;2007—2017 年,政府债务占比上升了 21%。①

4. 外国投资

就外国直接投资而言,越南仍是东南亚最活跃的投资目的地之一,2015 年以前,越南每年获得的外商直接投资总额为 80 亿美元至 90 亿

———————————

①　数据来源:CIA World Factbook,World Bank。

美元;自 2015 年以来,每年的外商直接投资总额达到 118 亿美元,超过了 100 亿美元。主要投资国是韩国、日本和新加坡。政府非常乐意与外国投资者合作,并持续改善投资环境以吸引外国工厂进入本国。传统的外国直接投资侧重轻工业,但最近转向了重工业、旅游业和房地产,批发和零售贸易的投资额也在增加,FDI 向价值链上游转移。此外,该国劳动力成本低、劳动力资源丰富,由此吸引了大量的技术、工业和人力资源项目。已经吸引了三星等知名投资者,用于生产移动设备的显示组件;此外,英特尔最新的 CPU 中有 80% 是在越南生产的。

中国最近也增加了对越南的直接投资,超过 60% 集中在制造业、加工和其他劳动密集型产业。越南有相当一部分工程总承包(EPC)合同授予中国承包商,是以构建—运营—转让(BOT)、构建—转让(BT)和构建—转让—运营(BTO)合同的形式存在。电力、天然气和供水行业是中国直接投资的另一个领域。中越两国领导人于 2017 年会面并讨论了"一带一路"倡议,越南表示支持该倡议,并承诺协助推动双边合作。

5. 行业分析

越南的三大产业是农业、制造业和消费行业,分别占 GDP 的 18%、16% 和 12%,服务业占比仍相对较小,如图 3-18 所示。

(1)消费行业

越南未来五年的两个关键行业是消费业和制造业。2012 年至今,消费部门产出平均每年增长 9%,超过了整体经济的增长速度,零售额增长更快达到 11%。人均收入快速增长、城市化不断深化、中产阶级持续扩大以及政府的扶持政策都是该行业强劲增长的原因。2015 年

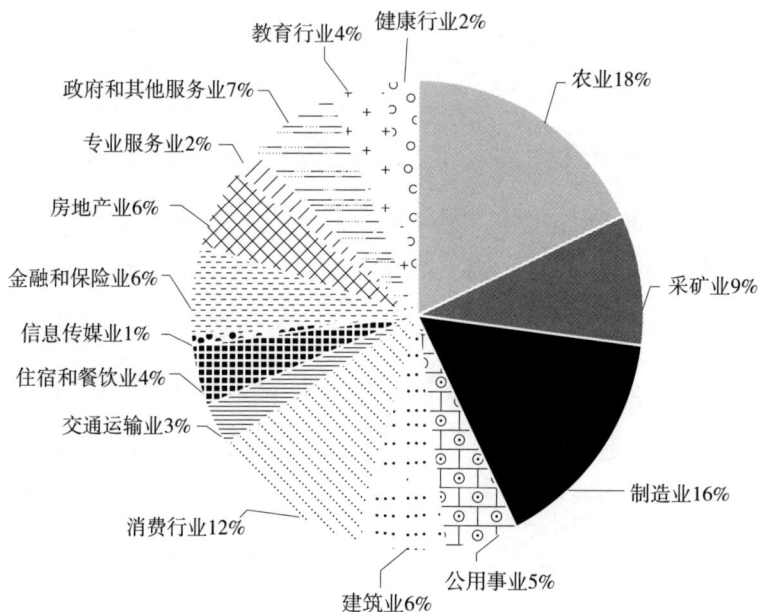

图 3-18　2016 年越南各行业增加值占总增加值的比重

越南政府允许外资 100%控股零售企业,此后,日本、韩国、泰国、瑞典和西班牙的零售商纷纷在该国开展业务。2018 年,越南还取消了从东盟其他成员国进口的几乎全部关税,从而降低国内商品价格,支持零售行业增长。

随着年轻白领工人的壮大,基于电子商务的零售业 2017 年增长了25%,扩张速度甚至超过了整体零售业。政府十分重视电子商务的发展,在 2017 年制定的零售业发展战略草案中,工商部制定了如下目标:至 2020 年超过 60%的中小企业参与电子商务,至 2035 年这一比例提升至 80%—90%。但提高电子商务普及度也面临一些困难,包括企业网站不够成熟,消费者不信任电子商务,以及具有较高可支配收入的中年人参与度较低。①

（2）制造业

第二个关键行业是低附加值制造业。除了全球需求旺盛之外，越南的出口行业还将持续受益于低廉的劳动力成本和商业环境的改善，尤其是中国劳动力成本上升，正推动低端制造业向其他亚洲成本更低的国家转移。越南制造业的增长势头强劲，自 2011 年以来表现一直优于整体经济。

第三节　南亚地区

南亚地区的三个国家代表了规模较大的潜在市场，其市场规模不论是当前情况还是预期增长的得分都很高。这一地区的国家存在着一些共同的问题。例如，基础设施相对落后，外国直接投资和贸易占 GDP 的比例都低于平均水平，其中巴基斯坦的比例尤其低。此外，三个国家的劳动力技能也很低。

尽管面临共同的挑战，但其商业和投资环境不尽相同。印度的商业和投资环境处于平均水平，并拥有发达的金融市场，而孟加拉国和巴基斯坦则相对薄弱。同样，印度的政策与体制指标得分处于平均水平，另外两个国家得分较低。

---

① 数据来源：CIA World Factbook，World Bank。

一、潜在经济体

(一)孟加拉国

孟加拉国 2015 年至 2017 年间 GDP 增长强劲,每年经济增速超过了 7%。由于其人口众多,国土面积较小,因此国内生产总值密度是世界最高的。该国劳动力规模大、人力成本低,企业更容易扩大生产规模。此外,大量的年轻劳动力和女性参与也支持经济进一步发展。

孟加拉国经济增长稳定,宏观经济政策比较稳定,贫富不均的问题并不突出,立法框架有利于企业发展。主要的挑战来自政府机构决策缓慢、燃料的供应安全问题,以及电力传输和网络分配的局限性。

1. 发展优势

孟加拉国廉价劳动力资源丰富,劳动力人口总量 2018 年为 6790 万,人口和劳动力数量均居世界第 6 位。从就业结构上来看,孟加拉国 40% 的人口分布在服务业领域。孟加拉国公共财政状况比较好,公共债务总额仅占 GDP 的 28.1%。①

2. 发展劣势

孟加拉国失业率较高,2017 年的失业率为 4.1%,约 40% 的就业人口没有实现充分劳动,每周的劳动时间仅为几个小时且时薪非常低。

孟加拉国产业结构比较落后,工业以原材料和初级产品生产为主,

---

① 数据来源:CIA World Factbook,World Bank。

重工业薄弱,制造业欠发达。孟加拉国比较依赖于外国投资,国际援助是其外汇储备的重要来源,也是投资发展项目的主要资金来源。

孟加拉国本土宗教极端组织和其他境外恐怖组织时常发动针对孟加拉国官员、西方国家公民、学生和大学教授等群体的恐怖袭击,威胁民众生命和财产安全。

3.商业与投资环境

根据我们的指标,孟加拉国的商业与投资环境相对较差。尽管其市场规模较大,但在劳动力市场情况、金融条件两个指标低于平均水平,政策与体制、基础设施和科技创新方面的得分也很低。图 3-19 采用 10—100 分的评分标准(最高分 100 分)对孟加拉国进行了评分。

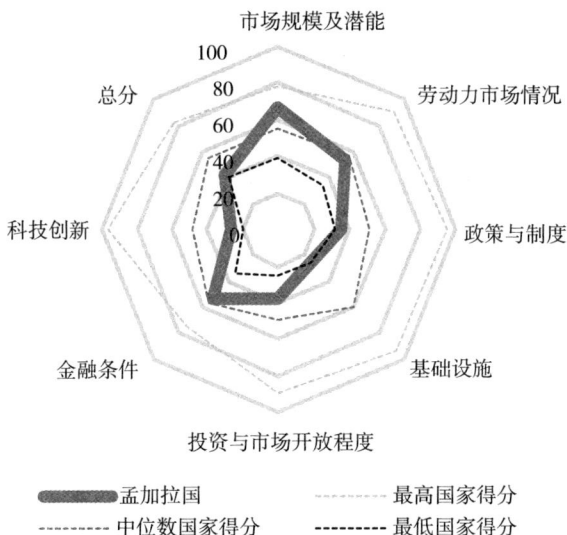

图 3-19 孟加拉国总体和分项得分情况

孟加拉国在市场规模及潜能指标的得分高于平均水平。该国具有相对较大的人口规模(1.66 亿),预计未来城市人口比例将大幅增加,同时预测至 2022 年经济增速将达到年均 7%。然而其市场规模潜力受到了低收入的限制。

低质量的公共部门严重阻碍了孟加拉国的经济发展。根据商业调查,该国的道德水平较低,腐败严重,合同执行低效,纳税过程繁杂,国家安全令人担忧。

孟加拉国基础设施的得分也特别低,尤其是在公用事业方面,只有 62% 的人口能够用上电。另外,交通基础设施落后,例如公路和航空质量低劣,通信基础设施落后,网速仅达到 11.6kb/秒,互联网普及率只有 13%,手机普及率仅为 22%。

孟加拉国科技创新方面得分不高,专利申请很少,科学家和工程师数量也有限。同时,该国劳动力的技能水平相对较低,只有 31% 的适龄劳动人口受过中等教育,15 岁以上人口识字率仅为 55%。①

4. 外国投资

孟加拉国的外国直接投资主要来自沙特、韩国、中国、印度、埃及和英国。该国正积极寻求吸引外国投资,特别是在能源和基础设施方面。从历史上看,中国对孟加拉国的投资主要针对其基础设施建设,包括桥梁和道路。此外,孟加拉国最近接受了中国提出的收购达卡证券交易所 25% 股份的提议,表明两国之间还有在更多领域合作的可能。孟加拉国位于中国和亚太地区之间的一个战略要地。作为"一带一路"倡议的一部分,中国计划帮助孟加拉国开发一个深海港口,目前两国已经签署了多项协议。

---

① 数据来源:CIA World Factbook,World Bank。

5.行业分析

孟加拉国传统农业部门占经济活动比重较大,约为 15%。但制造业规模更大,提供了 18% 的产出。重要的服务业包括消费行业,占比 13%,交通运输业,占比 9%,房地产业,占比 8%,如图 3-20 所示。

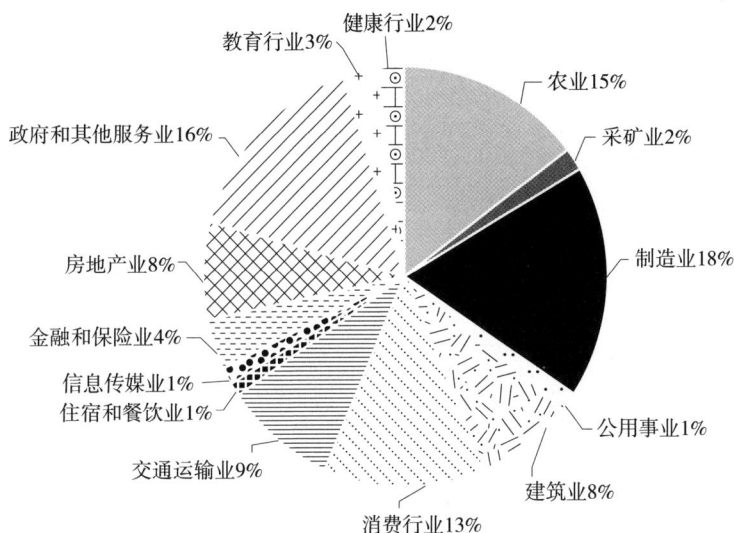

图 3-20 2016 年孟加拉国各行业增加值占总增加值的比重

(1)制造业

2007 年至 2017 年,孟加拉国的制造业的增长速度达 9% 超过了整体经济增速的 6%。这在一定程度上要归功于服装业的迅猛发展,孟加拉国目前是全球第二大服装出口国。随着中国在服装产业链向上游转移,该国正大举进入这个市场以填补中国留出的空白。

受大量和低廉的劳动力带动,制造业在未来几年将继续快速扩张,这将有助于降低经济对农业的依赖。此外,制造业通常比其他部门生产率更高,这将促进国民收入的增长,从而进一步提振国内消费和服务业的需求,例如对住宿和餐饮的需求。

（2）消费行业

2007 年至 2017 年,孟加拉国内消费行业以年均 7% 的速度增长,略高于整体经济的增长率。未来趋势受到人口增加、城市化推进和未来收入增加的积极影响,将支持该国消费行业的强劲增长。

消费行业由传统的零售商主导,如街边店铺和户外市场。该国的第一家超市 2001 年才开业,现代化的零售商仅占销售额的 6%,导致孟加拉国成为该行业最落后的国家之一。不过随着城市化的推进、中产阶级的壮大、女性在社会中角色的变化以及由于互联网普及而出现的西方购物习惯,现代零售商将在零售市场中快速崛起。

孟加拉国的电子商务仍处于发展的早期阶段,但发展十分迅速。几年前 3G 网络的实施推动了孟加拉国电子商务销售额的迅速增长,2017 年电子商务销售额约增长 70%。然而,这仍然只占零售总额的0.7%,在线杂货销售仅占杂货销售总额的 0.03%。

（二）印度

印度自然资源丰富,是世界第二大农业生产国。在能源领域,按照亚洲标准,印度石油储量较大,但仍依赖进口。2017 年印度每天生产719900 桶,消耗 4690000 桶石油。[①] 印度的目标是希望实现能源上的自给自足,但这似乎不切实际,国际能源机构仍将其视作一个野心勃勃的理想化挑战。

---

① 数据:CEIC。

年轻的人口结构是推动印度经济发展的关键因素。随着中产阶级不断壮大,对经济活动的监管不断放松,制造业和服务业迎来重大发展机遇。受前期消费税实施的影响,消费业正在逐步回升,经济也处于恢复阶段。与过去由财政赤字支撑的消费增长相反,当前 GDP 增长更加健康和可持续。

由于原油价格下跌、食品供应管理改善和财政赤字下降等因素的影响,印度的通货膨胀率从 11% 下降至 5%。同时资本流入的健康增长也改善了国际收支平衡。废钞计划的实施,激发了家庭储蓄逐步从实物资产向金融资产的结构性转变,金融资产投资组合达到历史最高水平。

印度是信息技术等增值服务的重要出口国,这加强了其在南亚地区的特殊地位。宝石和珠宝是印度另一个重点出口领域。尽管印度被认为是一个低端制造业出口导向型国家,但实际上印度的制造部门并不重视出口需求,而主要迎合当地需求。印度服务业的主要组成部分是信息技术、通信服务、贸易和运输、金融服务和银行业。

1. 发展优势

与其他国家相比,印度的主要优势在于其相对较大的经济规模,不断增长的人口数量和有利的人口现状。截至 2018 年 7 月,印度人口总数为 13.39 亿[①],位列世界第二,平均年龄为 27.6 岁。这些因素使印度拥有了巨大的增长潜能。

印度是全球发展最快的经济体之一,但目前的经济增长形势不足

_____

① 数据来源:CIA World Factbook,World Bank。

以降低贫困水平与消化新兴劳动力。据IMF估计,2018年至2023年印度将拥有超过7%的增长水平。在政策政治方面,纳伦德拉·莫迪(Narendra Modi)在2014年的选举中以压倒性的优势当选为印度总理,其亲商立场推动了许多结构性改革,例如,消费税(GST)的实施是70年来最大的税务改革。如今改革重点转移到了劳动力与土地,鉴于改革要在既得利益与广泛反对中实施,将具有挑战性。预计未来他仍会推进必要的改革,进一步开发印度的经济潜能。

印度拥有100多个民族和20多种官方语言。①印度有世界上最多的印度教徒、锡克教徒和耆那教徒,以及世界上第二大穆斯林人口。不同种族和宗教之间的紧张局势并不少见,但很少发生重大社会动乱。考虑到印度庞大的人口、众多的民族和宗教团体,以及巨大的收入差距,印度在政治上是一个稳定的国家。

印度人的企业家精神使信息技术等关键行业取得了巨大成功。在发展初期,IT行业借鉴了发达国家的经验。但现在印度拥有了自己的全球领先公司,这些公司在研究开发方面投入了大量资金,加上劳动力成本较低,使得印度能够保持IT服务出口国的竞争力。

2. 发展劣势

尽管政府收入增加、支出稳定,但印度的财政状况仍然疲弱。政府致力于财政整顿,财政赤字从2010年GDP的8.4%持续下降,然而进展速度低于预期。降低财政赤字的目标已经由2016—2017财经年度被推迟到了2017—2018财经年度。2017年的债务水平仍然相对较

---

① 数据来源:CIA World Factbook,World Bank。

高,占 GDP 的 67%。

印度的政治体制一直是改革的主要制约因素。执政联盟往往软弱无力,非常依赖其联盟伙伴和其他小党派。而联盟成员有时倾向于讨好选民而非支持执政联盟的政治主张。这使得执政联盟极难推动重要的改革,特别是不受民众欢迎的改革。虽然莫迪赢得了压倒性的胜利,在议会中赢得多数票,具备促进改革的条件,但目前改革势头有所放缓,在 2019 年的选举中面临失败风险,或将进一步破坏改革动能。

印度存在地缘政治不稳定因素,与邻国巴基斯坦的关系相当紧张。在 1947 年独立之前,巴基斯坦是印度的一部分。此后两国发生了三场战争,尽管都在几十年前。然而,暴力事件仍然经常引发紧张局势。巴印关系仍然不稳定。在莫迪当选以来的头两年,仍存在两国改善双边关系的希望,然而最近因为印度对巴基斯坦采取了更为坚定的立场,这种希望已经逐渐消失。

3. 商业与投资环境

根据我们的指标,印度的商业与投资环境相对较弱。尽管印度在市场规模及潜能和金融条件两个指标得分很高,但在劳动力市场情况和基础设施方面得分相对较低。图 3-21 采用 10—100 分的评分标准(最高分 100 分)对印度进行了评分。

印度的市场规模及潜能得分很高,因为它拥有庞大的消费基础——13 亿人口。这意味着尽管人均收入较低,但其经济规模确实巨大。自 2003 年以来,印度经济增长相对较快,2015 年以来印度央行控制了通货膨胀水平。更重要的是,我们预计印度将在未来成为增长最快的经济体之一,年均增速达到 6.5% 左右。

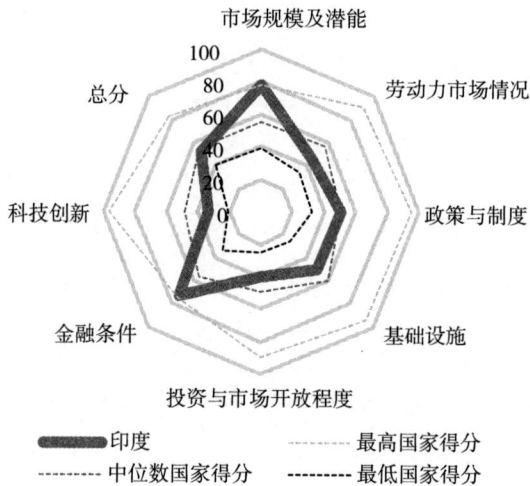

图 3-21 印度总体和分项得分情况

对于金融市场这一指标,印度股市相对发达,市值约为 GDP 的 53%,获得信贷也比较容易。此外,印度没有像其他国家那样表现出金融市场的脆弱性,例如外部债务占比 20% 相对较低,2010 年后国内私营部门信贷并没有飙升,仅占 GDP 的 9%,政府债务占 GDP 的比值自 2007 年以来实际下降了 5%。

商业与投资环境中薄弱环节是劳动力与健康水平以及基础设施指标。对于劳动力市场情况指标,印度女性劳动力占比较低,2013 年至 2017 年平均仅为 27%。有研究表明,当女性能够充分发挥其在劳动力市场的作用时,宏观经济收益非常大。同时该国人口的健康水平也不尽如人意,婴儿死亡率较高,2016 年的预期寿命为 68.5 岁,处于较低水平。①

——————————

① 数据来源:CIA World Factbook,World Bank。

由于印度的公用事业和通信基础设施相对落后,该国在基础设施方面的表现相对较差。印度大约有 21% 的人口用不上电。尽管印度拥有相对良好的铁路等运输设施,但无法弥补其他基础设施的薄弱表现。

4.外国投资

印度政府在过去 20 年中不断改革,许多行业开始向外商直接投资完全或大部分开放,使得印度成为一个具有吸引力的外国直接投资目的地。

毛里求斯的投资者历来是印度最大的投资者。鉴于毛里求斯并非最终投资来源,数据显示,投资主要来自新加坡、荷兰、美国和日本。此外,由于新加坡的税收政策十分友好,外国资金也常常取道新加坡投资印度。

美国和日本一直是印度稳定的外国直接投资伙伴。日本侧重于扶持印度发展基础设施建设,而美国则侧重于消费导向型行业。尽管中国在某些特定领域也是印度的外国直接投资国家,但并不在印度的五大投资国之列。

中国在印度的外国直接投资的水平历来较低。然而近期增长很快,中国的排名从 2011 年的 35 位上升到了 2017 年的 18 位。尽管中国是世界第二大经济体,也是印度最大的贸易伙伴,但中国在印度的直接投资只占投资总额的 0.5%。中国对印度的投资 60% 集中在汽车工业,其次是冶金工业和电子工业。

中国最近开始为印度的初创企业提供资金,例如阿里巴巴是印度最大的支付门户之一 Paytm 的重要投资者。一些中国手机巨头也已经开始在印度建厂以遵守印度需在当地生产的法规,为印度庞大的市场提供服务。

5. 行业分析

农业在印度经济中仍然扮演着重要的角色,比重为 17%,与制造业相同。通常情况下,在服务业占主导地位以前,先是制造业比重上升挤压农业比重,最后是服务业比重上升。但印度并没有以这种顺序发展,而是跳过了工业发展阶段,直接转向了服务业。这就解释了为什么印度的收入水平低,但金融、房地产和专业服务等服务性行业占产出的比例高达 21%,如图 3-22 所示。

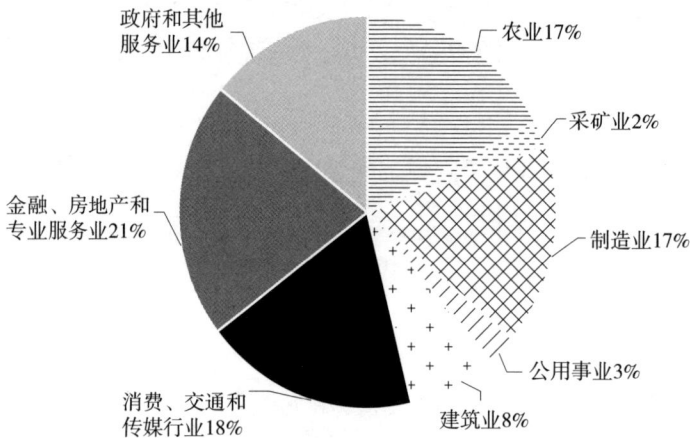

图 3-22　2016 年印度各行业增加值占总增加值的比重

（1）金融行业

在年轻人口众多和废钞令实施的背景下,印度多样化的金融业正在迅速扩张。例如,随着个人资产从实物资产转向金融资产,共同基金的资产管理规模创下历史新高。外国投资政策的放宽也利好保险业的发展,许多外国公司宣布计划增加与印度公司合资的股份。其他非银行金融机构也在这波浪潮中获益。预计印度移动支付行业也将迅速扩张。

金融行业推荐关注的公司包括 Aditya Birla Capital、HDFC Group 和 ICICI Group,均为领先的金融集团,在基金、保险和银行业等不同领域管理着大量资产。

(2)交通运输行业

印度另一个具有良好发展前景的行业是交通运输行业。自 2010 年来该行业平均增速超过了整个经济的增长速度,且这一趋势很有可能会持续下去。受中国"一带一路"倡议启发,印度政府正在积极增加自身的基础设施支出,例如计划在 2017 年建设一条 1360 公里长的公路,以连接印度东北部与泰国等地的市场。这将促进跨境贸易,并增加对运输服务的需求。

(三)巴基斯坦

巴基斯坦政局不稳定,国家安全问题长期阻碍国家经济的增长。但近年来情况好转,GDP 增长率回升至 5% 以上。这种增长在很大程度上是由来自中国的直接投资推动的。

巴基斯坦生产低附加值、劳动密集型产品的能力很强,这些产品包括纺织品、鞋袜和皮革,占据了巴基斯坦出口总额的 2/3,并且大部分出口到了美国和欧洲。廉价的劳动力是巴基斯坦主要的生产优势,尤其是对纺织品行业来说。

另外,由于人口基数大,巴基斯坦受过教育和会说英语的人口数量较多,有助于该国进一步开展服务业。在金融和医疗领域,该国已经拥有了发展较好的服务业,很大程度上是由私营部门推动的。中国将在中巴经济走廊相关的基础设施项目上大举投资,预计巴基斯坦制造业也将大幅增长。

1. 发展优势

巴基斯坦大约一半的融资来自 FDI,另外有 1/3 的融资来自优惠贷款。在 2014 年至 2016 年间,中国共对巴基斯坦投资 8.5 亿美元,是巴基斯坦最重要的投资者之一。2016 年上半年,中国对巴基斯坦的净 FDI 占到净 FDI 总额的 1/3。除此之外,预期 2030 年之前中国将在中巴经济走廊沿线投资 460 亿美元。中巴经济走廊的目标是提升中国边境到巴基斯坦沿线的基础设施。在 460 亿美元的投资当中,有 338 亿美元将投向能源领域,59 亿美元投向道路,16 亿美元投向铁路,还有 7 亿美元投向公共交通。唯一的不确定性来自中巴双方是否能够实际执行投资计划。无论如何,中国的投资潜力是巨大的,若投资承诺可以落实一部分,将给巴基斯坦经济带来正向影响和溢出效益。[①]

美国是巴基斯坦的一个重要伙伴,巴基斯坦对于美国来说在反恐情报、地区稳定、向阿富汗运送武器等方面都非常重要。美巴关系一直比较紧张且缺乏信任,但是最近两国关系质量有所提升。美国国会研究局(CRS)声称从 2001 年起,美国已经向巴基斯坦提供了超过 200 亿美元的直接援助,其中的大部分都是军事援助。

---

① 数据来源:CIA World Factbook,World Bank。

2. 发展劣势

巴基斯坦一直被列为政治不稳定国家,其部分地区还面临着极端势力的威胁。巴基斯坦与印度的关系也非常紧张,部分原因还是由于克什米尔地区存在的争议。上述不稳定因素加剧了巴基斯坦的脆弱性,并且影响到巴基斯坦的经济发展和政治进步。

2016年9月,政府刚刚完成了2013年9月签订的、长达36个月的IMF中期贷款协议,该贷款协议旨在推进巴基斯坦实行重大的结构性改革,促进经济增长和调整经济的不平衡问题。但2018年10月,巴基斯坦再次决定向IMF申请紧急援助,以缓解该国的经济困境。

电力领域是巴基斯坦发展的重要障碍。断电现象非常普遍,这造成了非常高的经济和财政支出成本。同时,电力短缺迫使很多工厂停工从而引发暴力抗议活动,民众不满成为社会不稳定因素。亚洲开发银行的报告显示仅电力不足一项就会使经济年度增长率降低2%。电力紧缺部分原因是巴基斯坦对进口石油和天然气过于依赖,而巴基斯坦缺乏向企业和个人收费的能力。政府已经采取措施清理过去累积的应缴税务和欠款,但是电力输送中的损失仍然很大,因为盗窃油气也是一个比较普遍的现象。

3. 商业与投资环境

巴基斯坦的商业与投资环境较差。尽管该国在市场规模及潜能和金融条件方面得分相对较高,但在劳动力市场情况、投资与市场开放程度以及科技创新这三个一级指标的得分较低。图3-23采用10—100分的评分标准(最高分100分)对巴基斯坦进行了评分。

巴基斯坦市场规模及潜能的得分高于中位数,因为其消费基础相

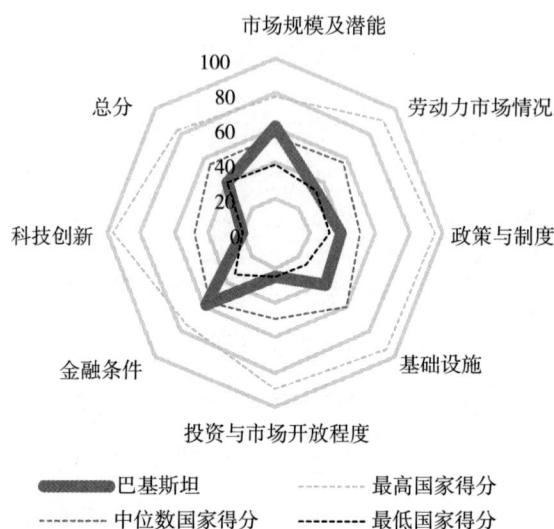

图 3-23　巴基斯坦总体和分项得分情况

对较大。据估计,2018 年巴基斯坦人口为 2.08 亿。然而只有 39%的人口生活在城市地区,且人均收入很低。随着城镇化水平的提高,该国的市场规模有望进一步扩大。

在金融条件方面巴基斯坦表现中等。尽管其金融市场不如其他国家发达,但在脆弱性方面有优势。外债占国民总收入的比例仅为24%,私人部门在过去十年中去杠杆,状况得到了改善,有助于未来经济增长。

巴基斯坦在劳动力市场情况方面得分较低。这是因为该国适龄劳动力占总人口的比例为 61%,相对较低,女性参与度很低,仅为 24%,婴儿死亡率很高,达到 64‰,人口预期寿命仅有 65 岁。巴基斯坦需要加大对医疗保健的投资,以保证其拥有健康的劳动力,并需要对劳动力市场进行改革以提高效率。

巴基斯坦被认为是最难进行跨境贸易的经济体之一,其进出口总额仅占 GDP 的 30%。该国距离各制造业或贸易中心都相对遥远,最近的是新加坡,距离大约 4700 公里。巴基斯坦应采取更多措施以提高投资与市场开放程度。

基于巴基斯坦的发展水平,该国在科技创新方面的得分较低。巴基斯坦人口的识字率非常低,仅有 56% 的成年人能够阅读,11% 的劳动力受过中等教育,研发支出也很低,仅占 GDP 的 0.3%。①

4. 外国投资

由于巴基斯坦安全环境堪忧且电力短缺,该国的投资环境非常艰难,近年来外国直接投资水平很低。目前中国仍是巴基斯坦最大的投资国,占外国直接投资总额的 50%,主要投资领域是能源、建筑和油气。

中巴两国在历史上有良好的投资关系,巴基斯坦对"一带一路"倡议表示强烈支持。巴基斯坦在中国与中东、中亚地区的关系中发挥着关键作用,中巴经济走廊(CPEC)是"一带一路"倡议的核心项目之一。中巴经济走廊项目旨在通过建设现代化的交通网络、能源项目和经济特区等方式,帮助巴基斯坦实现基础设施现代化,促进其经济发展。

5. 行业分析

农业是巴基斯坦的核心产业,2016 年占所有经济活动的 1/4。随后是消费行业,占比 17%,以及交通运输行业,占比 12%,如图 3-24 所示。

(1)金融行业

尽管由中国主导的大型基础设施投资将促进巴基斯坦制造业和运

---

① 数据来源:CIA World Factbook,World Bank。

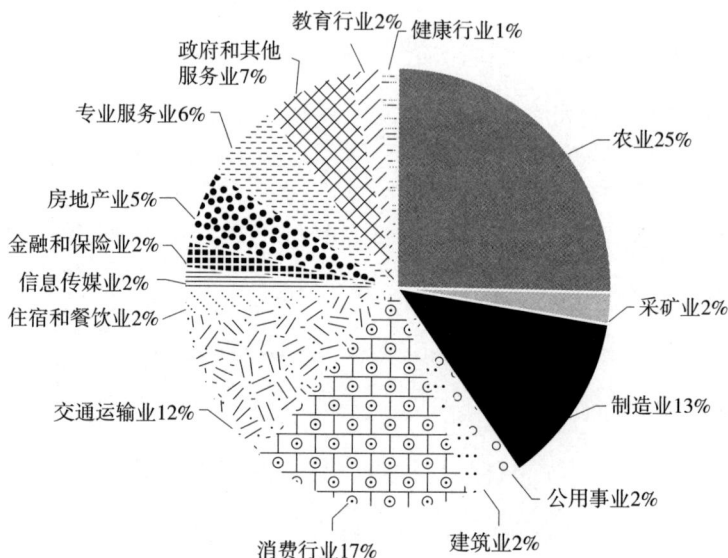

图 3-24　2016 年巴基斯坦各行业增加值占总增加值的比重

输业的发展,金融行业同样可以从整体经济发展中获利。巴基斯坦的金融部门正不断发展,其资产总量占 GDP 的比例很大。几乎所有大型银行都是私营,资本充足率高,且不良贷款率低。保险业吸引力较大,其市场覆盖面广,资产基础较大。小额信贷市场规模较大且在不断增长,也是有前景的领域之一。

金融行业推荐关注的公司包括 Habib Bank 和 Telenor Micro Finance。

（2）医疗保健行业

目前巴基斯坦医疗支出占 GDP 的 0.5%,医疗保健行业未来有很大的增长空间。医疗保健市场 60% 以上的服务由私营部门提供。该国拥有较充足的医疗专业人才储备,有良好的投资机会,而不断增长的人口推动医疗服务需求的上升,也进一步利好医疗保健行业的发展。

医疗保健行业推荐关注的公司包括 Shifa International Hospital 和 Aga Khan Hospitals。

第四节　中东与北非地区

虽然在同一地区,沙特、阿联酋、以色列、埃及四个国家的商业和投资环境差异很大,大部分一级指标中阿联酋和以色列表现突出,沙特其次,埃及最低。只有金融条件和市场规模及潜能不满足这一顺序,主要是因为阿联酋和以色列都是相对较小的富裕国家,其增长潜力有限;阿联酋债务水平相对较高,因此其在金融条件指标上得分较低。

这四个国家的共同点在于:基础设施水平要优于平均水平,但投资与市场开放程度要弱于平均水平。基础设施方面,这四个国家都拥有高质量的航空运输和港口,由于干旱的气候,四国的水资源改善和利用水平十分先进。在投资与市场开放程度方面,这些国家与世界主要贸易中心距离较远,外国直接投资的流入低于平均水平。

一、富裕经济体

(一)沙特

由于石油市场的日益萎缩,以及高失业率问题突出,沙特政府一直在有意识地提高经济的多样化和私有化。历史上该国侧重的领域是电力、通信、天然气勘探和石化行业。

繁荣的石油经济和庞大的政府开支支撑沙特服务业在过去几十年里的大幅增长,约70%的劳动力从事服务业,如行政、国防、建筑、批发和零售、酒店和旅游业等。随着民众收入提高,银行、信息技术、法律服务和医疗保健等高技能行业的需求一直不断增加。然而由于劳动力的教育水平较低、技能和经验不足,沙特面临一定程度的熟练劳动力资源的短缺。

伴随全球能源市场的变化,沙特无法仅依靠石油收入和公共支出实现增长。同时,该国适龄劳动人口将在2030年达到峰值,面临人口老龄化的挑战。

沙特正试图将政府主导的经济模式转变为生产率主导的市场驱动模式,以创造更多的就业机会,提高国内生产总值。沙特政府需要开放贸易环境和市场竞争,提高税收和国内能源价格以及发展工业,以创造开发新的收入来源,应对低油价带来的一系列经济挑战。

1. 发展优势

沙特自然资源丰富,尤其是能源类。国家拥有世界第二大被证实的石油储备资源,占世界储量的17.9%,是世界最大的石油生产国,占全球13%的总产量,也是最大的石油出口国,占世界出口总量的17.2%。沙特拥有2665亿桶的石油储量,以现在的生产水平,能够持续供应接近70年。同时,2015年12月统计拥有被证实的天然气储量为303.3万亿标准立方米。沙特利用其较低的石油提取成本大力发展石化产业,目前石化产品出口达到出口总额的15%以及非石油出口品总额的 60.5%。①

沙特的财政赤字在 2016 年维持在占 GDP 比重接近 10% 的水平，政府的目标是在 2020 年使财政水平进入平衡阶段，而 IMF 认为其赤字水平仍然会在 5% 以上。政府计划通过增加非石油产业的收入，同时减少现有支出的手段来达到财政目标，包括削减补贴，减少公共部门人力规模等，目前已经开始采取的手段有减少补贴、取消津贴、削减公务人员工资。为逐渐摆脱经济对石油的依赖并实现多元化，沙特在 2016 年 4 月推出"活力社会、繁荣经济、雄心国家"为主题的《愿景 2030》经济计划，提出沙特成为阿拉伯与伊斯兰世界心脏、全球性投资强国、亚欧非枢纽三大愿景目标。

沙特的外部条件在 2014—2018 年期间遭受重创后回升。由于石油价格的波动，经常账户由 2014 年接近 GDP 占比 10% 的盈余状态转变为 2016 年低点接近 GDP 占比 10% 的赤字状态，伴随油价的企稳回升，经常账户不断改善，2018 年二季度达到了 GDP 占比 6% 的盈余状态。沙特仍然拥有较强外债偿还能力，根据 IMF 测算，到 2021 年其债务水平可能增加到 35%，但仍然在可控的水平之上，而政府的目标是到 2020 年债务维持在 30% 水平之下。

2. 发展劣势

沙特高度依赖石油价格，使得经济表现较为波动。仅石油的产值就占国家名义 GDP 的 1/4。经济趋势在石油价格高涨时就会表现很好，例如在 2011 年至 2013 年间，实际 GDP 年增长率达 6%，相伴随的

———————

① 数据来源：CIA World Factbook，World Bank。

是平均财政盈余约占 GDP 总量的 10%,经常账户盈余约占 GDP 总量的 21%。而在油价下跌时就会表现较差,例如在 2014 年至 2016 年间,年经济增长率只有 2.7%,财政赤字约占 GDP 总量的 10%。

沙特处于地缘政治的最前端,沙特与伊朗紧张的关系以及与也门存在的冲突,使得它缺乏抵御冲突的能力。

3. 商业与投资环境

沙特具有较好的商业与投资环境。政策与制度一级指标的得分十分突出,劳动力与健康水平、基础设施和金融条件三项一级指标也优于平均水平,但投资与市场开放程度和科技创新两项一级指标相对较弱。图 3-25 采用 10—100 分的评分标准(最高分 100 分)对沙特进行了评分。

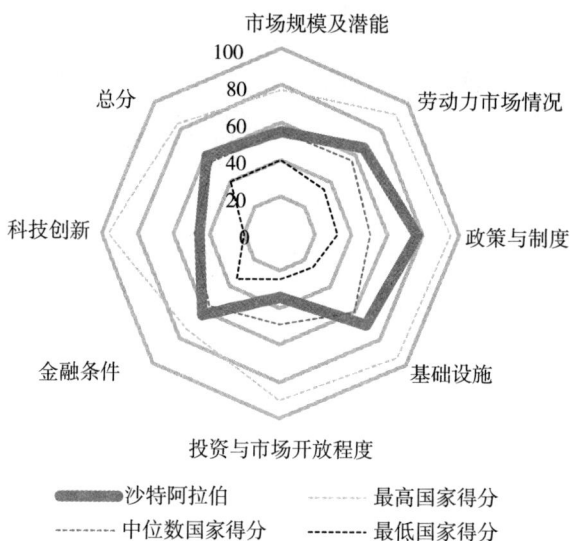

图 3-25　沙特总体和分项得分情况

沙特拥有完备的产权和投资者保护体系,以及高效的公共部门,企业税率仅为15%,政府官员道德水平较高,腐败程度较低,因此政策与制度指标的得分十分突出。

对于劳动力与健康水平指标,其劳动力市场相对灵活,潜在劳动力的数量相对较大,有71%的人口属于适龄劳动力。然而女性劳动力的参与度非常低,在劳动力市场中仅占22%。沙特的基础设施十分发达,电力、公路和港口建设完备。通信设施先进,用户可以拥有平均78kb/秒的互联网带宽,互联网普及率达到了74%。移动电话普及率也相对较高,每百人拥有158部手机。①

沙特的金融体系也相对发达,其股市市值占GDP的48%。目前政府债务的比重与2008年持平,外债仅占GDP的21%,金融系统的脆弱性相对缓解。2008年金融危机以来私人部门债务占GDP的比重有所上升,但增幅较小,水平仍然稳健。

商业和投资环境中最薄弱的是投资与市场开放程度和科技创新。沙特对于外商直接投资的规定和程序十分烦琐,因此在2013年至2017年间净外国直接投资仅占GDP的1%。此外,沙特民众的技能水平相对较低。

4. 外国投资

美国、阿联酋和法国历来是沙特最大的投资者,主要投资领域是化工行业,该行业在全国外商直接投资中占比接近30%,其次是房地产业和旅游业。

---

①　数据来源:CIA World Factbook,World Bank。

中国一直期待与能源大国沙特进行能源方面的合作。过去中国一直是沙特对外直接投资的目的地之一,然而近年来随着中国的崛起,两国建立了一个200亿美元的双边投资基金,涉及沙特核项目以及其他一些经济协议。随着美国在中东地区影响力的减弱,中国正不断填补这些空缺,并向中东经济体确保合作是基于互惠互利的前提。

沙特位于"一带一路"倡议的海上航线上,有望成为贸易中心枢纽,以及非洲地区的贸易门户。沙特也十分期待中国对其位于红海沿岸的吉赞经济城(Jazan Economic City)进行大型投资。沙特正在将其2030年中长期愿景规划和2020年国家转型计划与"一带一路"倡议联系起来,以加强沙特与中国的伙伴关系。

5.行业分析

矿业、石油和天然气行业是沙特的支柱行业,占总产出的22%。金融保险业和制造业各占总产出的13%。我们看好并预计未来中期有大发展的行业,都是受益于政府优惠政策的行业,如图3-26所示。

(1)建筑行业

过去几年,由于石油价格从每桶100美元一路暴跌,最低曾经跌至每桶不到30美元,严重拖累了政府收入,政府不得不采取严格的财政紧缩政策,建筑行业由此受到重大冲击。但随着油价回升至每桶80美元以上,政府财政状况得以改善。当局制订了长期计划以建立一个新的经济城市,这将持续利好建筑行业。

(2)消费行业

作为政府财政紧缩政策和改革计划的一部分,政府削减了大量补贴,出台了新的税收政策,未来几年可能还会进一步削减补贴,受此影

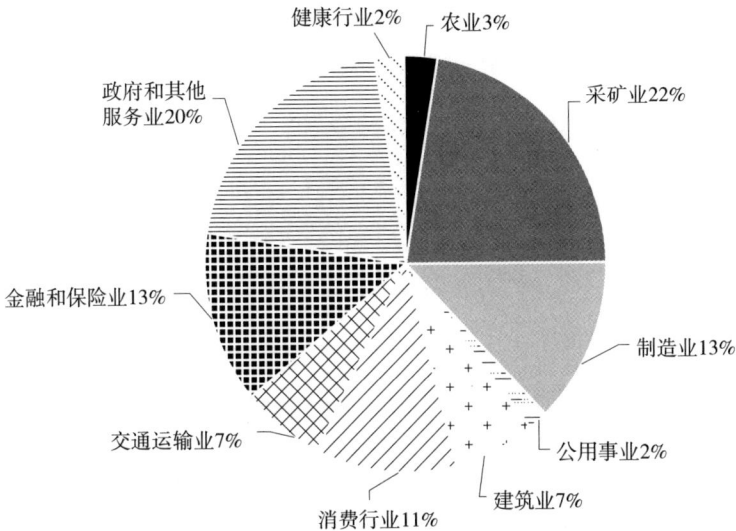

图 3-26 2016 年沙特各行业增加值占总增加值的比重

响家庭支出受到冲击。但是作为社会改革的一部分,政府试图打破几十年来的社会限制,努力为快速增长的年轻人口创造更多的娱乐选择,例如允许电影院开放。开放的社会环境将为零售行业创造更多的盈利机会。

(3)医疗保健行业

第三个重点领域是医疗保健行业。沙特政府明确鼓励私营部门在该行业进行投资,已经允许建造私营大型医院。推荐关注的公司包括 Aldara 医疗中心、沙特-德国医院和 SAAD 医疗中心。

(二)阿联酋

阿联酋是一个拥有发达石油和服务业的富裕市场,拥有世界上最高的人均 GDP 水平和高度发达的福利体系,是中东地区失业率最低的

197

国家之一。严重依赖外国劳动力,超过85%的工作人员是外籍人口。

能源出口一直是阿联酋经济的基石。除此以外,该国的非能源行业,包括旅游业、银行业和可再生能源等,也一直处于阿拉伯世界的领先地位。迪拜将举办2020年世界博览会,因此将重点放在基础设施建设项目上。阿布扎比着重投资替代能源,第一座核电站巴拉卡(Barakah)预计将于2019年年底或2020年投产,另一个投资项目"马斯达尔城"(Masdar City),将建设一个完全依赖太阳能和可再生能源的城市。

除了旅游业以外,银行业、资产管理和能源出口一直是阿联酋经济活动的亮点。最近一些酋长国还在推动经济特区和自由贸易区的设立,以支持阿联酋成为另一个全球贸易中心。

随着外籍劳动力数量的不断扩大和基础设施的不断完善,一些酋长国的房地产业也出现了显著增长。迪拜和阿布扎比对在其酒店业和零售业的外国投资持开放态度,它们还评估了外国投资选择的国内基础设施项目,比如水和天然气管道的改造,其中海水淡化项目十分关键。阿联酋的低税收政策和优惠的投资政策也是吸引外国资本的因素,阿联酋也已成为资本进入非洲市场的门户。

尽管阿联酋长期以来一直是一个免税、贸易友好、对外国资本和企业具有重要地理意义的目的地,但一些关于企业所有权的限制性政策抑制了其进一步的发展。根据当地法律规定,在许多领域阿联酋国民应该持有多数股权;部分酋长国的争端解决机制也十分复杂且严重偏向当地企业。

1.发展优势

阿联酋经济开放,自然资源尤其是石油和天然气资源丰富,根据埃尼(ENI)2018 年《世界油气回顾》①报告显示,阿联酋石油和天然气已探明储量均居世界第七位。近年来,阿联酋大力发展以信息技术为核心的知识经济,同时注重可再生能源研发,首都阿布扎比于 2009 年 6 月获选国际可再生能源署总部所在地。

以丰富的能源为支撑,阿联酋的人均收入水平很高,对外贸易盈余大。阿联酋人口结构年轻化,65 岁及以上人口占比仅为 1.07%,人均预期寿命约为 77 岁。该国基础设施完善,电力覆盖 98% 的人口,互联网用户占比超过 90%,城镇人口在 85% 以上,城市化水平非常高,各酋长国间有现代化高速公路相连,境内建有一条货运铁路。②

阿联酋银行业发达,现有本国银行 23 家、843 家分行及 89 个办事处,外国银行及其他金融机构 115 家。在阿联酋,外汇不受限制,货币自由入出境,汇率稳定,联邦政府财政收入来自各酋长国的石油或贸易收入,公共财政状况良好,政府债务占 GDP 比重仅为 60.3%,且 2016 年以来占比有降低趋势。

2. 发展劣势

自然资源既是阿联酋经济发展的优势,也是其增长的弱点所在。阿联酋出口结构单一,2012 年原油出口占总出口额的 45%,高度外向型的经济使得其对国际经济波动的抵御能力差。

阿联酋的农业不发达,全国可耕地面积仅为 32 万公顷,已耕地面积为 27 万公顷。目前,阿联酋的粮食依赖进口,畜牧业规模很小,主要肉类产品也依赖进口。

---

① Eni,"World Oil and Gas Review 2018".
② 数据来源:CIA World Factbook,World Bank。

3. 商业与投资环境

总体来说,阿联酋拥有良好的商业和投资环境。该国在劳动力市场情况、基础设施、科技创新和政策与制度四个一级指标表现出色,而在市场规模及潜能和金融条件两个方面略低于平均水平。图3-27采用10—100分的评分标准(最高分100分)对阿联酋进行了评分。

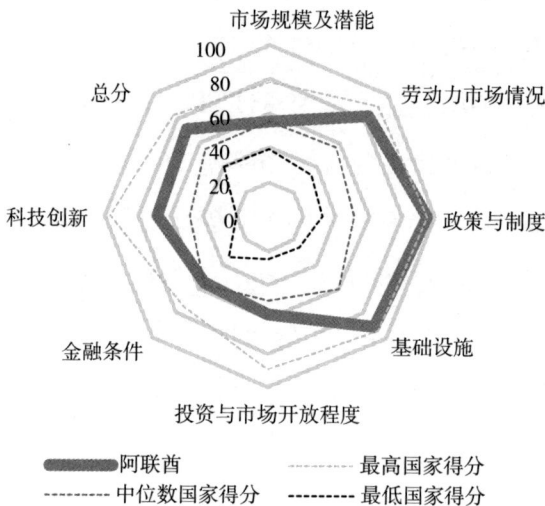

图 3-27　阿联酋总体和分项得分情况

阿联酋在政策与制度指标的得分是所有国家中最高的,具体表现在国家具有出色的产权保护体系,合同执行力度强,政府部门运作清廉高效,税收水平低(企业税率仅为15%)且纳税流程简单。

阿联酋的基础设施得分也很高,其电力、道路、航空运输质量及互联网普及度(90.6%)均处于领先地位。人口方面,阿联酋人口预期寿命达到了77岁,适龄劳动力占总人口的85%,劳动力市场灵活性高。科技创新方面,阿联酋的科学家和工程师人才储备丰富,数学和科学教育水平很高。

阿联酋相对薄弱的是市场规模及潜能与金融条件。阿联酋仅有950万人口,2018年至2022年经济增长率预计每年仅为2.5%,市场规模受到限制。阿联酋外债占比高达56%,私人部门信贷占比2006年至2016年上升了42%,且较难获得贷款,整体金融条件相对脆弱。①

4.外国投资

阿联酋一直是美国、英国和印度等多个国家海外投资的目的地,主要针对能源、批发、金融等领域。阿联酋政府正不断放松对于所有权的各种限制,以便营造更加友好的商业环境。

21世纪以来,中国成为阿联酋的重要投资者。越来越多的中国游客前往阿联酋旅游,同比增速两位数以上。同时,中国对阿联酋的能源、零售、酒店和基础设施行业也有投资意愿,中国承包商已在该地区承建了超大型的基础设施项目,例如,机场、港口、管道等基础设施开发。

因为阿联酋是"一带一路"倡议的一个中心点,所以中国一直很重视对阿联酋的投资,以满足阿拉伯地区的需求,促进基础设施建设,帮助亚洲新兴市场扩大规模。阿联酋政府十分欢迎"一带一路"倡议,并正式与中国企业在感兴趣的领域签署了多项协议。

5.行业分析

矿业、石油和天然气是阿联酋最主要的行业,占比16%,消费行业、房地产和专业服务两个行业各占13%,如图3-28所示。

————————————

① 数据来源:CIA World Factbook,World Bank。

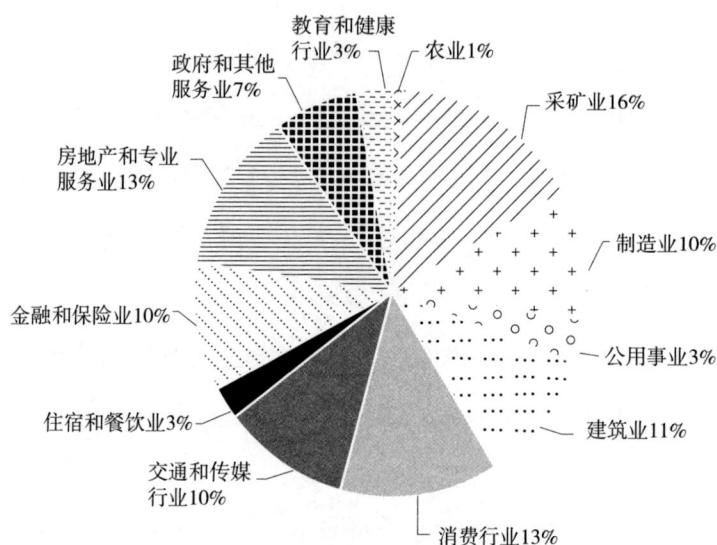

图 3-28　2016 年阿联酋各行业增加值占总增加值的比重

（1）医疗保健行业

近年来阿联酋的医疗行业迅速扩张,尤其是在 2015 年迪拜实施强制性医疗保险之后。该国快速增长的人口和不断扩张的健康旅游市场将在未来支持医疗行业的进一步发展。目前有很多海湾阿拉伯国家合作委员会的居民远赴新加坡以获得专科治疗,而迪拜医疗城(Dubai Healthcare City)这一自由区将引进更多优质的医疗服务机构,从而满足附近国家居民的需求。

（2）交通运输业

2008 年金融危机后全球经济增长疲弱,对阿联酋至关重要的物流行业受到冲击。随着全球经济复苏,预计今后阿联酋的物流运输行业将保持活力,并刺激包括迪拜的杰贝尔阿里港(Port of Jebel Ali)在内的货运量的增长。另外阿联酋的旅游业富有活力也有助于客运的提升。

(三)以色列

以色列是"一带一路"沿线国家和地区中最发达的经济体之一,也是 OECD 成员国之一。2014—2017 年 GDP 年均增长率为 2.8%,是 OECD 成员国中最高的。尽管增长强劲,该国的通货膨胀率保持在 1% 以下。以色列以出口高科技产品和服务为主,支持稳固的贸易顺差,以及外国直接投资不断增加。

以色列拥有坚实的技术密集型产业基础,如国防、生命科学、通信和信息技术等。拥有活力十足的风投生态圈和高研发投入,使得以色列占据全球科技创新的领跑地位,技术密集型产品和服务是以色列出口的主要推动力。以色列现有创新型企业 7000 多家,而且每年都有大量的创新企业涌现出来。除了本土的创新公司,作为全球高新技术的主要来源地,以色列还拥有 300 多家世界知名跨国公司的研发中心,这些公司涵盖各行各业,但多为技术类公司。

此外,以色列最近发现了天然气储备,成为天然气净出口国。这促进了天然气运输,例如管道和液化天然气终端等方向的投资,制造业有望向能源密集型转型。不足的是,以色列地缘政治仍然不稳定,企业税率高,劳动力成本也十分昂贵。

1. 发展优势

高新技术是以色列的经济支柱,高科技产品在国际市场上极具竞争力,在电子、通信、软件、生物技术、农业技术及航空领域拥有技术优势,在这些领域的产品和技术输出是该国重要的收入来源。出口占以色列全年 GDP 的 30%左右,每年大量的高新科技技术与产品被输出到世界的各个角落,造就了以色列以技术出口为导向的经济发展模式。

虽然以色列的 GDP 总量并不算大,但其人均 GDP 水平却可以媲美众多欧美发达国家。2017 年世界银行报告显示,以色列商务环境在全球排第 52 位,是在中东地区开展商务活动的首选之地。以色列政治制度稳定,经济基础雄厚,法律体系完备,整体商业风险水平处于可控范围内。

以色列强调经济自由化与市场活力,不断降低政府对合理商业活动的影响与干预。同时,以色列的外资公司融资条件相对宽松,没有明显的外汇管制。融资渠道方面,外资公司与以色列本土公司享受同等待遇。健全的高度透明化税收体系不断减轻企业税收负担,提高商业执行效率。近年来,以色列政府致力于推动多项措施,对满足条件的外国投资者提供免除资本所得税的优惠。

2. 发展劣势

在总体经济规模上,以色列只能被归为一个小型经济实体,易受到国际经济波动影响。2016 年,以色列高科技产业的出口首次出现了较大程度的下滑,出口额减少了 60 亿新谢克尔,同比下降幅度达 7.1%,尤其在占高科技出口达 10.1%的计算机和电子设备领域下滑严重,该领域的出口减少了 50 亿新谢克尔。

另外,巴以关系恶化对以色列社会安全构成了一定的风险,并迫使政府加大国防开支,对财政形成一定压力。

3. 商业与投资环境

以色列的总体得分较高,主要是由于该国强大的科技创新能力和金融条件。由于人口规模较小,唯一表现较差的是市场规模及潜能。图 3-29 采用 10—100 分的评分标准(最高分 100 分)对以色列进行了评分。

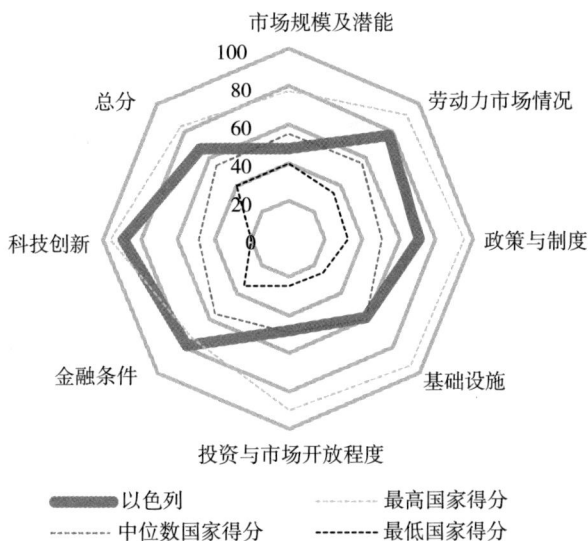

图 3-29 以色列总体和分项得分情况

以色列拥有强大的研发部门,在科技创新方面表现十分突出。以色列的研发投资占 GDP 的比重约为 5%,是世界上占比最高的国家之一,在风险投资资本的可获得性方面世界排名第二。由于其股票和债券市场高度发达,以色列在金融条件指标的得分也很高。以色列拥有灵活的劳动力市场和熟练的劳动力,因此劳动力市场情况方面表现也非常突出。以色列唯一薄弱的是市场规模及潜能,因为该国人口少,总体 GDP 总量也不高。

4. 外国投资

以色列对私人和外国投资者都非常开放,只对国防和通信方面的投资有所限制。主要的外商直接投资来自美国,主要流向高新技术和制造业。

21世纪以来,中国与以色列的合作和对以色列的投资迅速增加,中国有望取代美国成为以色列最主要的投资国。为了吸引中国投资者,一些以色列初创企业选择中国香港作为首次公开发行的目的地,成为新趋势。中国的投资主要集中在高新科技和产品领域。由于以色列在高科技产品上的优势以及中国在电子制造业上的优势,两国互补性极强。以色列是"一带一路"倡议的支持者,以色列总理参加了"一带一路"倡议相关会议,并积极背书倡议。

除了在高新科技方面的强大实力,以色列重要的战略位置和稳定的政治制度也可在中国向中东和地中海地区拓展市场的过程中发挥重要作用。目前,中国承包商正在牵头扩建位于地中海沿岸的深水海港阿什杜德(Ashdod),并计划通过高速铁路将其与红海沿岸的埃拉特港(Eilat Port)连接起来。

5. 行业分析

以色列经济高度发达,以服务业为主,因此技术、金融和医疗等服务业占其产出的很大一部分。其他主要行业是制造业、消费行业和采矿业,如图3-30所示。

(1)科技行业

作为科技创新的顶尖国家,科技行业是以色列最有前景的领域。该国拥有高技能劳动力和出色的支持创新的投资环境。技术领域中最

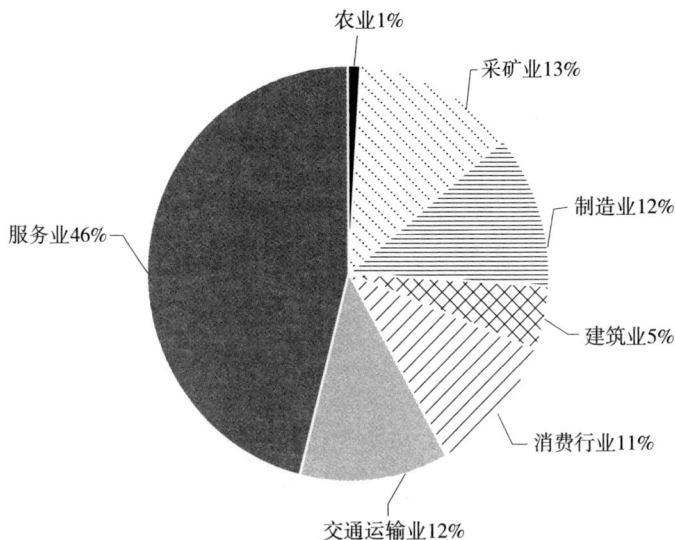

图 3-30　2016 年以色列各行业增加值占总增加值的比重

引人注目的细分行业,是网络安全、医疗设备和金融技术。

以色列目前在网络安全领域也处于世界领先地位,在全球市场占有相当份额。它还是医疗器械领域专利数量最多的国家之一,并且在金融技术领域处于领导地位。

科技行业推荐关注的公司包括 Waze 和 Rewalk。

(2)制药行业

以色列在科技创新方面拥有顶尖的人才储备,在医药行业领域地位重要。药品出口在以色列出口中占比很大。以色列的生命科学公司大多专注研究,保证了该国未来的制药行业的创新和发展。

Teva 是以色列制药行业的主导企业,其他大型制药公司包括 Dexcel 和 Unipharm,重要的特色产品包括酶和质子抑制剂。

二、潜在经济体

（一）埃及

埃及经济以城镇服务业为主，国有企业占据了大部分核心行业。埃及的公共机构雇用了大约 30% 的劳动力，但效率低下、债台高筑，核心行业的发展也因此受到拖累。

埃及政府已经开始了国有企业改革计划，承诺将剥离国有企业的大部分国有的股权，这将有利于私人部门在金融、医疗保健和重工业制造业等核心领域的扩张。埃及人口年轻，50% 的人口分布在 15—45 岁这一年龄段。劳动力受教育水平较高，成人识字率为 74%，是中东和北非地区受教育的劳动力人数最多的国家。①

埃及的地理位置非常重要，劳动力优质且成本低廉，最近推进的公共工程项目为外国公司提供了许多投资机会，政府的自由化政策也进一步鼓励了外国投资。

1. 发展优势

埃及拥有 9000 万人口，苏伊士运河是通往中东地区的重要通道，在复杂不稳定区域占据重要力量，埃及在地缘政治方面具备重要影响力。为了获得财政支持，埃及一直以来都依赖海湾阿拉伯国家合作委员会（Gulf Cooperation Council，GCC），尤其是沙特和阿联酋。例如，

---

① 数据来源：CIA World Factbook，World Bank。

2014年至2015年间,埃及从这些国家共收到超过100亿美元资助,包括60亿美元的储蓄资金用于帮助中央银行加强流动性,10亿美元的现金支持,37亿美元的实物支持。最近,阿联酋也资助埃及10亿美元用于帮助埃及成功获得一项IMF协议。由于伊斯兰极端分子及穆斯林兄弟会的威胁,GCC将埃及视为一个关键盟友,并持续给予帮助支持。然而近期商品价格的暴跌以及与卡塔尔关系的破裂使得GCC减少了对埃及的支持项目。美国也是埃及的传统盟友,确保地区稳定以及打击极端分子的政策仍然是美国在埃及的头等大事。在1948年至2015年间提供了约760亿美元的资助,在2016财年仅军事支持就达13亿美元。

自2014年塞西上任总统以来,一系列重要的改革措施相继实施。其中一项是在2015年3月修改更新了一项重要的投资法案,使得埃及的法律框架对于外来投资项目更加友好。另外,埃及成功举办了一场备受瞩目的投资峰会,吸引了达382亿美元的投资承诺并签署了交易额达920亿美元的备忘录。政府也实行了一系列其他的财政预算改革措施,例如逐步消除燃料补贴,从而国债评级于2015年获得提升。埃及与IMF在2016年达成了一项重大协议来帮助埃及重振国内经济,巩固改革成果。

塞西上任总统后,一直在大力改革并推动埃及能源部门的发展,并将其作为重点优先发展目标。电力短缺过去一直是埃及频繁持续出现的问题,目前该问题不断在改善,并且计划在2020年将有20%的能源被清洁能源所替代。能源补贴长期拖累财政状况,将会被逐渐取消。最近高达30万亿立方米的"超大型"燃气储备被发现,对埃及来说无疑是振奋人心的。一旦油气进入开发生产,埃及将不再需要进口燃气来满足国内需求。

自从 2008 年全球金融危机发生以来,埃及的经济表现非常弱势,增长率在 2011 年前一直不足 0.5%。旅游、投资和消费在动荡、不确定的政治环境下举步维艰。在政治环境稳定后,经济活动迅速展开,经济抗压性较好。

2. 发展劣势

尽管外债和外部融资需求相对较低,埃及的外部流动性自政局突变后严重受损。外汇储备持续走低,一直降至 2016 年 7 月仅有的 155 亿美元,而在 2010 年 12 月的时候还有 360 亿美元的外汇储备,缺乏外部流动性影响了商业部门以及埃及的总体经济。

埃及的财政状况在近年来被严重破坏,经济下行影响了居民收入,补贴、工资和利息支出也导致支出严重不灵活。尽管政府已经着手进行一项调整项目并且取得了部分进展,仍然需要做大量工作来扭转埃及社会的结构性缺陷。一些类似于引进增值税和减少燃料补贴的重大改革方案在 2016 年获得通过,但进程远比人们设想的要慢。其他的改革措施也在进程中,例如简化政府部门机构,埃及约有 33 个不同的行政组织,超过 2500 个部门,总计超过 640 万人被雇佣为执行主体,因而这也是一项令人生怯的任务。政府所面临的挑战是如何在维持社会稳定的基础上逐步推动改革与调整。

3. 商业与投资环境

根据我们的衡量体系,埃及的商业和投资环境相对较差。其政策与制度、科技创新、投资与市场开放程度得分很低,但金融条件得分相对较好,略高于平均水平。图3-31采用10—100分的评分标准(最高分100分)对埃及进行了评分。

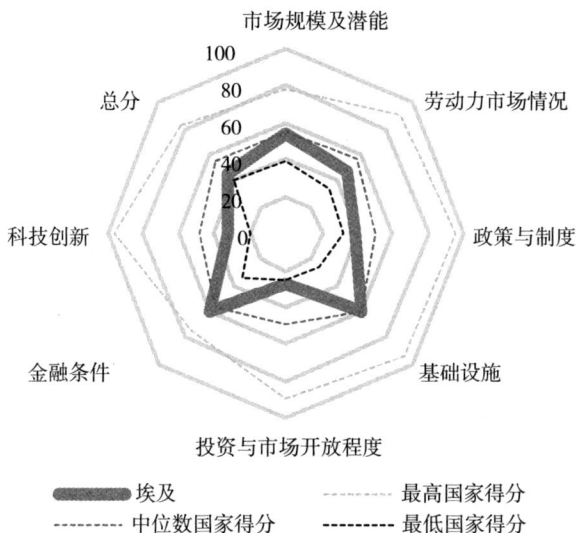

图3-31 埃及总体和分项得分情况

目前埃及的外债仅占国民总收入的20%。2006年至2016年仅有两个国家将国内信贷投向私人部门,埃及是其中之一。因此,埃及在金融条件一级指标的得分较高。

在政策与制度方面,埃及的税收支付和合同执行困难重重,企业税率高达44%,缺乏对少数股东的保护,因此得分较低。

埃及在投资与市场开放程度方面表现尤其糟糕,主要是因为投资和贸易占GDP比重较低,其中投资仅占15%,进出口仅占37%。同时埃及的政策限制了外商直接投资,跨境贸易阻力较大。2004年政府建立自由贸易区,并推出经济政策降低及简化税率,以吸引外资。

在科技创新方面,大多数二级指标得分均低于平均水平,数学与科学教学质量尤其薄弱。

对于其他三项一级指标,埃及的得分略低于平均水平。但也存在一些积极因素,埃及 GDP 增长的波动性相对较低,标准差仅为 1.7%,人口仍有增长空间,预计 2017 年至 2022 年增加 900 万人口。99%的人口能够获得纯净水。埃及港口质量较高。

4. 外国投资

埃及主要的外国直接投资来自英国和比利时等欧洲国家,也有一些来自美国,主要投资领域是石油、服务业和金融业。

近来中国在埃及的投资不断增长,已经超过阿联酋和沙特等传统投资者,占据主导地位,贡献了近 1/3 的外商直接投资存量。在开罗新首都的建设和开发过程中,中国建筑发挥了重要作用,该项目预计需要投资 200 亿美元。

埃及是 2015 年加入中国亚洲基础设施投资银行(AIIB)的首个非洲国家。埃及地处中东和北非地区的战略要地,尤其是埃及政府资助的苏伊士运河扩建项目,将在中东和北非地区的"一带一路"倡议中发挥关键作用。

5. 行业分析

根据联合国的数据,政府和其他服务业占埃及总产出的很大一部分,约31%。制造业规模占总产出的 17%,农业部门占总产出的 12%,传统服务业也占有一定比例,消费、住宿和餐饮业占总产出的 16%,如图 3-32 所示。

(1)石油和天然气行业

未来随着政治和经济风险的减退,我们认为两个行业将显著受益。

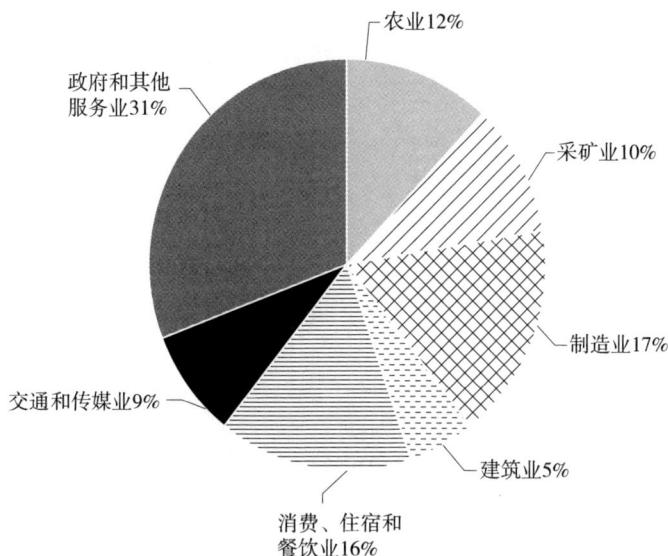

图 3-32 2016 年埃及各行业增加值占总增加值的比重

一个行业是石油和天然气行业。该行业在 2011 年后的五年间,多种因素阻碍了国际上能源企业在埃及的投资,因此天然气行业发展一直受阻。近年来埃及的一系列改革吸引了一定的资本流入,并在 2015 年发现 Zohr 超级气田。该气田从 2017 年底开始投入生产,与其他气田产量相结合,预计到 2020 年埃及的天然气产量将会翻倍,帮助埃及再次成为天然气的净出口国。另外,埃及在 2018 年 2 月与以色列达成的一项协议,将促使埃及成为泛东地中海盆地的液化天然气出口枢纽。

(2)信息技术行业

另一个行业是信息技术。埃及是北非国家中通信基础设施覆盖率最高的国家之一,有 5400 多家公司从事信息技术服务,拥有 21.7 万名专业人才。超过 3300 万人(超过 30%的人口)经常上网。

因为埃及使用阿拉伯语,所以它也是中东和北非地区的客户服务中心和产品开发基地。该国已成为追求低成本产品开发和服务的跨国公司的首选目标。

信息技术行业推荐关注的公司包括 Xceed 和 ITWORX。

第五节　新兴欧洲国家

尽管入选的新兴欧洲国家——波兰、俄罗斯、土耳其、乌克兰在文化、制度、人口和经济体系等方面都存在差异,但基于我们的评价体系,这些国家存在相同投资主题。

该地区的国家在三个一级指标的得分普遍高于其他地区,即基础设施、科技创新、劳动力与健康水平情况。波兰、俄罗斯和土耳其基础设施方面的出色表现说明,尽管它们不是世界上最发达的国家,但该地区长期以来一直是工业化国家,有健全的基础设施。在现代化基础设施建设上,比如互联网带宽和普及率,这些国家同样也做得很好。在科技创新方面,波兰、俄罗斯和乌克兰表现出色,反映了该地区教育优先的传统。

然而就金融条件而言,这些国家的排名普遍低于平均水平。尽管落后的原因各不相同,但总体而言,这些经济体的负债要高于正常水平,金融市场发展相对落后。出乎意料的是,从地区层面上看,新兴欧洲国家在市场规模指标上的表现是最差的。这些国家实际上并非小型市场,其糟糕的得分是由于过去显著的经济波动,包括产出、通货膨胀、失业率等方面的波动,以及未来悲观的经济和人口增长预期。预计波兰、俄罗斯和乌克兰的人口数量将在未来数年出现下降,而这四个国家从 2019 年至 2023 年的经济增速均不会超过 3.5%。

一、富裕经济体

(一)波兰

波兰的经济状况良好,经常性账户赤字较低,通货膨胀较低,是中东欧地区最大的经济体。2018 年,波兰的人口在欧洲位居第八,自1991 年以来只有一年 GDP 出现过负增长,家庭消费增长约为欧元区平均水平的 1.5 倍①。该国中端市场尤其具有吸引力,市场割裂严重,有巨大的整合空间。

1. 发展优势

波兰是大型多元化经济体系,充足的国内市场能够有效地平衡外部与本国需求的增长。它是东欧新兴市场国家中最大的经济体,在GDP 与人口方面都超越了俄罗斯。这些特点使得波兰能够从国内获得经济增长的动力,而减少对于欧元区国家出口的依赖。受惠于欧洲最大经济体——德国建立起的产业链,波兰拥有附加值高、运行稳健的制造业基础。波兰的经济在 2012 年到 2013 年间下滑剧烈,多项宏观经济指标触底,但是在欧元区其他国家的帮助下,很快在 2014 年反弹

---

① 数据来源:CIA World Factbook,World Bank。

回升,年均增长率达到了 4%。目前对波兰来说最大的增长风险来源于外部需求的下降,尤其是德国和其他欧盟国家。但是国内需求扩张在很大程度上能够抵消外部冲突。

波兰的增长速度比同等水平的其他区域内伙伴快很多,尤其是在 2008 年至 2009 年,很快就从全球金融危机中恢复过来,并且持续维持正增长。政府部门进行了重大财政调整和货币调控,以抵御金融危机的冲击,从而使波兰能快速从全球金融危机中复苏。俄罗斯是波兰除欧盟以外最大的贸易伙伴,欧盟和美国对俄罗斯的制裁让波兰的制造业遭受了大幅下滑,但对总体增长趋势并没有过大的影响。关于 2015 年发生的大型汽车生产商对于汽车发动机数据造假的事件,对波兰造成的影响有限,因为汽车工业在波兰的制造行业中只占 15%。同样中国经济增速放缓对波兰的影响也不大,毕竟对中国的出口只占总出口的 1%。

波兰是能取得 IMF 灵活信用额度(FCL)的三个国家[①]之一。FCL 是在全球金融危机发生时期产生的,用于向拥有较强基础和制度的国家提供大量资金支持的项目。波兰自 2010 年开始拥有 FCL 资格,在 2015 年 1 月更新了协议内容,能够获得 230 亿美元的支持。FCL 还给予波兰额外的外汇储备缓冲额度,目前该账户达 1120 亿美元。这些 IMF 补充性的基金为波兰应对潜在的外部冲击提供了额外保护。[②]

2. 发展劣势

作为波兰养老金改革的一部分举措,养老基金所持有的国债以及

---

① 其余两个国家是哥伦比亚和墨西哥。
② 数据来源:CIA World Factbook,World Bank。

大量养老金债务在 2014 年 2 月划转到了社会保障部门,这就导致了国债总量的一次性减记。同时,养老金改革导致外国投资者国债持有量占比的增加,以外币计价的债务占总债务的比重上升。2010 年底境外投资者持有国债的占比为 43%,到 2014 年底增加至 57%,这使得波兰易遭受外部资金流回撤的冲击。

波兰在 2015 年 10 月进行了国会选举,反对派法律与公正党(PiS)获得了超过预期的支持,不需要与对手结盟的情况下获得了控制立法机关的权利。PiS 的胜利让他们有足够的余地去执行竞选中承诺的扩大支出、向银行系统征税等措施。新政府承诺的种种措施却被欧盟的指导方针所限制,认为这些措施会损害财政状况。

3. 商业与投资环境

波兰的商业和投资环境具有吸引力,在大多数一级指标的得分都很高,尤其是基础设施以及劳动力市场情况,但波兰的市场规模及潜能得分非常低。图 3-33 采用 10—100 分的评分标准(最高分 100 分)对波兰进行了评分。

波兰民众的电话线路可得性和人均互联网带宽使其在基础设施方面占优势。但波兰表现最突出的是劳动力市场情况这一指标,2016 年该国婴儿死亡率仅为 0.4%,预期寿命达到了 76.6 岁,其他二级指标也相对稳定。

市场规模及潜能指标的得分大大拖累了波兰的总体得分。该国市场规模较小并不是因为人口基数少或经济规模小,而是因为失业率波动大,标准差达到 4.8%,人口规模预计到 2022 年将比 2017 年减少 40万;波兰城市化率的增长很慢,预计同期增长仅为 0.4%。波兰的经济

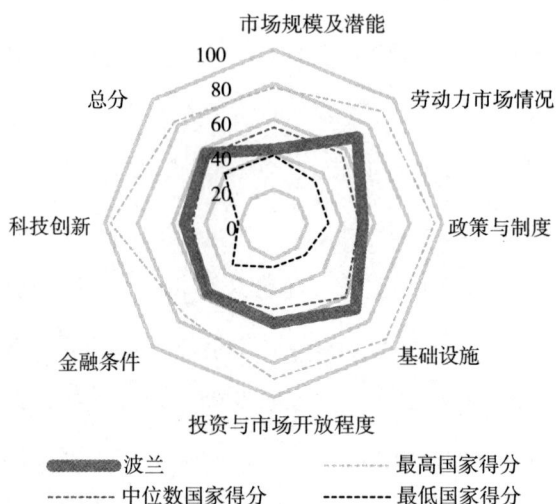

图 3-33 波兰总体和分项得分情况

增长预期也低于相同发展水平的国家,预期未来年增长率仅为 3%。

在其他方面,波兰的表现通常略好于平均水平,尤其是便利的跨境贸易和良好的信贷服务,但其公共部门效率相对低下。

4. 外国投资

波兰的外国直接投资流入主要来自荷兰、德国和卢森堡等欧洲国家,主要投资领域是制造业、服务业和通信行业。波兰吸引外国资本的主要因素是大量的廉价熟练劳动力和优良的财政系统。同时波兰还拥有若干经济特区,进一步改善了外商直接投资的条件。

目前中国尚未在波兰进行过重大投资。但是,中国愈发重视中东欧地区,2012 年搭建的"16+1"框架将有助于扩大经济合作平台。未来几年,波兰作为通往西欧地区的陆路和海路的关键枢纽,其战略地位将不断提高。

5.行业分析

制造业是波兰最大的行业,占 GDP 的 20%。消费行业位居第二,占比 17%,如图 3-34 所示。

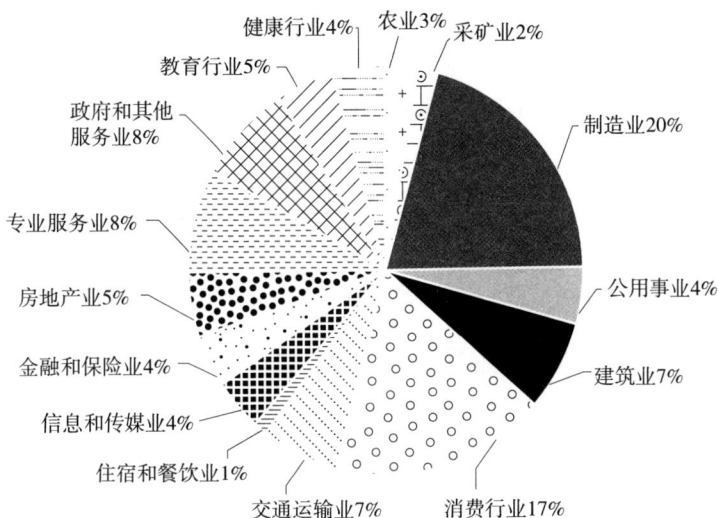

图 3-34 2016 年波兰各行业增加值占总增加值的比重

(1)商业与科技服务行业

波兰的外包商业服务处于世界领先水平,该行业增长速度是印度和菲律宾的三倍。该行业目前有 16 万名员工,多为大学生且精通英语、德语和其他西欧语言。

波兰的一大优势是与目标市场西欧时区差别小。另外,相比西欧国家,波兰员工的编程水平一流,且劳动力成本低,因此吸引了许多外国公司,例如:微软、惠普、谷歌、甲骨文、IBM、SAP 等,在波兰设立软件开发部门。根据波兰投资和贸易署的数据,领先的技能水平和低廉的成本,推动了西欧国家信息技术外包服务至波兰,该行业年均增速达到

20%,大部分全球业务外包公司在波兰都设有基地。

推荐关注的公司包括波兰第二大软件外包公司 Intive,最大的信息技术外包公司 Atos,以及 Asseco 和 Comarch。

（2）食品和农业

波兰拥有欧洲第四大耕地面积,也是第七大粮食生产国。国家位于欧洲的中心地带,可以轻易地满足 1000 公里范围内 2 亿多人口的粮食需求。在波兰,食品和农业行业占到 GDP 的 7%,且其增长速度高于欧洲的其他地区。城市化的推进也提高了波兰在食品生产行业加工设备的现代化,特别是在乳制品、肉类和饮料等领域。

波兰最大的私人食品加工企业是 Maspex 和 Mlekovita。

（二）俄罗斯

俄罗斯国内 GDP 增速在 2015 年和 2016 年出现萎缩后,在 2017 年回升至 1.9%。虽然该国的服务业在不断发展,但仍然依赖石油、天然气和其他矿产的出口。[①] 国际制裁、油价下跌和货币贬值是导致 2015 年和 2016 年的 GDP 下行的原因。目前通货膨胀率从 2014 年的 11%下降到 2017 年的 5.7%,预计还会进一步下降。随着石油和天然气价格回升,俄罗斯的贸易顺差一直保持在 GDP 的 8.5%,经常账户盈余预计将保持在 GDP 的 4%左右。尽管面临着欧盟及美国制裁和油价走低,俄罗斯仍将公共机构债务控制在了 GDP 的 20%以下。俄罗斯庞大的城市中产阶级正不断努力提高生活水平,从而带动了对高端消费

---

① 数据来源:CIA World Factbook,World Bank。

品以及教育和医疗领域的私人服务需求的不断增加。

俄罗斯拥有世界上最大的耕地,是世界上最大的小麦出口国,在牛奶、家禽和猪肉生产等方面自给自足。俄罗斯政府正在采取措施以减少其经济对石油和天然气的依赖,农产品出口对俄罗斯实现出口多元化目标发挥了重要作用。

俄罗斯鼓励外商直接投资的领域大多是传统产业,如石油、天然气、交通和通信设备、食品加工、纺织、汽车制造等行业。2008 年 5 月,普京正式签署《外资进入对国防和国家安全具有战略性意义行业程序法》,明确规定 13 大类 42 种经营活动被视为战略性行业,主要包括:国防军工、核原料生产、核反应堆项目的建设运营、宇航设备和航空器研究、密码加密设备研究、天然垄断部门的固定线路电信公司、联邦级的地下资源区块开发、水下资源、覆盖俄罗斯领土一半区域的广播媒体、发行量较大的报纸和出版公司等。2017 年 8 月,俄罗斯电网公司(ROSSETI)被纳入战略性企业清单。此外,俄罗斯禁止外资投资经营赌博业、人寿保险业,禁止外资银行设立分行。

1. 发展优势

俄罗斯的自然资源极其丰富,拥有世界上最大的天然气储备,第二大的煤炭储备和第八大的原油储备,同时它也是世界上第三大的石油生产国和第二大的天然气生产国。俄罗斯已探明的石油储量达到 800亿桶,每天的石油生产量为 1050 万桶,其中有 1/3 用于本国消费。在矿产领域,俄罗斯是世界上最主要生产商之一,其生产的产品包括铝、铜、金刚石、金和铁矿石等。

得益于政局和社会的稳定,俄罗斯经济预计从 2012 年的 2.5 万亿美元增长至 2019 年的 4.3 万亿美元,2017 年公共债务 GDP 占比为 17.4%(1999 年为 92.1%),2017 年外汇储备为 4330 亿美元(1999 年为 120 亿美元)。

银行系统资产总值为 14330 亿美元,较 1999 年增长了约 24 倍;资本市场总额为 6210 亿美元,较 1999 年增长了约 15 倍。劳动力市场改善显著,2017 年名义平均月工资为 652 美元,较 1999 年增长了近 11 倍;失业率大幅降低,2017 年失业率为 5.2%,较 1999 年减少 1.5 倍。由此带来的俄罗斯国内市场潜力巨大,其规模在 144 个国家中排名第七,随着国民消费能力不断增强,中产阶级规模增长了 2 倍。

俄罗斯的优势还体现在它的资产负债表上,表现为财政赤字小。2016 年,财政赤字 2.97 万亿卢布,占 GDP 的 3.5%。据俄罗斯财政部预测,财政赤字到 2019 年将降至 1.2%,主要原因是超出预期的经济增长、良好的税收征管及对外贸易的大幅增长。负债水平低,低赤字水平帮助公共负债维持在 GDP 的 15%,并主要由本国货币构成,这一负债比例处于全世界最低的区间。政府储蓄充足,政府储蓄总计 1050 亿美元,约占 GDP 的 8%。目前俄罗斯设有两个基金,储备基金达 322.6 亿美元,国家福利基金达 731.1 亿美元。当石油价格超过长期石油价格时,超额石油收益进入储备基金,最高可达到 GDP 的 7%,目前储备基金占 GDP2.4%。当储备基金超过 GDP 的 7%后,额外的石油收入将转移至国家福利基金和公共基础设施项目。

世界经济论坛《2016—2017 年全球竞争力报告》显示,俄罗斯在全球最具竞争力的 138 个国家和地区中,排第 43 位。世界银行《2017 年营商环境报告》中,俄罗斯在全球 190 个经济体中营商容易程度排名第 40 位,高于中国排名(第 78 位)。在税收方面,俄罗斯鼓励外商投资优先发展领域项目,为高新技术领域投资者提供更多的税收优惠,包括土地租赁、电费、市政费和其他优惠。

2.发展劣势

2014 年 2 月乌克兰的政治危机在乌克兰和俄罗斯之间引发了亲西方和亲俄势力之间的紧张关系。2014 年 3 月中旬克里米亚的独立公投成为西方和俄罗斯之间紧张局势的催化剂,东部省份的亲俄分离派依赖于来自俄罗斯的支持,引发了一系列的暴力冲突。亲俄分离派通过公投宣布了独立,但独立结果只被俄罗斯承认。从 2014 年 3 月开始,对俄罗斯的制裁逐步增强,制裁范围逐步扩展到经济的重要领域,例如金融服务,防御措施和能源。大量的西方企业减少了在俄罗斯的业务活动。另外,很多欧洲国家开始采取行动降低对于俄罗斯天然气进口的依赖度,因此,俄罗斯正在被孤立,欧盟自 2017 年对其展开制裁以来力度没有明显改善。

俄罗斯的经济增长势头正在变弱。根据国际货币基金组织的预测,在 2017—2021 年俄罗斯的经济增速每年将为 1.3%。即便在被制裁之前,俄罗斯的经济增长也面临很多结构性阻碍:投资的缺乏、无效的大型公共部门、不友好的营商环境和不利的人口预期。而制裁的影响将会大幅度恶化上述趋势。

俄罗斯对原油的依赖程度很高,与其他独立国家联合体(CIS)国家的情况相似,俄罗斯的经济对原油价格的浮动非常敏感。政府一直试图将俄罗斯经济多元化,但鲜有成功。原油的出口量占到了俄罗斯总体出口量的 2/3 和政府收入的一半,原油产业成为俄罗斯经济增长的引擎,同时对其他部门产生了重要的溢出效应。在高油价的时代,俄罗斯的经济就会表现强势,但一旦油价下跌,俄罗斯的经济也会萎缩。2015年至2016年原油价格的暴跌也是造成俄罗斯经济萎缩的重要原因之一。

俄罗斯的银行系统不够健全,尤其体现在中小型的银行上。在2008—2009年和2015—2016年的两次经济危机区间,政府被迫向一些银行提供流动性和本金注入来帮助它们摆脱困境。俄罗斯的银行系统有诸多问题,包括大量不良资产和低资本水平,导致与银行相关的单一借款人和实体风险敞口较高。俄罗斯的银行系统分散化程度高,共有约1000家银行。企业管理水平中等,政府正致力于将大部分国有银行私有化,并提高银行的资本金要求,以加速提升银行体系的集中度。

3. 商业与投资环境

俄罗斯在基础设施和科技创新两方面的得分较高,但市场规模及潜能得分较低,其他指标接近平均水平,因此其整体得分也接近平均。图3-35采用10—100分的评分标准(最高分100分)对俄罗斯进行了评分。

俄罗斯电力系统发达,铁路质量较高,手机普及率高,互联网普及率达到了76.4%,因此在基础设施方面表现突出。在科技创新和劳动力市场情况相关的指标非常强,俄罗斯研发支出占GDP比重为1.1%,研究人员每百万人中有3105人,成人识字率为100%,受过中等教育的劳动力比例为71%,都处于非常高的水平。

俄罗斯最薄弱的是市场规模及潜能。根据该国的人口规模和经济产出,这一结论有些出乎意料。但实际上,俄罗斯在这一指标的稳定性

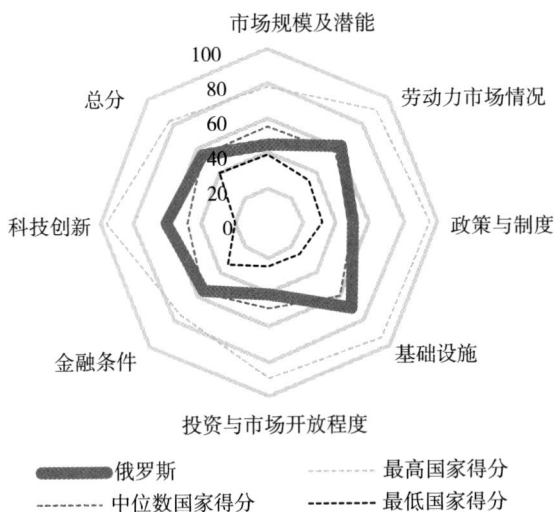

图3-35 俄罗斯总体和分项得分情况

和未来预期上得分很低,实际GDP增长的标准差为4.7%,年通货膨胀率超过10%,处于高位。此外,2022年俄罗斯总人口数量将比2017年减少50万,城市人口占比只会增加0.6%。由于人口因素的影响,俄罗斯经济在2018年至2022年之间的年增长率或仅有2.0%。所以俄罗斯市场规模指标得分较低。

4.外国投资

2014年以来,由于俄罗斯、乌克兰和西方国家之间的地缘政治的紧张局势,俄罗斯的外国直接投资流入急剧减少,占GDP的比重不到2%,预计未来仍将保持相对较低的水平。

自美国对俄罗斯实施制裁后,俄罗斯与中国的关系发生了关键性的转变。2017年中俄两国签署了100亿美元投资协议。中国在俄罗斯的投资主要集中在能源、交通和基础设施等领域。同年中国还投资

90 亿美元,战略性收购了俄罗斯最大的石油公司——俄罗斯石油公司(Rosneft)14%的股权。

由于横跨亚欧大陆,俄罗斯是"一带一路"倡议的关键国家之一,总统普京也是 2017 年 5 月"一带一路"国际合作高峰论坛的重磅级嘉宾之一。中国的欧亚铁路主要通过俄罗斯通往中欧和西欧地区。此外,中国还宣布了"极地丝绸之路"项目,该项目将通过俄罗斯最北部穿越北极,实现亚欧之间的货物运输。中国已经向西伯利亚北极海岸的亚马尔液化天然气项目(Yamal LNG project)投资了 120 亿美元。

5. 行业分析

房地产和专业服务业占俄罗斯 GDP 的比例最大,为 17%,其他重要的服务业包括消费行业,占比 16% 和交通运输业,占比 8%。制造业也十分重要,占 GDP 的 13%。采矿业占比 9%。如图 3-36 所示。

(1)医疗保健行业

俄罗斯医疗保健行业的市场规模 2018 年为 660 亿美元,预计 2019 年将增至 770 亿美元。同时,该行业私营企业的份额不断增长,从 2012 年的 15% 增长到 2017 年的 19%,预计未来仍会维持增长态势。私营企业的扩张主要有三点原因:首先,俄罗斯实行全民医保,联邦强制性的医疗保险基金占医疗支出综合预算的比重保持在 60% 左右。其次,政府削减了对医疗基础设施的预算,公立医疗质量下降,刺激了对私营医疗保健服务的需求。最后,预计 2018 年之后的五年 85 岁以上人口将增加 40%,人口结构的转变也将推动医疗保健行业的发展。

推荐关注的私营医疗保健机构包括最大的私人连锁医院 Systema Medsi 和 MD 医疗集团。

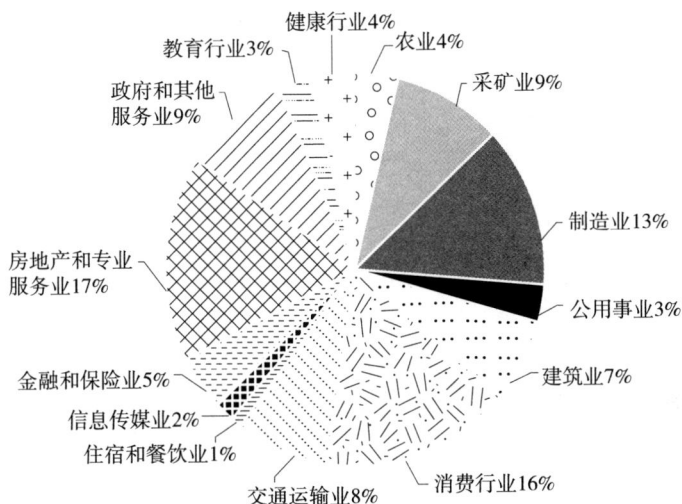

图 3-36　2016 年俄罗斯各行业增加值占总增加值的比重

（2）食品和农业

俄罗斯的农业增加值在世界上排名第五,农业领域的外商直接投资总额排名第七,该国的农业企业通过将集体农场转化为大型农业企业,以吸引外商直接投资。此外,俄罗斯的土地成本是所有国家中最低的,导致其土地使用率很高,表现为土地的低库存率。欧洲其他国家的土地生产率比俄高出 5—12 倍。因为成本低,所以农民可以在低生产率的条件下经营。

2007 年至 2017 年间,俄罗斯食品制造业的增长高于整体农业的增长。工厂产出提升,业务规模效应显现,导致了食品加工部门的迅速增长。食品加工也是吸引外商直接投资的主要领域之一,占 2016 年整体外国投资项目总数的 20%。因此,由于俄罗斯劳动力成本低、农产品丰富、政府支持等原因,投资食品加工行业极具吸引力。

俄罗斯国土范围广阔,物流和运输在农业和食品加工中也是关键的环节。俄罗斯拥有多种运输方式,包括铁路、内河航道和海港等,以满足产品的国内运输与出口需求。各港口食品到岸/离岸价格差别很大,因此国内运输在农业供应链中也十分重要。

推荐关注的食品和农业的主要大公司包括 Russky Products OAO、Rusagro 和 Miratorg。

(三)土耳其

对欧洲的大量出口和贸易联动推动了土耳其的发展,该国目前已经成为中东和西亚地区比较发达的国家之一。虽然经济增长十分强劲,但稳定性较差,2013 年至 2017 年间的增速在 3%—7%,波动性高。在低基数效应和扩张性财政政策的推动下,促进了私人消费的增长,2017 年私人消费贡献超过一半的经济增长。然而,扩张性的财政政策也导致通货膨胀率超过 10%和货币贬值。

土耳其也是欧洲的制造业大国,且由于成本具有竞争力,服务业也高度发达。土耳其政府近年着力交通升级项目,将大幅提升其内陆地区的交通水平,从而促进制造业和旅游业进一步发展。

1. 发展优势

土耳其财政赤字、国家债务水平以及债务构成在 2008 年之后大有改善。财政赤字从 2012 年占 GDP 的 11%降为 2017 年占 GDP 的 2.5%以下。2017 年国债占 GDP 近 30%,比 2008 年全球金融危机期间的 50%大幅下降。同时,土耳其的债务结构也有所改善。

融资需求降低和国内市场深化降低了土耳其的整体风险。过去政府严重依赖外部融资,但如今主要依靠国内债务融资。此外,政府逐渐延长了国内债务的期限,短期债务的比重从 2010 年的 27% 降低到 2016 年的 14%。同时,由于财政赤字的减少和摊销方式的优化,近年来政府融资需求缩减了一半。

土耳其是欧洲增长最快的经济体之一,自 2010 年以来保持每年 4.99% 的增速,相比欧洲其他国家处于一个较高的增长水平。通过减少对欧洲地区的依赖,增加对新兴市场的出口,土耳其逐步提高了贸易伙伴的多元程度。

2. 发展劣势

土耳其经济的主要风险来自信贷扩张,虽然刺激了经济增长,但不可持续且加剧了外部失衡。同时表现在结构性经常账户赤字高,2011 年达到了 10%,近年来经常账户赤字有所改善,但 2016 年 8 月占 GDP 比重仍接近 6.5%。受全球经济危机的影响,外国直接投资占赤字的 1/3 不到,因此赤字主要由发行外债偿还,加大了经济的波动性。外部债务占 GDP 比重从 40% 的低位上升到 2016 年的 55%,外汇储备占 GDP 比重为 17%,相对较低。另外,缺乏竞争和原油对进口的严重依赖,以及低储蓄率等结构性因素导致了外部失衡。土耳其存款总量占 GDP 的比重低于 15%,是新兴市场中最低的国家之一。[①]

土耳其存在地缘政治风险,政府与库尔德武装的关系十分脆弱。自 20 世纪 80 年代库尔德武装开始与政府军作战,已经导致了无数的伤亡。双方曾尝试达成和平协议,但未见成效。政府与库尔德武装达

---

① 数据来源:CIA World Factbook,World Bank。

成和平协议将利好土耳其的经济发展,但短期来看,库尔德武装正在寻求独立,实现和平遥遥无期。土耳其与多个政治震荡的国家接壤,包括伊朗、伊拉克和叙利亚。为了防止库尔德武装获得更多势力的支持,土耳其政府军直接参与了叙利亚战争。此外,尽管近年来与俄罗斯的关系有所缓解,但两国态势仍然较为紧张,尤其是在 2015 年土耳其击落俄罗斯战机之后。

恐怖袭击与政变严重影响了土耳其旅游业。旅游业是土耳其经济增长和外汇流入的关键产业,在恐怖袭击前,旅游业占 GDP 和外汇流入的比重分别为 4.5% 和 12.5%,随后旅游业收入下降了 30%。

3. 商业与投资环境

土耳其的商业和投资环境略低于平均水平,每个指标的表现都中规中矩。得分最高的是政策与制度,最低的是市场规模及潜能。图 3-37 采用 10—100 分的评分标准(最高分 100 分)对土耳其进行了评分。

土耳其的政策与制度表现得十分稳定,尤其是合同执行过程相对简单,因此在这一指标得分相对较高。市场规模及潜能最为薄弱,主要是因为其波动性较高,GDP 增长率的标准差是 4.1%,通货膨胀率的标准差则高达 24.1%,是最不稳定的国家。因此,尽管土耳其是一个相对较大的经济体,但其市场规模的得分很低。

虽然土耳其在总体上表现趋于平均,但在某些二级指标上表现相对出色,包括自来水供应、政府债务在 GDP 中的占比,自 2008 年全球金融危机以来降低了 10%,而专业申请数量每 100 万人 10.9 项则是入选国家中第二高的。

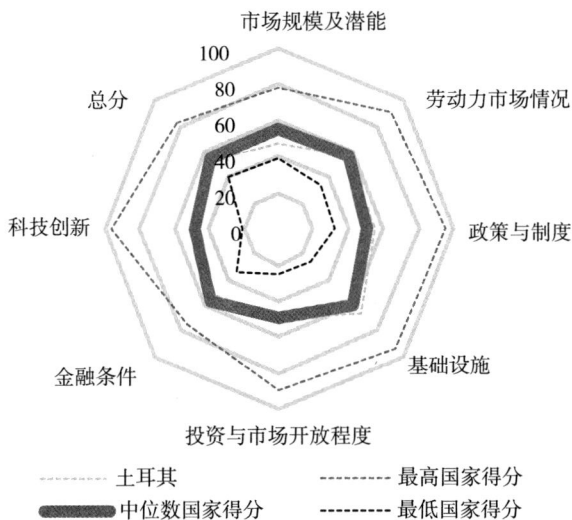

图 3-37 土耳其总体和分项得分情况

总体来说,土耳其的大多数指标都略低于平均,除了经济稳定性较差以外,外商直接投资也相对疲弱。2012 年至 2016 年,该国的外商直接投资中的投资组合资本流入为负,年均约为-1.7%,同期外商直接投资净流入总量仅占 GDP 的 2.2%。①

4. 外国投资

土耳其通过一系列立法和改革,如建立国家级土耳其投资促进委员会,以吸引外国投资。然而由于政治形势不稳定,地缘冲突频发,导致货币疲软、通货膨胀,外商直接投资近年来持续下降。

该国的外国直接投资大部分来自荷兰、西班牙和阿塞拜疆,主要投资领域包括金融保险、运输储存以及制造业。

————————

① 数据来源:UNCTADStat,CEIC。

中国在土耳其的投资历来落后于欧洲、美国、其他中东和北非国家。然而近年来,中国在土耳其的投资大幅增加,主要集中在基建项目,如高铁项目。土耳其是"一带一路"倡议的签署国之一,由于其重要的战略位置,预计将在"一带一路"倡议中发挥关键作用。

5. 行业分析

土耳其的制造业占经济活动的比重最大,为19%。建筑业规模也相对较大,为10%。重要的服务业包括消费行业,占比13%,交通运输业,占比9%和房地产业,占比9%,如图3-38所示。

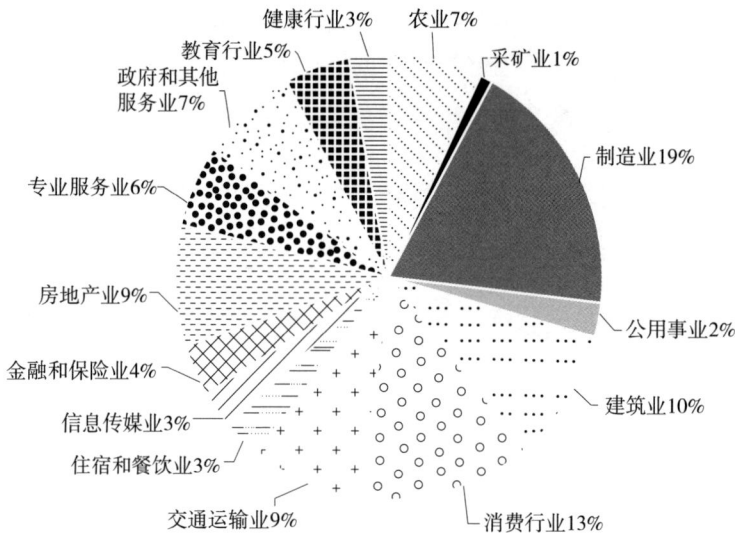

图 3-38　2016 年土耳其各行业增加值占总增加值的比重

（1）制造业

制造业一直是土耳其经济的基石,贡献了93%的出口。土耳其是制造业大国,也是大多数欧洲跨国公司的首选。土耳其拥有强大的制造业体系,在机床、工程产品和制药等高端制造业中处于领先地位,中高端产品在整体出口中约占 40%。

制造业推荐关注的公司有家用电器制造商 Arcelik 和电子系统制造商 Aselsan。

（2）专业化商业服务

受益于海外外包业务，2006 年至 2016 年，土耳其的专业化商业服务以年均 8.6% 的速度迅速增长，几乎是整体经济增速的两倍。该行业高速发展的原因，一是土耳其地处欧洲、独立国家联合体、北非和中东之间，地理位置优越，能够为大量市场提供服务。二是土耳其具有大量廉价熟练劳动力。三是土耳其年轻人口基数大并保持不断增长。

会计、法律咨询、工程咨询、建筑、技术测试和呼叫中心等细分行业是专业化商业服务的重点发展领域。呼叫中心专注于提供客户服务和技术支持，近年来扩张尤其迅速，从业人员数量从 2010 年的 4 万人增至 2016 年的 8.5 万人，计划到 2023 年从业人员将达 30 万人。

二、潜在经济体

（一）乌克兰

2014 年乌克兰政治局势动荡，东部爆发内战，经济也因此陷入危机，目前处于恢复期。内战之后，位于顿巴斯地区（Donbass）的采矿和工业资源的控制，乌克兰政府无法获得。除了巨额外债之外，乌克兰面临着财政和经常性账户的双赤字，2017 年财政赤字占 GDP 的 2.3%，而经常性账户赤字占 GDP 的 3.5%。

乌克兰是东欧通货膨胀率最高的国家之一,2017 年消费价格指数(CPI)为 13.7%,2018 年降至 10%左右,2018 年 10 月央行将利率上调至 18%。同时,该国也面临着国际收支危机,国际储备量仅相当于几个月的进口额。据估计,乌克兰在 2018 年和 2019 年将需要国际货币基金组织和欧盟提供 260 亿美元资金,以避免债务违约。①

乌克兰是欧洲耕地面积第二大的国家,仅次于俄罗斯。农业仍是经济的重要组成部分,农业占了出口的很大比例。乌克兰的成人识字率达到 100%,拥有大量受教育的专业劳动力和从苏联时期继承下来的大型工程研发机构。诸如航空航天、核能设备和采矿设备等重工业制造领域有着广阔的前景。

1. 发展优势

乌克兰国家内部局势动荡,前总统亚努科维奇被议会弹劾罢免后,现任政府部门在短时间内做出了很多改革措施。目前已经被采取的重要措施有:天然气提价以及汇率贬值,在实施的过程中并没有激起大量民众抗议。

乌克兰的重要优势是与国际组织间的关系非常友好,同时拥有欧盟及美国的支持。该国之所以能够在 2014 年至 2015 年间避免完全的经济崩塌就是源于多边及双边关系的借款,共计超过 100 亿美元的资金援助。与 IMF 在 2015 年 3 月签订的一项协议长达 4 年,共计 175 亿美元,政府一直在推进项目进行,但实施进度较缓慢。

乌克兰具有相当大的国内市场,这也使得它成为具有潜在吸引力

---

① 数据来源:CIA World Factbook,World Bank。

的投资市场。该国经济总量 2017 年达 1122 亿美元,人口众多,共计
4450 万。乌克兰人口的受教育程度较高。例如,在世界经济论坛的评
级中,它在 144 个国家和地区中排名第 40 位。与其他同区域的国家
(克罗地亚、俄罗斯、罗马尼亚等)相比,乌克兰的人力成本也相对较
低。这些因素都能帮助乌克兰在高科技产业领域取得蓬勃的发展机
会。该国也具有充足的肥沃土地,可以被用来发展农业,乌克兰目前在
全球前十大农业生产国之列,也拥有全球前五大最适宜耕种的土地,是
世界范围内葵花籽油、谷物和糖的重要生产商。乌克兰还是欧洲第四
大页岩气储备国。[1]

自危机出现以来,乌克兰的经济表现被认为会在中期内得以逐步
提升。该国经济在 2014 年至 2015 年收缩了 15.8%,但 2016 年出现了
1% 的正增长,2017 年增长达 2.2%。通货膨胀率在 2015 年 4 月达到
60.9% 的顶点之后,目前处于回落趋势。汇率运行平稳,使得政府能
够逐渐开始减少资本控制。在外部平衡方面,经历了 2013 年接近 10%
的财政赤字后,目前经常账户基本处于平衡状态。在财政方面,政府目
标将赤字显著降低到占 GDP 比重 3% 的水平上。

2. 发展劣势

乌克兰东西部的内部冲突对于社会、经济和政治的影响都非常深
远。历史上,东部地区与俄罗斯关系较为密切,而西部地区更偏向欧
盟。如此紧张的局势终于在 2013 年年底加剧爆发。时任总统亚努科
维奇与俄罗斯签署了一项涵盖 150 亿美元援助计划的经济协议,却放

---

[1] 数据来源:CIA World Factbook,World Bank。

弃了与欧盟关于自由贸易协议的对话机会,这引发了乌克兰社会的动荡,并最终导致了亚务科维奇在 2014 年年初被免职,代替他的是亲欧派的政府。由于俄罗斯担心新政府会倾向于欧盟,便决定实施报复手段,吞并东部地区的克里米亚。俄罗斯对乌克兰取消了很多经济方面的优惠措施,例如较低的天然气价格。双方在 2014 年 9 月达成和平协议,赋予东部地区顿涅茨克、卢甘斯克等城市更多的自治权。

发生在乌克兰境内的冲突不仅仅是由内部煽动起来的,还涉及其他多个国家。乌克兰属于战略要地,俄罗斯和欧盟都希望在不同程度上驾驭、影响乌克兰的经济与政治。俄罗斯的担心是欧盟进一步扩大,自从苏联解体,在美国的支持下,欧盟逐渐向东扩大。双方为了各自的利益都在支持着乌克兰,俄罗斯表现得更为积极主动,与乌克兰在经济上关联更加紧密,欧盟和美国也在寻求各种方式能够与俄罗斯的影响力相制衡,最主要的方式之一就是为政府提供财政支持。

寡头政治主导着乌克兰的社会与经济。由于寡头执政者导致了国内的经济与政治危机,腐败现象频发,他们的影响力与受欢迎程度急剧下降。2014 年年初抗议爆发之后,寡头政治的执政者成为大众攻击的中心。然而,这些执政者仍在试图重建他们的势力,寻求维持在关键产业中的控制权。

国际组织指出在乌克兰国内最主要的经济制约因素,是严重的腐败现象,在 2015 年全球的清廉指数报告中,乌克兰在 168 个国家和地区中排名第 130 位。尤其是在法律体系内,法官经常会被贿赂。乌克兰腐败问题渗透在国内的多个行业中。政府正在试图通过一项反对腐败的法案,但具体执行起来会遇到各种阻碍。新的法案意图提高执政的透明度,尤其是对于政客们财富来源的公布。

虽然乌克兰银行业最糟糕的危机时期已经过去,流动性条件有所改善,银行部门还能够继续运转,主要是靠央行及政府的援助支持。银行存款在 2015 年下降超过 25%,目前在恢复过程中。不良贷款在增加,超过贷款总量的 45%,银行急需注入资本。乌克兰仍在运营的银行在 2014 年 3 月的时候有 181 家,而到 2016 年只有 110 家,一些小银行面临倒闭的风险。即使在最好的情况下,银行业也需要经过多年进行恢复。[1]

乌克兰依赖进口俄罗斯天然气,以人均消费来测算,其能源消费处于历史较高水平。采矿部门需要大量的能源来维持运行,而对天然气进口的高度依赖是乌克兰能源生产面临的风险之一。

3. 商业与投资环境

乌克兰在商业与投资环境的总体得分很低,尽管在科技创新方面表现相对较好,但其市场规模及潜能和金融条件不尽如人意。图 3-39 采用 10—100 分的评分标准(最高分 100 分)对乌克兰进行了评分。

乌克兰的经济规模较小,根据购买力平价计算,2017 年其 GDP 仅为 3660 亿美元。经济增长也不够稳定,实际 GDP 增长的标准差为 6.7%。此外,整体人口统计数据也很糟糕,预计到 2022 年乌克兰人口将比 2017 年下降 110 万人。

乌克兰的金融条件同样比较薄弱。股票市场市值占 GDP 的比重很低,仅有 2.9%;外部债务是国民收入的 128%,是入选国家中最差

---

[1] 数据来源:CIA World Factbook,World Bank。

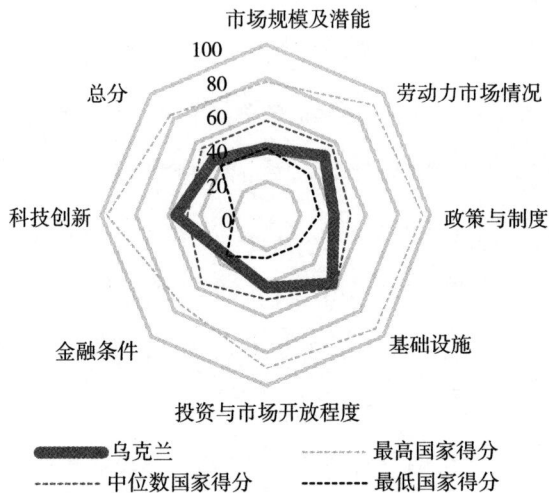

图 3-39 乌克兰总体和分项得分情况

的;2008 年以来政府债务激增,在 GDP 的占比增加了 74%;世界经济论坛计算的金融发展指数的排名也不佳。

政策与制度方面,乌克兰的产权保护不到位,政府官员道德低下、腐败严重,公共部门效率低,企业税率高达 50%。此外,该国公路和港口的质量较差,且对外国直接投资的政策也不够友好,外国直接投资总量仅占 GDP 的 18%。

从好的方面来看,乌克兰在科技创新方面表现相对出色,拥有大量科学家和工程师,成人识字率达到 100%,且数学与科学教学质量十分突出。

4. 外国投资

与俄罗斯发生冲突后,乌克兰的外国直接投资急剧下降。尽管目前宏观经济趋于稳定,商业环境有所改善,但出于安全方面的考虑,外国直接投资短期内无法恢复。

历史上乌克兰的外国直接投资主要来自西欧国家,如塞浦路斯、德国、法国和意大利。但近年来中乌双边贸易关系正稳步发展,2017 年12 月,中乌两国领导人签署协议,两国将实施一系列联合项目,总价值达 70 亿美元,包括价值 24 亿美元在基辅地铁和高铁项目,以及一条200 公里的用于运输粮食的沿海公路。

乌克兰完全支持中国的"一带一路"倡议,中国也一直在协助解决乌克兰和俄罗斯的冲突。

5. 行业分析

消费行业是乌克兰经济中最重要的部门,占 GDP 的 16%。制造业和农业各占 14%,如图 3-40 所示。

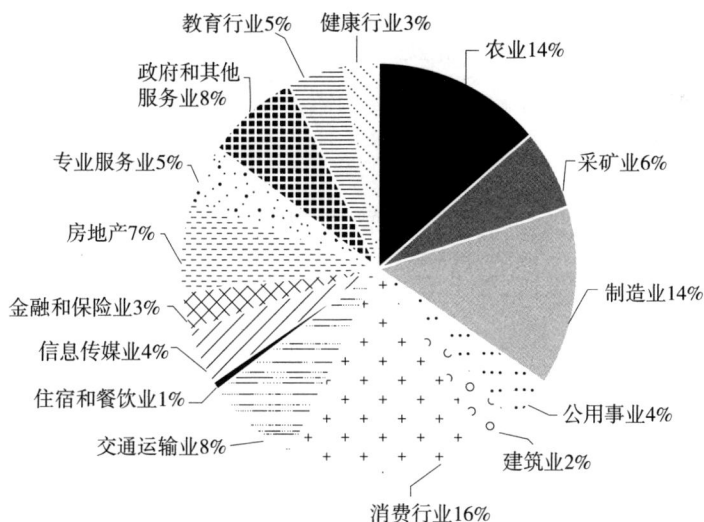

图 3-40 2016 年乌克兰各行业增加值占总增加值的比重

（1）航空航天制造业

由于苏联时期的影响，乌克兰在航空航天领域有着很强的实力，在此领域提供许多投资机会。产业链十分完备，从设计、生产到售后都很完善，尤其是在大型货机领域，例如安东诺夫系列（Antonov）。乌克兰拥有超过 10 万名航空航天工程师、90 多家私营企业和 200 个研发工程中心。

航空航天制造业的主要公司包括飞机制造商 Kharkiv、飞机的原始供应商 Antonov 和 Softex Aero。

（2）农业

农业在乌克兰经济中发挥着重要作用，乌克兰曾被称为苏联的"面包工厂"，也是吸引外国投资的重要领域之一。该国有 4300 万公顷的农田，其中一半是世界上最为肥沃的黑土。

乌克兰是仅次于美国和欧盟的第三大粮食出口国。农场企业分为股份制或有限责任公司制，私营企业约占农业企业总量的 60%，占农业总产值的 40%。农业基础设施急需升级，预计到 2020 年储存设施需要增加一倍，运输能力需要增加 70%。

农业推荐关注的主要公司包括最大的榨油种子生产商 Kernel 和最大的小麦出口商 Nibulon。

第 四 章

"一带一路"建设典型案例分析

"一带一路"倡议提出以来,中国有众多企业积极参与"一带一路"建设,对接中国和"一带一路"沿线国家和地区的商业需求。然而,从第一章第三节的数据分析可以看出,"一带一路"沿线国家和地区的宏观政治风险较高,项目投资难度较大,回报率总体偏低。我们需要从已有的案例中吸取经验和教训,以更加务实的态度投入"一带一路"建设。

中投公司通过访谈等方式收集了"一带一路"建设相关案例的一手资料并进行了总结概括,我们建议:一是中国基建企业"走出去"的时候,应以经济开发的理念帮助当地国家基础设施建设。在修建铁路、公路时,采用宏观商业视角,展开跨行业协同。效仿开发深圳时建立特区开发公司,以开发经济带的概念综合规划。中投公司作为金融投资者,成立至今积累了大量的合伙人资源和项目资源,可以发挥跨行业协同的作用。二是充分重视和利用产业园区的生态圈建设。产业园区为我国企业"走出去",在当地提供了良好的小环境。但不应以土地开发为导向,应该以迁入我国龙头企业为核心,结合当地发展特点,吸引相关企业入园。可先迁入钢铁、水泥、玻璃等基础行业,在园区构建生态圈。例如富士康在中国大陆建厂,是以产业链的形式迁入中国大陆。另外,提示项目投资须正确处理与当地民众的关系,特别留意政治风险、汇率风险。

第一节　成功案例与经验

本节展示了国有企业中国建材集团和中国建材工程集团在赞比亚和阿塞拜疆投资建厂的两个成功案例,提出产业链上的相关企业抱团出海有利于降低单个项目的投资风险,积极履行社会责任赢得项目地民众好感,准确把握行业特征和商机等宝贵经验。通过与中国建材集团有关负责人访谈及相关资料整理成文。

一、中国建材集团赞比亚工业园案例分析

(一)投资背景

中国建材集团由中国建筑材料集团有限公司与中国中材集团有限公司重组而成,是全球最大的建材制造商和世界领先的综合服务商,连续七

年荣登《财富》世界 500 强企业榜单。中国建材集团资产总额近 6000 亿元,年营业收入超过 3000 亿元,拥有 15 家上市公司(其中海外上市公司 2 家)、26 家国家级科研设计院所、3.8 万名科技研发人员、33 个国家行业质检中心、10000 多项专利、11 个国家实验室和技术中心和 18 个标委会。

自 2013 年"一带一路"倡议提出以来,中国建材集团已在"一带一路"沿线国家和地区累计建设 336 条水泥生产线,工程合同总金额超过 2000 亿元人民币,目前年均水泥和玻璃项目新签合同金额在 20 亿元左右,90% 左右的水泥业务来自海外市场。中国建材集团 2017 年在"一带一路"沿线国家和地区开展了 30 多个项目,其中来自政府的贷款很少,私人投资占总投资的大多数。

选择赞比亚原因包括:首先,政治环境稳定,发展心情迫切。赞比亚自 1964 年独立以来,未与邻国发生过任何军事冲突,政权交接顺利,宗教信仰自由。其次,自中赞两国自建交以来,双边关系友好,中国目前已经成为赞比亚最主要的外资来源地之一。另外,双方合作模式比较成熟,投资风险相对较小。中赞已有经贸合作园区包括卢萨卡南多功能经济区、卢姆瓦纳多功能经济区和恩多拉多功能经济区。再次,赞比亚基础设施薄弱,政府允许外国投资者参与当地基础设施建设,并且在税收减免、劳工许可、土地转让、外汇投资等方面给予政策优惠。最后,自然资源丰富,发展和开发潜力巨大。赞比亚境内河流众多,水利资源丰富,水力发电占全国发电总量的 99%。

(二)投资细节

中国建材赞比亚工业园采用先进成熟的新型干法水泥生产技术,

选用国内成熟、可靠的技术装备,带动国内装备制造业"走出去",以工业园区的协同效应展示"中国制造"实力。

中国建材赞比亚工业园是由中材水泥有限责任公司为投资主体在赞比亚设立的 Mpande Limestone Limited 负责建设及运营管理的综合性建材园区,该项目选用国内成熟、世界领先的生产技术。该工业园区自有矿区面积为 107.99 平方公里、拥有 25 年采矿权。工业园总计划动态投资 5 亿美元,分为两期滚动推进,其中工业园一期项目建设计划投资 2 亿美元,主要包括:年产 100 万吨水泥(熟料)生产线、6000 万块烧结砖生产线、20 万立方米混凝土生产线、70 万吨骨料生产线(含 28 万吨机制砂),共 6 大类 11 个品种的建材产品;工业园二期计划投资 300 万平方米硅酸钙板生产线、水泥制品等,主要是延伸产业链及丰富产品结构。一期项目建成后将直接为当地解决就业近 1000 人,对相关的汽车运输、材料包装、服务产业的拉动和就业影响明显,整个园区建成后将直接创造就业机会 2000—3000 个。

(三)投资启示

中国建材赞比亚工业园区不但促进集团内部其他建设、装备、勘探类公司"借船出海",还吸引了中材建设、中材装备、中材矿山、中材高新、中材节能、北新建材、广东地勘、深圳南华等近百家企业入驻。发挥了平台的整体协同效应,搭建了一个很好的展示舞台,产业链上的相关企业抱团出海也有利于降低单个项目的投资风险。

中国建材集团意识到,当地民众态度对保障建设项目顺利运行的重要性。他们的经验是必须由"走出去"变成"走进去",积极参与当地经济和社会发展,抱着在当地长期扎根的信念,打造受人尊重的品牌。

首先,要充分履行企业的社会责任,向项目所在地民众释放善意。中国建材集团积极参与社会公益活动,投入 150 万美元捐建 Nachitete 医院和学校,2017 年世界艾滋病日向赞比亚艾滋病防控基金会捐赠 50 万克瓦查,同时为园区周边村民打井修路,为孤儿院捐赠食品及生活用品。其次,深耕区域公共关系,摒弃项目结束后迅速撤出、放弃联系的传统做法。中国建材赞比亚工业园区自开工建设以来得到了中赞双方领导人及有关部门的关注,赞比亚总统埃德加·伦古曾前往建设现场视察,赞比亚《每日邮报》和国家电视台等媒体对项目建设进行了专访报道,得到当地政府对项目建设的认可有利于双方关系长期可持续发展。

二、中国建材工程集团投资阿塞拜疆水泥厂案例分析

(一)投资背景

在全球产能前 20 的企业排名中,我国水泥企业包揽了近一半。然而,随着我国经济进入结构性放缓期,对经济增速十分敏感的水泥需求,已于 2015 年出现拐点,导致水泥行业成为产能过剩的重灾区。水泥产能称霸全球,国内需求见顶,我们认为应该在国内行业整合的基础上,积极寻找国外市场或是出路。中国台湾、日本、法国的水泥行业都经历了类似的阶段。在经济发展变缓后,该行业国内集中度增加,水泥

产量下降,出口量却不断提升。另外,受到国内去产能政策不断出台,以及微观层面,对环保法案的执行更加严格,水泥行业当前面临的压力加剧,也凸显了"走出去"的迫切性。

我国水泥企业中国建材工程集团产能为世界第一,同时在 EPC(工程总承包)国际水泥市场占有率多年保持第一,具有丰富的国际工程经验,在"走出去"方面成绩突出。其海外营业收入比高达 85%,其海外订单覆盖"一带一路"沿线 22 个国家,有望继续在"一带一路"建设项目下吸纳海外订单,缓解国内产能过剩的压力。公司还积极参与"一带一路"沿线国家和地区多个领域的投资建设,在稳固主业优势的同时充分利用"一带一路"倡议和"国际产能合作"机遇,向节能环保、多元化工程、海外水泥投资等领域拓展,全年新签石化、路桥、房建等多元化合同 14.26 亿元,同比大幅增长 104%,实现收入 7.68 亿元,同比大增 103%。

(二)投资细节

公司于 2014 年建设完成位于阿塞拜疆首都巴库附近的奇兹达斯水泥厂,成为整个高加索地区最大的水泥厂。投产后一年,阿塞拜疆进口水泥量大幅下降 70% 以上。不仅可满足阿塞拜疆本国的建设需求,还有望出口至其他国家,实现从水泥进口国向出口国转型。据媒体报道,水泥厂每年可为阿塞拜疆节约水泥进口资金 1.5 亿美元,直接解决 400 人就业,并在相关产业创造 2500 个就业机会。阿塞拜疆总统阿利耶夫亲自参加水泥厂竣工暨开业典礼并启动生产线,给予该厂极高评价,为未来的长期合作打下了基础。该项目也有益于中国企业,工厂设备 80% 以上由我国生产;具体工程聘用国际公司参与,包括来自奥地利、印度、瑞士的国际知名咨询公司,彼此交流学习,公司管理得到提升。

(三)投资启示

从全球水泥行业的趋势来看,目前该行业处于低谷。然而,水泥生产区域性特点强,进口成本高昂。再加上潜在市场集中在新兴发展中国家,难以负担水泥厂的前期建设费用,常常出现供不应求、当地水泥价格高企的现象。运营效率高的新建厂商可以实现较高利润率。另外,水泥为同质化产品,国际水泥巨头也受到资金流及债务的困扰,进行兼并重组。中国企业在国际同行中具有较强的竞争力,当前是中国水泥"走出去"的较好时机。目前行业在海外投资的整体规模仍有限,但不乏成功案例。国内水泥企业应该抓住"一带一路"建设的机遇,加快走出去步伐。

第二节　失败案例与教训

本节分别展示了投资 R 国的 M 交易所、非洲某国的 S 集团两个案例,其失败原因在很大程度上归因于宏观风险,即汇率风险和政治风险的出现。在未来投资过程中需要加强对目标地市场的分析,不单单权衡项目的成功与失败的概率,还应着重评估下行风险中投资人可承受损失,警惕宏观风险,谨慎投资。

一、M 交易所投资案例分析

（一）投资背景

R 国是世界上最富裕的发展中经济体之一。M 交易所是 R 国具有垄断地位的一体化交易所，为市场参与者提供从发行到存管的一体化交易平台，业务涉及证券、衍生品、外汇、货币市场交易、上市服务以及证券托管交割等业务；其收入结构主要由交易佣金收入和利息收入构成。M 交易所资产质量良好，主要股东包括 R 国央行与 R 国主要国有银行和政策性银行。

2012 年 11 月，M 交易所的存管机构正式获得 R 国中央存管业务牌照，成为国家法定唯一的交割、存管中心，解决了此前 R 国没有全国范围统一的清算、交割及存管中心，各地区和各主要交易所的相关功能分散等问题，进一步推动了 M 交易所的发展。

（二）投资细节

2012 年，R 国资本化率很低，市场成长空间巨大。R 国政府出台了多项改革措施，帮助推动资本市场的发展。由于 M 交易所在 R 处于垄断地位，有较高的进入壁垒，加之其业务线广、商业模式稳健，M 交易所 2011—2014 年收入复合增长率为两位数，同时净利润率以高于 20% 的复合增长率增长。

考虑到 M 交易所的 IPO 计划，2012 年 12 月，我国 H 公司以 Pre-

IPO 投资人方式,同 R 国主权财富基金及私募机构组成财团,从第三方收购了部分 M 交易所股份。2013 年 2 月,M 交易所实现 IPO,上市价格与该机构购入价格相若。

2014 年年初,受地缘政治影响,R 国及周边国家股市大跌,其中 M 交易所股票单日下跌超 10%。2014 年年底,R 国货币大幅贬值,兑美元汇率与 H 公司注资时相比腰斩。2015 年,M 交易所因其良好的公司业绩表现成为避险类股票,得到市场的追捧,股价一路高升,但 R 国货币兑美元汇率在低位徘徊。

2016 年年初,H 公司出售了全部所持 M 交易所股份。在持有期内,H 公司共收到分红占总投资成本的近 10%。从 H 公司投资至退出,M 交易所股价表现远超同期 R 国股票市场指数表现,超额收益超过 4000 个基点。但退出时,R 国货币兑美元汇率仍低于 2015 年低位。

以 R 国本币计,H 公司实现了近 70% 的收益,即项目净回报倍数 1.7 倍,净内部收益率近 20%。但若以美元计,则承担了较大的汇率损失。

(三)投资启示

跨境投资时,除关注资产本身的投资亮点外,更须对东道国及其市场有深入研究和认知。M 交易所投后其实际表现达到预期,与其本身相关的投资亮点也均得以实现,包括 M 交易所的垄断地位、业务线广且有抗周期性、财务指标理想、进入价格低和退出可见等;但与 R 国相关的宏观风险、货币风险等均完全暴露。M 交易所项目美元损失全部来自汇率损失。尽管在投资时考虑了汇率风险问题,但在估值模型未能充分考量 R 国潜在的宏观风险,存在估计不足问题。

跨境投资时,汇率波动周期较难把控,投资者应充分重视汇率风险,设立必要的对冲机制,并存有合理的容忍度。在投资实践中,对汇率风险和周期的预测很困难,未来投资或从以下方面改进:一是建议投资者提高对汇率风险的警觉和认识,特别是在发展中国家投资项目中,汇率风险应作为单独专题分析,介绍被投公司所在国的汇率机制与历史,分析主要影响因素,进行情形推演;二是建议投资者结合自身实际情况,在可能的情况下设立汇率对冲机制;三是建议投资者对美元汇率波动存有合理的容忍度,考虑到外汇市场的强周期性,留有一定的时间窗口等待,能一定程度避免顺周期投资操作。

二、S 集团投资案例分析

(一)投资背景

国内企业对非洲国家的了解甚少,非洲国家不像发达国家,有许多大型成熟企业可以作为投资标的。对非洲投资有一定的特殊性,须考虑当地文化及当地的法案法规等。同绝大多数新兴国家一样,非洲机会很多,但规模通常不大。要在非洲找到好的投资机会,需要找到当地的合作伙伴。

(二)投资细节

S 集团是非洲某国一家投资控股公司,是当地黑人领袖 R 某于

2000年创建的,成立以来主要从事股权投资。公司黑人股东占比超一半,其中R某为第一大股东。R某于1991年至1997年出任该国高级别官员,由于在重大历史事件中做出过核心贡献,R某在该国享有卓越的声望。

2011年,S集团投资组合中包括20多个项目,集中于资源、金融服务及消费行业,其中以资源类资产为重。除这些资产外,S集团还拥有钻石、新能源、金融服务、房地产、包装、造纸和钢铁等多个板块的资产。S集团成功利用了自身的资源,在短时间内迅速扩张。截至2011年,根据第三方估值报告显示,其资产价值超过10亿美元。

2011年年底,中国某公司通过购买S集团股份,成为该集团的第二大股东。R某在政治和商业领域的影响力,作为公司第一大黑人股东,是S集团得以迅速发展的关键因素。考虑到S集团对R某的依赖较重,该公司第一时间意识到了关键人风险,并在谈判过程中在合同中增加了若干条款,以便控制未来因R某的变动可能发生的影响公司运营的风险事件。

2013年R某提出拟参选该国某党副主席,重返政坛,因此需要离开S集团。为此S集团开始进行重组。S集团的重组选择了两步走的策略,先拆分S集团,与关键人物R某脱离关系,再选后续运营方案。最终,2015年年底,S集团与P集团合并。某公司最终度过了R某从政带来的动荡,但投资收益不如预期。

（三）投资启示

S集团并非一家上市公司,不需遵守严格的监管要求,因此没有压力向股东披露足够的经营管理信息,投后管理难度较大。鉴于"一带一路"沿线国家和地区政治环境及政策法案较为复杂多变,关键人物对公司的整体运营及后期盈利能力起着决定性的作用。对于 S 集团这样的企业,关键人物的离开可能会影响到整个公司的命运。

索　引

公司简称	公司全称
11st	韩国 11 街电商平台
Acleda Bank	暹粒银行
ACL 银行	泰国 ACL 银行大众有限公司
ADAMA Agricultural Solutions Ltd.	安道麦农业解决方案有限公司
Aditya Birla Capital	印度最大的金融服务机构之一 ABCL
Aga Khan Hospitals	巴基斯坦阿加汗医院
Aldara 医疗中心	Aldara Hospitals & Medical Centre
Antonov	安东诺夫
Arcelik	倍科有限公司
Ascend Money	泰国正大集团旗下支付企业
Aselsan	土耳其军事电子工业公司艾斯兰
Asia PE Index	亚洲私募基金指数
Asseco	Asseco Group
Atos	波兰信息技术公司
AutoAgronom	以色列农业科技公司 Auto Agronom Israel Ltd.

Bangkok Dusit	亚太地区医疗服务机构 Bangkok Dusit Medical Services
BBM 银行	巴西 BBM 银行
BCG	波士顿咨询公司
BHI	中国拟在建项目网
BigBasket	印度最大网上杂货商 Supermarket Grocery Supplies Pvt Ltd.
BP	英国石油公司（British Petroleum）
BRIA Group	保健服务机构 BANGKOK R.I.A. GROUP
CaixinEnergy	微信公众号"无所不能"
Cambridge Associates	康桥汇世公司
Canadia Bank	柬埔寨加华银行
Capital IQ	标普全球市场财智平台 Capital IQ
CEIC	司尔亚司数据信息有限公司
Club Med	地中海俱乐部
Comarch	Comarch Group
CSIS	美国国际战略研究中心（Center for Strategic and International Studies）
Dexcel	Dexcel Pharma，Dexcel 医药公司
Dusit Thani	都喜天丽酒店
EIA	美国能源信息署（U.S. Energy Information Administration）
Emtek	印度尼西亚传媒集团 Elang Mahkota Teknologi
Ensogo	东南亚某知名跨境电商平台
Erawan Group	The Erawan Group Public Company Limited
eWTP	电子世界贸易平台（Electronic World Trade Platform）
Fashion and You	印度某知名线上购物平台
Forrester	互联网数据资讯中心

Nachitete	卢萨卡的一个社区
NEXUS	印度 NEXUS 饲料有限公司
Nibulon	乌克兰最大粮食生产商之一 Nibulon 集团
OECD	经济合作与发展组织
Paytm	印度最大移动支付和商务平台 Paytm
Pomelo Fashion	泰国某知名线上购物平台
Preqin	全球另类资产数据和信息咨询机构 Preqin
QIWI	俄罗斯知名支付服务提供商
Razer	游戏设备公司雷蛇
Rewalk	ReWalk Robotics Ltd 友信立可走机械人脚
Rusagro	俄罗斯肉类企业卢萨格鲁集团
Russky Products OAO	俄罗斯最大的国内食品生产商
SAAD 医疗中心	SAAD Medical Centre
SAP	德国软件公司 SAP SE
Sarovar	印度连锁酒店公司 Sarovar Hotel
Shifa InternationalHospital	伊斯兰堡希法国际医院
Shopee	知名电商平台"虾皮购物"
Singapore Post	新加坡邮政
Snapdeal	印度知名电商平台
Softex Aero	Softex Aero Aeronautics Company
SPSR-Express	中俄快递
Systema Medsi	梅斯医学
Tekstil Bank	土耳其银行 Tekstil Bankası A.Ş.
Telenor Micro Finance	Telenor Microfinance Bank Limited 巴基斯坦小微银行 TMB
Teva	以色列梯瓦制药工业有限公司
Thomas Cook	托迈酷客集团
Tiki.vn	越南某知名电商平台
Tnuva	以色列乳业公司 Tnuva Food Industries-Agricultural Co-Operative Association in

风神轮胎	风神轮胎股份有限公司
复星集团	上海复星高科技(集团)有限公司
富士康	富士康科技集团
港中旅	中国港中旅集团公司是香港中旅(集团)有限公司
高盛集团	Goldman Sachs Group, Inc.
葛洲坝	中国葛洲坝集团有限公司
工商银行	中国工商银行股份有限公司
工银印尼	中国工商银行印度尼西亚有限公司
谷歌	谷歌公司
光明集团	光明食品(集团)有限公司
广东地勘	广东省地质工程勘察公司
广发证券	广发证券股份有限公司
广之旅	广州广之旅国际旅行社股份有限公司
国电集团	中国国电集团公司
国家电力	国家电力投资集团有限公司
国家电网	国家电网有限公司
国家发展改革委	中华人民共和国国家发展和改革委员会
国开行	国家开发银行股份有限公司
国旅总社	中国国际旅行社总社有限公司
海大集团	广东海大集团股份有限公司
海航集团	海航集团有限公司
海南农垦投资	海南省农垦投资控股集团有限公司
海南橡胶	海南天然橡胶产业集团股份有限公司
海油工程	海洋石油工程股份有限公司
瀚闻资讯	大连瀚文资讯有限公司
禾丰牧业	辽宁禾丰牧业股份有限公司
河池化工	广西河池化工股份有限公司
黑化股份	黑龙江黑化集团(股份)有限公司
华超联合	北京华超联合资产管理有限公司

南方电网	中国南方电网有限责任公司
农业银行	中国农业银行股份有限公司
诺华	瑞士诺华公司(Novartis)
彭博社	彭博新闻社(Bloomberg News)
三峡集团	中国长江三峡集团有限公司
三星	三星集团
沙隆达	湖北沙隆达股份有限公司
沙特-德国医院	Saudi German Hospital
上交所	上海证券交易所
申万宏源研究	上海申银万国证券研究所有限公司
深交所	深圳证券交易所
深圳南华	深圳南华工程实业有限公司
沈阳化工	沈阳化工股份有限公司
圣农发展	福建圣农食品有限公司
石化油服	中石化石油工程技术服务股份有限公司
食之秘	食之秘餐饮管理(上海)有限公司
首农股份	北京首农股份有限公司
苏克公司	哈萨克斯坦苏克石油天然气公司
陶氏种业	陶氏化学公司
天科股份	四川天一科技股份有限公司
天猫国际	阿里巴巴集团旗下跨境购物电商
托克	新加坡托克集团(Trafigura)
网易考拉	考拉海购(网易旗下跨境购物电商)
微软	微软股份有限公司
唯品会	唯品会信息科技有限公司
温氏股份	温氏食品集团股份有限公司
先正达	先正达集团(Syngenta AG)
现代牧业	现代牧业(集团)有限公司
小红书	行吟信息科技(上海)有限公司
携程	携程旅游信息技术(上海)有限公司

中国龙江森林工业集团	中国龙江森林工业集团有限公司
中国能建	中国能源建设集团有限公司
中国石化	中国石油化工集团公司（Sinopec Group）
中国铁建	中国铁建股份有限公司
中国铁路国际	中国铁路国际有限公司
中国银行	中国银行股份有限公司
中国中铁	中国中铁股份有限公司
中国中冶	中国冶金科工股份有限公司
中海油	中国海洋石油总公司
中建股份	中国建筑股份有限公司
中金所	中国金融期货交易所
中粮集团	中粮集团有限公司
中免公司	中国免税品（集团）有限责任公司
中石油	中国石油天然气集团公司
中水电	中国水利电力对外有限公司
中铁集团	中铁建设集团有限公司
中投公司	中国投资有限责任公司（China Investment Corporation）
中投海外	中投海外直接投资有限责任公司
中投研究院	中国投资有限责任公司研究部
中信银行	中信银行股份有限公司
中兴	中兴通讯股份有限公司
中远海运港口	中远海运港口有限公司
洲际油气	洲际油气股份有限公司（Jeo-Jade Petroleum Corporation）

后　记

　　中投研究院立足为中投公司战略和内部投资决策提供独立、客观和前瞻性的研究支持，并在此基础上为国家提供金融经济改革方面的政策建议，长远目标是要打造具有一定社会和国际影响力的"智库"和为公司及中国金融体系储备和培养人才的"人才库"。"跨境投资导读"系列丛书即中投研究院响应党的十九大报告提出的"创新对外投资方式"的重大战略部署，对国内企业跨境并购与投资进行的一次系统梳理和总结，希望为国内产业界和投资界在对外投资的目标和方式选择上提供决策参考。

　　本书聚焦"一带一路"沿线国家和地区的跨境投资，由邹琳总执笔。

　　在此感谢过去一年来诸位领导、同事和朋友对本书编写的大力支持。首先感谢中投公司副总经理祁斌博士高屋建瓴，在课题的选择上切中中国当前发展的要害；感谢中投研究院副院长陈超博士在合作伙伴及文章框架上的指导,若没有两位领导的帮助就不会有此书的出版。特别感谢我的得力助手、实习生刘一璇。她的判断力、好奇心、勤奋工作的态度,给本书的写作带来了诸多益处。感谢私募基金 Singular Gulf 的团队成员,Ralph Jaeger、Tony Liu、张丽、路跃兵,为第三章的研究提供系统的分析方法和翔实的数据,尤其是与我跨洋合作的 Tony Liu,他的经验和宽广的观察视角令我受益匪浅。感谢申万、天风、兴业、广发、国君的分析师,以及同事盛伟华、许真、赵明在第二章的大力协助。与优秀同行接触共事的机会,让我受益良多。感谢实习生汪玮明、金鹏宇、王九鸿、范家棣的辛勤付出,在数据分析、资料翻译、校对等烦琐的基础工作中都有他们不可或缺的参与。

为了完成本书,我们先后采访了几家企业相关负责人,他们慷慨地付出时间,对此致以由衷的谢意。最后衷心感谢人民出版社编辑对本书提出了诸多建设性意见。虽然几经校对,难免有疏误之处,但正如13世纪南宋著名文学家戴侗所说,"欲于待,则书之成未有日也",欢迎读者批评指正。

责任编辑:关　宏　曹　春

封面设计:汪　莹

图书在版编目(CIP)数据

"一带一路"跨境投资导读/中国投资有限责任公司研究院 编写. —北京:
人民出版社,2020.1
ISBN 978－7－01－020776－6

Ⅰ.①一…　Ⅱ.①中…　Ⅲ.①国际投资-研究　Ⅳ.①F831.6

中国版本图书馆 CIP 数据核字(2019)第 083162 号

"一带一路"跨境投资导读
YIDAIYILU KUAJING TOUZI DAODU

中国投资有限责任公司研究院　编写

人民出版社 出版发行
(100706　北京市东城区隆福寺街 99 号)

北京盛通印刷股份有限公司印刷　新华书店经销

2020 年 1 月第 1 版　2020 年 1 月北京第 1 次印刷
开本:710 毫米×1000 毫米 1/16　印张:17.25
字数:196 千字

ISBN 978－7－01－020776－6　定价:68.00 元

邮购地址 100706　北京市东城区隆福寺街 99 号
人民东方图书销售中心　电话 (010)65250042　65289539